OS FILÓSOFOS E A MORTE

Ensaios para um mundo fragmentado

Alexandre H. Reis

OS FILÓSOFOS E A MORTE

Ensaios para um mundo fragmentado

Pelotas, RS, BRASIL, 2024

Copyright © 2024 Alexandre H. Reis.
Centro de Integração do Mercosul
Universidade Federal de Pelotas.

Edição: Gabriela Weisman

Ficha Catalográfica

Reis, Alexandre H., 1978-
R375
Os Filósofos e a Morte: Ensaios para um mundo fragmentado. Edição de Gabriela Weisman. – Pelotas: CIM/UFPEL, 2024. 290 páginas.
ISBN: 9798327511323

Morte - Filosofia I. Título
Os Filósofos e a Morte.

CDD: 128
CDU: 1.0.01

Pelotas, RS, Brasil - 2024 – 1ª Edição.
E-mails: alexandre.reis@ufpel.edu.br, alexhreis@gmail.com

Esse livro não pode ser reproduzido, totalmente ou em parte, sem a permissão do seu autor.
Pelotas, RS, Brasil - 2024 – 1ª Edição.
e-mails: alexandre.reis@ufpel.edu.br, alexhreis@gmail.com

In Memoriam, para meu pai, Lafyte G. Reis, e meus irmãos, Nelson H. Reis e Jaques J. Reis.

"Para aqueles que vivem na iminência da morte, a própria vida é mais exigente, o desejo de viver é maior. A morte torna a vida menos preguiçosa e indolente."

Reis, Alexandre H. *História do Suicídio*, Livro 1, Capítulo 16.

ÍNDICE

PREFÁCIO 13

PRIMEIA PARTE - VIDA E MORTE

PRIMEIRO JARDIM – ARISTÓTELES, A CHUVA E A MORTE DE SI 23
Saudações 23
Elogio da Nossa Época 24
A Física de Aristóteles 25
Da pequena proposta a seguir 30
Algumas questões sobre a morte voluntária nas alamedas do Liceu 33
Despedida 40

SEGUNDO JARDIM   - VALE A PENA VIVER? A RESPOSTA ESTÁ NO
FÍGADO! 41
Apresentação 41
Situando James 44
O tema do suicídio nos *Princípios de Psicologia* 46
Vale a pena viver? 52

TERCEIRO JARDIM - ENSAIO SOBRE ÉTICA, TEMPO E AUTOPERCEPÇÃO
DA MORTE 61
Apresentação 61
Fenomenologia enquanto Método 62
Algumas reflexões sobre o eu puro, o tempo e a autopercepção 63
Relações entre o eu puro e a possibilidade de uma Ética 67

QUARTO JARDIM - RAZÕES PARA MORRER E RAZÕES PARA VIVER:
NIETZSCHE E A QUESTÃO DO SUICÍDIO 73
Exposição inicial 73
Friedrich Nietzsche e o tema da morte livre 74
A morte livre e a morte dos velhos 76
Morte voluntária e morte involuntária 84
O valor da morte e o sem sentido da vida 85

SEGUNDA PARTE - LIBERDADE E FILOSOFIA POLÍTICA

QUINTO JARDIM - SOBRE JEAN BODIN: BREVE COMENTÁRIO SOBRE A
TOLERÂNCIA RELIGIOSA COMO PRÁTICA DE GOVERNO 93
Introdução 93
As guerras religiosas e a importância da prática da tolerância 94
Ninguém deve ser forçado a ter fé contra a sua vontade. 95

Apresentação do tema da tolerância a partir do livro IV — 96
Algumas conclusões — 100

SEXTO JARDIM - O PROBLEMA DA LIBERDADE NA TRAGÉDIA DE SÓFOCLES, *ÉDIPO TIRANO* — 105
O silêncio da tragédia — 105
Definição do objeto do ensiao — 107
A narrativa de Édipo — 109
Uma antecipação do conceito platônico de ἐγκράτεια? — 115

SÉTIMO JARDIM – A IDEIA DE LIBERDADE NOS DIÁLOGOS DE PLATÃO — 119
Entre a ética e a política — 119
O vocábulo Eleutheria e suas variações — 121
Eleutheria e *psychē*: a psicologia de Platão é propriamente uma ética — 125
A educação (*paideia*) como lugar da liberdade — 127
Primeiro Alcibíades como introdução ao exame de si — 128
As qualidades de Alcibíades e a sua insuficiência — 130
Algumas consequências possíveis — 134

OITAVO JARDIM - PENSAR A LIBERDADE NAS ALAMEDAS DO LICEU — 137
Sobre Aristóteles — 137
Breve introdução à antropologia de Aristóteles — 139
Dificuldades e dos limites da liberdade — 145

NONO JARDIM - OS SENTIDOS DA LIBERDADE EM IMMANUEL KANT: O INCONDICIONADO, A AÇÃO MORAL, O DEBATE PÚBLICO — 151
Sobre o itinerário — 151
O Relógio de Königsberg — 152
A liberdade do ponto de vista da cosmológico — 158
A liberdade do ponto de vista da moral — 165
Liberdade, debate público e política — 168

DÉCIMO JARDIM – O ESPÍRITO LIVRE, A ILUSÃO DA LIVRE VONTADE E OS SENTIDOS DA LIBERDADE EM NIETZSCHE — 173
Início de conversa — 173
Humano, tudo demasiado humano — 176
O livre arbítrio como erro da razão — 178
Sem livre arbítrio, a que domínio pertencemos? — 181
A liberdade de vontade como truque sacerdotal — 185
A liberdade como esperança — 187

TERCEIRA PARTE - RELIGIÃO E ÉTICA

DÉCIMO PRIMEIRO JARDIM - O FILÓSOFO, O OUTRO E A PANDEMIA:
EXERCÍCIOS DE TRAGOSOFIA. 195
Introdução como Agradecimento 195
Pandemia e a persistência dos estoicos 198
O encontro como elemento vital da atividade filosófica 210
Exercícios de Tragosofia: algumas proposições ou provocações 220

DÉCIMO SEGUNDO JARDIM - PASCAL FIDEÍSTA? ENSAIO SOBRE A
EXPERIÊNCIA DE CRER EM DEUS 231
Apresentação 231
Pequeno panorama da argumentação em torno da existência de Deus 232
Argumentos e existência 237
As apostas de Pascal 239
O argumento das expectativas generalizadas 241
A matriz de decisão 242
Alguns posicionamentos finais: à guisa de conclusão 244
DECIMO TERCEIRO JARDIM - EDUCAÇÃO E ÉTICA PARA ALÉM DA
DEONTOLOGIA: CRÍTICA TELEOLÓGICA E EXAMES DOS COMITÊS DE
ÉTICA EM PESQUISA 251
Exposição inicial 251
Platão e a Educação como Propedêutica da Política 252
A Educação Ética em Aristóteles 258
Das Dificuldades em torno do Vocabulário da Ética 263
Ética e Ciência nos Comitês de Ética em Pesquisa – CEP's: dogmatismo e
esclarecimento presumido. 266
Situação Histórica, Conquistas Atuais e Crítica do Futuro 277
Considerações Finais 284

SOBRE O AUTOR 289

Prefácio

A filosofia, em suas origens gregas, sempre buscou iluminar os cantos mais escuros da existência humana, trazendo à luz as questões mais profundas e inquietantes que definem o lugar do ser humano no mundo. Em *Os Filósofos e a Morte* - Ensaios para um Mundo Fragmentado, Alexandre Reis apresenta uma obra que se destaca pela profundidade de suas análises e pela clareza com que aborda temas complexos e atemporais. Ao longo deste livro, somos convidados a explorar algumas das questões mais fundamentais da vida através de um diálogo que o autor estabelece com grandes pensadores, cujas reflexões oferecem um rico panorama do pensamento humano sobre a vida, a morte, a liberdade e a ética. Mais do que dialogar com seus mestres, Alexandre Reis empreende análises originais de questões que nos tocam diretamente, como a vivência do terror da peste, da pandemia de Covid 19, ainda fresca em nossa memória, e a objetivação da ética nas universidades, onde ela foi transformada na "antessala do direito", tornando-se norma escrita muitas vezes e, assim, alienando-se de seu próprio sentido, segundo Reis.

A primeira parte do livro, intitulada Vida e Morte, reúne ensaios que exploram as profundezas da interseção entre a vida, a existência e a inevitabilidade da morte. O autor começa com um escrito intitulado "Aristóteles, a Chuva e a Morte de Si", em que, através de uma carta endereçada à professora Priscilla Spinelli, do Departamento de Pós-Graduação em Filosofia da Universidade Federal do Rio Grande do Sul e especialista em Aristóteles, somos levados a uma análise comparativa entre as perspectivas aristotélica e a percepção do autor sobre a morte como um catalisador para uma vida significativa. Aristóteles, com sua ênfase na eudaimonia e na virtude, contrasta com a visão mais sombria e introspectiva de Reis, que vê a morte como uma força que molda a identidade e a autocompreensão. Reis explora como a consciência da mortalidade pode influenciar a significação de uma *vida virtuosa*, um conceito profundamente enraizado na ética aristotélica. Os caminhos da ética são traçados tendo como pano de fundo a física de Aristóteles, e o autor nos coloca diante de uma questão fundamental: com vistas a quê cai a chuva pela janela? A carta, escrita em um cenário chuvoso no sertão de Pernambuco, nos últimos momentos em que autor ainda residia no Nordeste, utiliza a metáfora da chuva para explorar a noção de teleologia aristotélica — a ideia de que todos os eventos naturais possuem uma finalidade intrínseca. Mais do que isso, o autor consegue, de modo desconcertante, apresentar o problema do suicídio na obra de Aristóteles de uma maneira diferente da que estamos acostumados a ler nas tradicionais revisões históricas, que sempre apresentam o filósofo estagirita como absolutamente contrário à saída voluntária, por considerá-la um atentado contra o corpo social. A conclusão sugere que, embora Aristóteles condene o suicídio principalmente por suas ramificações sociais, sua filosofia oferece uma estrutura para compreender a morte voluntária como um ato de coragem em situações extremas .

O livro tem sequência com um ensaio provocativo, "Vale a Pena Viver? A resposta está no fígado!", no qual também somos confrontados a pensar através de uma epístola, desta vez endereçada a outro filósofo, o professor Renato Duarte Fonseca, também da UFRGS, que foi quem apresentou a Alexandre Reis a palestra de William James de 1895, intitulada precisamente, *Vale a pena viver?* Aqui o leitor está diante de um confronto visceral e corajoso com a questão central da vida: seu valor intrínseco. Utilizando a famosa metáfora do fígado, Reis discorre sobre a saúde, o bem-estar e a vitalidade como metáforas para a própria existência. O ensaio pode ser lido como se ouve uma boa conversa, e o escrito possui uma leveza e uma clareza próprias da boa oralidade. Mas, longe de uma análise superficial, Alexandre mergulha profundamente na obra de William James, incluindo os seus *Princípios de Psicologia*, para discutir como a superação de crises pessoais pode levar a uma afirmação mais plena da vida.

No escrito Ensaio sobre Ética, Tempo e Autopercepção da Morte, o autor aprofunda ainda mais essas reflexões, oferecendo uma análise filosófica sobre como a consciência da mortalidade influencia nossas ações e decisões éticas. Alexandre Reis, com uma erudição própria, conecta as ideias de diversos filósofos, mostrando como a ética está intrinsecamente ligada à nossa percepção do tempo e da finitude. Ele argumenta que a maneira como entendemos e aceitamos a morte pode ter um impacto profundo em nossa ética pessoal, influenciando desde nossas escolhas cotidianas até as decisões mais importantes de nossas vidas. Neste ensaio, o autor retorna à filosofia de Edmund Husserl e seu método fenomenológico, começando pelas "Investigações Lógicas" de 1901 e avançando até "Ideias I" de 1913, que introduz a fenomenologia pura. O autor destaca a influência de Kant e Fichte em Husserl e como este desenvolve uma filosofia própria baseada na fenomenologia e no conceito de transcendental. Husserl propõe um saber sem pressupostos, onde o conhecimento é alcançado através da descrição do que é dado na intuição. O ensaio examina a aplicação do método fenomenológico para compreender a relação entre Fenomenologia e Epistemologia, bem como temas como a consciência do tempo, a ética e a teoria dos valores. Alexandre enfatiza a necessidade de uma leitura lenta e cuidadosa para compreender plenamente a filosofia de Husserl e seu impacto na compreensão do tempo e da morte.

No fechamento da primeira parte, Nietzsche é colocado diante do leitor com posições que retiram toda tranquilidade de pensar dentro dos limiares mais tradicionais: por que não admitimos que a morte pode ser antecipada quando ela já se avizinha com o sofrimento próprio do fim da vida? Por que esperar até a máquina parar por si mesma, quando já antevemos o seu colapso que virá com muita dor e sem nenhuma qualidade de vida? Por que não suportamos a decisão de uma pessoa já madura em partir por si mesma, de modo tranquilo e resoluto? Por que impomos a vida a quem escolhe racionalmente a morte, apresentando suas próprias justificativas para encerrar a vida com a qualidade que lhe é própria? Ao ler Nietzsche diante do leitor, parece que a intenção de Alexandre Reis não é defender a posição do filósofo alemão, mas, como mesmo diz, fazer revirar as perspectivas. E esta parece ser uma constância nos escritos de Reis: muitas vezes esquecemos na poeira da memória posições de pensadores que ousaram enxergar de modo diverso o que nós pensamos ser natural, o que pensamos ser o *normal*. O autor insiste em nos advertir quer ter acesso a pontos de vistas diferentes nos permite criticar nosso tempo e examinar nossas próprias posições.

Na segunda parte deste livro, Liberdade e Filosofia Política, Reis nos guia por uma jornada através das complexidades do conceito de liberdade. Em *O problema da liberdade na tragédia de Sófocles, Édipo Tirano*, o autor analisa como o destino e a liberdade se entrelaçam na tragédia clássica. Édipo, em sua tentativa de escapar de seu destino, acaba por encontrá-lo, levantando questões profundas sobre a autonomia humana e a inevitabilidade. Reis explora a ideia de que a tragédia de Sófocles não apenas dramatiza o conflito entre destino e livre-arbítrio, mas também serve como um espelho para a condição humana. Através de uma leitura cuidadosa do texto, o autor demonstra como Sófocles usa a figura de Édipo para questionar a capacidade do ser humano de controlar seu próprio destino.

Esta análise é especialmente relevante em um mundo onde as noções de liberdade e determinismo continuam a ser debatidas.

Em *A ideia de liberdade nos diálogos de Platão* e *Liberdade em Aristóteles*, Reis nos devolve às origens mais significativas de um debate que levanta muita poeira nos dias atuais, e o leitor pode encontrar fundamentos para tomar uma posição mais madura em um mundo que banaliza o conceito de liberdade. Como explica o autor, Platão vê a liberdade como uma busca pela verdade e pelo conhecimento, enquanto Aristóteles a entende como a realização do potencial humano através da virtude. Estas análises não apenas esclarecem as perspectivas históricas, mas também mostram sua relevância contemporânea. Reis argumenta que, embora as ideias de Platão e Aristóteles possam parecer distantes de nossa realidade atual, elas oferecem a oportunidade de reavaliarmos nossa compreensão atual.

Nietzsche, que o leitor da obra de Alexandre Reis sabe ser sempre um de seus interlocutores mas presentes, é novamente central em "O espírito livre, a ilusão da livre vontade e os sentidos da liberdade em Nietzsche". Aqui, Reis desafia o leitor a reconsiderar as noções tradicionais de livre-arbítrio, apresentando a crítica nietzschiana ao determinismo e à moralidade. A liberdade, segundo Nietzsche e habilmente exposta por Reis, é uma ilusão necessária, uma construção que, embora fictícia, nos permite criar e afirmar nossos próprios valores. Reis explora a complexa relação entre liberdade e responsabilidade, destacando como Nietzsche nos incita a viver de acordo com nossos próprios princípios, independentemente das imposições sociais e culturais. Esta abordagem nos leva a uma reflexão necessária sobre a autenticidade de nossas escolhas e a coragem de viver de maneira coerente com nossas convicções mais íntimas.

A terceira parte, *Religião e Ética,* mergulha na complexa relação entre crença religiosa e moralidade. "Sobre Jean Bodin: Breve Comentário sobre a Tolerância Religiosa como Prática de Governo" oferece uma visão histórica sobre a importância da tolerância religiosa. Bodin, com sua defesa da convivência pacífica entre diferentes crenças, é apresentado como um precursor das ideias modernas de pluralismo e tolerância. E aqui temos um ponto importante, muitas vezes se leu Jean Bodin como o defensor do absolutismo, mas reis se coloca na tradição de leitura que compreende Bodin mais próximo de sua própria escrita. O que é absoluto não é a figura do soberano, mas a própria ideia de justiça que deve imperar sobre os homens. Reis mostra como as ideias de Bodin sobre a tolerância religiosa são não apenas históricas, mas também profundamente relevantes no contexto contemporâneo, onde a convivência pacífica entre diferentes crenças continua a ser um desafio. Através de uma análise detalhada, Reis revela como a abordagem de Bodin pode oferecer soluções práticas para os dilemas de hoje, promovendo um entendimento mais profundo e uma coexistência harmoniosa entre diversas comunidades.

Em "Pascal fideísta? Ensaio sobre a Experiência de Crer em Deus", Reis examina a famosa aposta de Blaise Pascal, propondo uma reflexão sobre a fé que transcende o mero racionalismo. A abordagem de Pascal à fé como uma experiência existencial é habilmente desvendada, mostrando como a crença em Deus pode ser uma resposta tanto racional quanto profundamente pessoal às incertezas da vida. Reis destaca a tensão entre razão e fé, explorando como Pascal navegou entre esses dois domínios. Ele argumenta que, para Pascal, a fé não é uma mera aceitação cega, mas uma escolha ponderada que envolve toda a existência humana. Este ensaio nos convida a refletir sobre nossas próprias crenças e a maneira como elas moldam nossa percepção do mundo e nossas ações dentro dele.

Finalmente, "Como vivem os filósofos: exercícios de tragosofia" oferece um olhar introspectivo sobre a vida dos próprios filósofos. Inspirado por suas experiências vividas no sertão do nordeste brasileiro, onde viveu por 12 anos, Reis discute o que chama *tragosofia* – a sabedoria trágica do bode – como um modo de vida onde a aceitação das dores e incertezas da existência se transforma em uma fonte de força e sabedoria. Reis explora como filósofos viveram suas ideias, não apenas em suas obras, mas em suas próprias vidas. Ele argumenta que a filosofia não deve ser vista apenas como um conjunto de teorias abstratas, mas como uma prática diária que envolve a reflexão e a ação. A tragosofia, nesse contexto, é apresentada como uma forma de enfrentar a vida com coragem e integridade, aceitando a tragédia da existência como uma oportunidade para o crescimento e a sabedoria. O ensaio foi escrito em plena pandemia, em 2021 e apresenta uma meditação original sobre a presença da morte, o problema da alteridade naqueles anos em que a presença do outro era desafiada pela necessidade racional de distanciamento, e consiste em um testemunho preciso do modo como o filósofo presenciou a crise pandêmica.

Os Filósofos e a Morte - Ensaios para um Mundo Fragmentado é uma obra de grande erudição e profunda reflexão. Alexandre Reis nos oferece uma análise abrangente e perspicaz de alguns dos temas mais fundamentais da filosofia, apresentando-os de maneira acessível e envolvente. Este livro é mais do que uma simples coletânea de ensaios; é uma jornada intelectual que desafia o leitor a confrontar suas próprias crenças e suposições, oferecendo novas perspectivas sobre a vida, a morte, a liberdade e a fé. O autor consegue, com o estilo de escrita que lhe é próprio, sempre muito próximo da oralidade, tecer um diálogo entre os grandes pensadores da história e o leitor contemporâneo, tornando a filosofia uma ferramenta viva e relevante para entender e navegar pelas complexidades do mundo moderno. Através de suas palavras, somos lembrados de que, mesmo em um mundo fragmentado, a busca pelo conhecimento e a reflexão filosófica podem nos oferecer um caminho para a compreensão e a sabedoria. Este livro é, em muitos aspectos, uma homenagem à resiliência do espírito humano e à nossa capacidade de buscar significado em meio ao caos.

Por vim, vale dizer que este livro demonstra em parte o trabalho de Alexandre Reis, que, mesmo tendo realizado trabalhos importantes no campo da ética, como podemos conhecer em seus livros *Os Jardins do Ethos* e *Os Jardins da Academia*, nunca conseguiu se distanciar do objeto de seu primeiro livro, *Vita*, publicado em 2007, que toma a morte como objeto de uma meditação possível. O autor é, podemos dizer sem medo, um pensador da morte.

Gabriela Weisman (editora),
Belo Horizonte, maio de 2024.

PRIMEIA PARTE
Vida e Morte

PRIMEIRO JARDIM
Aristóteles, a Chuva e a Morte de Si

Petrolina, PE, 28 de dezembro de 2021.

Saudações

Caríssima Professora Priscilla Spinelli, escrevo-lhe enquanto a chuva cai e a percebo pela janela, no sertão de Pernambuco, a uns oitocentos metros do rio São Francisco, que já foi chamado pela população nativa dessas terras (áridas e paradoxalmente férteis) de Opará, cujo significado remete a um majestoso rio que é mar. Aqui viveram originalmente os Xacriabás, e ainda é possível encontrar muitas de suas histórias cosmogônicas sobre o nascimento do universo, diretamente ligadas ao Velho Chico. Quanto de nossa mitologia já se perdeu? Quanto ainda é possível trazer à memória? Se, em vez de massacrar os povos nativos de nossas terras e reduzi-los a umas 300 etnias, os europeus tivessem ouvido seus ensinamentos e permitido uma integração de conhecimentos, fico a imaginar que muitos pensamentos inteiramente novos e inventivos teriam surgido em terras brasileiras. Se os povos originais tivessem aprendido a filosofar com os europeus, ao invés de serem roubados em toda a sua dignidade, ao invés de terem sido mortos até o ponto de muitas culturas desaparecerem sem deixar vestígios, teríamos um passado que nos orgulharia certamente. Teríamos, possivelmente, um presente mais inventivo e menos espelhado. E quanto conhecimento os europeus poderiam ter aprendido com os povos de nossas florestas e matas! Teríamos tido acesso a diversas visões do mundo que, não diferentemente dos gregos de um período pré-filosófico, interpretaram o mundo com visões que não mais acessaremos, nós, que somos incapazes de olhar para os povos originais ainda vivos em nossas terras. Nas cosmogonias ameríndias ainda é possível encontrar finalismos complexos.

Escrevo-lhe esta carta, em tempos natalinos, na esperança de ter êxito em expor algumas ideias, avaliações do que aprendi, juízos sobre o seu trabalho, relações entre o que estou pesquisando atualmente e Aristóteles e, sobretudo, minha cara mestra, direções e apontamentos para um futuro que está à nossa frente e que, caso apenas sigamos os nossos passos, virá certamente com o rosto da fortuna. E caso consigamos impor a nossa vontade, quem sabe não consigamos alterar o curso das coisas, ao menos até o ponto em que nossas mãos são capazes de tocar? Falarei, brevemente, pois uma carta é sempre o início de uma conversa, não o seu esgotamento, sobre a morte de si autoinfligida, a partir de algumas passagens de Aristóteles, e o que me interessa de modo geral na filosofia, essa morada que escolhemos como guarida em nossas trajetórias, que não deixam de nos surpreender com suas exigências de coragem e fortaleza.

Elogio da Nossa Época

É próprio do nosso tempo o acesso a obras que ficam guardadas em bibliotecas muito distantes. Nos meus tempos de estudante de graduação, no fechamento do século XX, esse acesso dependia de conexões e parcerias entre bibliotecas que intercambiavam fisicamente seu acervo de periódicos. Assim, era possível, estando eu em Belo Horizonte, que a bibliotecária da FAFICH-UFMG solicitasse um empréstimo de um periódico que continha um artigo de meu interesse em uma biblioteca parceira, em São Paulo ou em Brasília. E esperávamos semanas até a chegada do documento físico, que deveria ser devolvido logo em seguida. Agora, caso eu deseje consultar o texto grego editado por David Ross, basta abrir o site da Biblioteca Nacional da França, do Parlamento Americano ou, como é o caso, da Biblioteca da Oxford University (University Press Scholarship Online), e tenho acesso às páginas do Aristotelis Physica, Recognovit brevique adnotatione critica instruxit W. D. Ross. Outros tempos! Tempos em que as comunicações permitem uma integração maior nas comunidades científicas e um acesso muito oportuno a acervos de conhecimento em diversas partes do planeta. As coleções de Aristóteles, caso ainda existissem, poderiam ser acessadas assim, em nossas telas de computador! Quanta potência havia em Aristóteles e em sua escola, e quão maravilhado ele ficaria se vivesse nos tempos atuais... e quão horrorizado ficaria diante de nossas escolhas práticas. Não avançamos muito nem no cultivo das virtudes éticas, nem na resolução de problemas urbanos, como é o caso do tratamento de nosso esgoto, que certamente está aquém daquela Atenas que recebeu o macedônico que fora estudar na Academia, naqueles tempos também difíceis. Creio, minha cara mestra, que os elogios à nossa época não vão muito além do que as ciências conseguiram produzir em tecnologias que facilitam as nossas vidas, mas há tantos absurdos humanitários hoje quanto em qualquer outra época pretérita.

A Física de Aristóteles

É provável que todas as traduções de Aristóteles de que dispomos sejam marcadas pelas filosofias de nosso tempo, modernas ou contemporâneas. Quando lemos Aristóteles em português, inglês, francês ou alemão, encontramos sempre um vocabulário próprio do nosso tempo, e não haveria como ser diferente; esse é o material próprio de nossas línguas modernas para as quais tentamos aproximar aquelas cópias de que dispomos desde o trabalho de William de Moerbeke. É bem provável que seja mais fácil ler Aristóteles em grego do que em nossas línguas, desde que se tenha uma dedicação aos estudos desse idioma e a criação de um hábito de leitura diário de sua obra. De certo modo, todos os sistemas conceituais abstratos, toda a terminologia especializada e o conhecimento da filosofia moderna influenciam as traduções dos textos de Aristóteles, provavelmente com boas intenções. Se Aristóteles falasse as nossas línguas, se falasse português, ele se reconheceria no vocabulário de seus livros? Substância, quantidade e qualidade, predicado, princípio, tese, termo, cópula, homogeneidade, processualidade, sujeito de juízo, fundamentação, etc. Embora eu escreva estas palavras de modo aleatório, elas fazem parte do vocabulário dos filósofos que estudamos nas cadeiras de filosofia moderna, principalmente aqueles situados nos séculos XVII e XVIII. Esse vocabulário faz parte, igualmente, de nossas tradicionais traduções de Aristóteles.

A primeira coisa que me chamou a atenção e que me levou ao seu Seminário de Pesquisa em Filosofia Antiga foi o cuidado de centrar a investigação que veio a ser tão bem conduzida por você, caríssima mestra, na expressão *to hou heneka*. Este efetivo cuidado permitiu à nossa imaginação filosófica alçar voo para além das raízes de nossa língua materna e nos lembrar que é preciso pensar de modo mais próximo ao autor que estamos estudando, sob o risco de não o compreender, a não ser naquela pálida versão acessível à miséria de nossa condição sempre estrangeira. Ler Aristóteles em português mantém essa condição; aprender a sua língua, ou a sua linguagem, nos aproxima maravilhosamente e permite que voltemos os olhos ao solo de nossa vida comum com um olhar mais alargado. Agora, quando abro a *Física*, já compreendo *kinesis* não apenas como movimento, tendo à minha mente a física de Newton, mas leio aí sobretudo mudança, processualidade, alteração em todas as suas formas, de acordo com o lugar, tempo, propriedade, número, algo que vai surgindo — tornando-se — retrocedendo à sua nulidade. Um olhar muito mais ampliado para todas as suas possibilidades, seu ambiente, suas consequências. Ora, em suas aulas não aprendi apenas a ler o texto, o que é fundamental, gentil, necessário. Aprendi que esse *kinesis* é o centro temático de todas as séries de investigações de Aristóteles que, desde os trabalhos de Andrônico de Rodes, recebe tradicionalmente o título de *Física*.

O resultado de minha participação no Seminário de Pesquisa em Filosofia Antiga, conduzido por você, foi precisamente esse, e é isso que levarei comigo: ao perguntar pelo *to hou heneka*, pela sua extensão e pela sua presença, se universal, acidental ou aleatória, nossos encontros evidenciaram um Aristóteles distante dos manuais escolásticos e paralisantes, dominados por um lugar comum que muitas vezes opõe o estagirita a seu mestre ateniense. Se é opinião comum, não apenas na leitura da filosofia antiga, mas do próprio cotidiano, que tudo é governado por mudanças, que o mundo é sujeito a ser eternamente mutável, ou para lembrar o paradoxo já muito comum de que constante é apenas a mudança (seria essa a principal herança heraclítica para a nossa cultura popular?), talvez esta seja uma marca d'água da própria física de Aristóteles: os objetos naturais estão sujeitos no todo ou em parte à mudança. Mas estas mudanças sempre ocorrem em vista de um determinado acabamento? Foram muito animadas, isto é, cheias de movimento, as discussões nos seminários acerca da passagem 198b16, contida no capítulo 8 do livro II. A chuva que vejo agora pela minha janela é alegria do sertanejo! Chuva no Sertão! Ao mesmo tempo, diversas cidades da Bahia estão destruídas por estas mesmas chuvas. A chuva que traz esperança para o plantio de sequeiro ao mesmo tempo destrói vidas, casas e arrasa comunidades inteiras. Teria a chuva uma finalidade, como, por exemplo, o plantio das sementes do pequeno agricultor?

Se existe uma teleologia interna ou imanente em determinados acontecimentos naturais, assim como é possível admitir nas partes dos animais, ou ainda se existe a possibilidade de expandir essa noção de fim a todo o cosmos, uma teleologia universal, antropocêntrica, foram questões que trouxeram movimento às nossas aulas e implicaram discussões que nos perseguem para além dos encontros. Uma destas questões guiará o desenvolvimento central desta carta: trata-se do difícil problema de se pensar a morte voluntária, seja como uma escolha, uma meta, um em vista de quê?, seja como um desses problemas que só podemos experimentar em primeira pessoa, e isto, na medida em que decidimos viver e pesar a própria morte como uma possibilidade. Tema estranho! Tema atraente e estranho.

Mas volvemos à Física.

Certa vez, por volta do ano 2000, eu estava no Instituto de Ciências Exatas da UFMG para uma palestra de física. O professor, um físico desses que exploram profundamente o átomo e navegam com destreza em suas profundezas, mas que parecem incertos sobre a localização do átomo ou se o que os antigos chamavam de "átomo" é realmente o mesmo que a ciência moderna denomina com esse termo, iniciou sua conferência resumindo a física aristotélica em duas ou três proposições caricaturais. Em seguida, ele lançou sua sentença fatal sobre Aristóteles: "Esse sujeito foi responsável por atrasar a ciência, a física e a biologia em pelo menos dois mil anos." Resgatando de memória essa fala, que é muito comum quando conversamos com nossos colegas da Física e da Biologia, posso agora, cara Priscilla, graças aos nossos encontros, fazer exatamente a questão inversa e perguntar se a compreensão da física aristotélica dentro do que se chama modernamente de física não é propriamente um abuso e um grande mal-entendido. Possivelmente, essa incompreensão se deve realmente ao dialógico *Discorsi* de Galileu. Refiro-me ao *Discorsi e dimostrazioni matematiche, intorno à due nuove scienze*, publicado em 1638.[1] Aristóteles é citado na obra 33 vezes; na maioria das ocorrências, encontramos uma comparação entre as duas físicas, a aristotélica e a galileana, para que, neste confronto, fique evidente a ausência de um método matemático na física de Aristóteles.

Penso que a diferença entre as físicas pode ser facilmente resolvida, ao menos dentro do pouco que conheço. A física galileana usa a

---

[1] Ele pode ser encontrado aqui https://tinyurl.com/3pu4ufak.

matemática como instrumento auxiliar e desconhece o que encontramos detalhadamente no Livro II, capítulo 2, do texto de Aristóteles: "Visto que está delimitado de quantos modos se concebe a natureza, depois disso devemos examinar em que o matemático se diferencia do estudioso da natureza (...)" (193b22, na tradução de Lucas Angioni). Por outro lado, a outra física, a aristotélica, quando se trata do tema da causalidade, pensa esta categoria como uma entre outras possíveis, que contribui para a compreensão do fenômeno, mas que não é determinante e que não apresenta um conceito determinístico de causalidade como ocorre na mecânica moderna. A causa, é isso que quero dizer, pode falhar em alcançar a sua meta, o seu acabamento, e isso não é possível na compreensão de causalidade na física galileana. Aristóteles pode falar de uma experiência diária, como a construção de uma casa, dos elementos simples como a terra, água, fogo e ar (nas suas palavras, caríssima mestra, a sua tabela periódica), e, ao mesmo tempo, falar dos seres vivos, de seus membros e órgãos, e da chuva que possibilita a plantação do trigo e ao mesmo tempo arruína a colheita que seca ao sol, sendo que isso se dá, não com um em vista disso ou daquilo, mas por concomitância. Os seres vivos estão integralmente unidos aos seres inanimados. Na física de Aristóteles, portanto, pode-se falar da medicina, da carpintaria e de seus instrumentos, do sêmen e do mênstruo, do nariz arrebitado.

Volto aos tempos de estudante: eu, um jovem aluno de mestrado, que investigava os textos de Nietzsche e de Schopenhauer, sentado no auditório do ICEX. Aquela introdução do palestrante situava a física de Aristóteles dentro da sua matéria de domínio exatamente para, não refutá-la, mas condenar o filósofo grego como um pseudocientista que teria atrasado a história das ciências. Teria ele alguma vez lido uma única página da *Física* de Aristóteles? Teria compreendido, não os argumentos, pois certamente Aristóteles é um bom expositor, mas teria compreendido o que estava lendo? Provavelmente, sua leitura seria marcada pela tentativa de aproximar as físicas exatamente para refutar o que se lê naquele texto que já conta com mais de 2350 anos. Neste sentido, deveríamos até mesmo perguntar se Aristóteles e o nosso professor de física, nosso físico contemporâneo, falam a mesma coisa quando falam de ciência. Qualquer aproximação deve permanecer muito geral. Inicialmente, deveríamos lembrar aos cientistas de nosso tempo que os oito livros da *Física* de Aristóteles receberam o nome de Περι της Φυσικής

Ἀκροάσεως. Esse Περι... Sobre... e esse Ἀκροάσεως... Auscultação remetem à ideia de palestras, como ocorreu há vinte anos naquele auditório em que fui ouvir sobre física quântica, e iniciei ouvindo os maldizeres sobre Aristóteles. *Sobre a auscultação da natureza*, ou simplesmente, *Sobre a Natureza*, é claramente uma atividade de curso investigativo acadêmico, não um tratado acabado de física, no sentido moderno de tratado e de... física. Ora, não é comum na Academia em que Aristóteles estudou por vinte anos esse tipo de atividade? Temos, preservadas por Diógenes Laércio, as referências às palestras e cursos de Eudemo ou de Teofrasto sobre esse mesmo assunto.

É muito bonito o estilo do texto aristotélico. Não do ponto de vista de uma estética do estilo, mas é muito bonito na medida em que se aproxima da fala, como se fosse um manuscrito da oralidade, uma preparação para uma exposição oral diante dos alunos. Sabemos que boa parte dos livros de Aristóteles foram editados, organizados, titulados e copiados muito tempo depois de sua morte (voluntária?). Daí a estranheza do leitor: não há aquele polimento que encontramos nos textos exotéricos de Platão ou nos tratados modernos de física, e talvez (porque não fiz uma leitura profunda dos livros restantes) não haja uma unidade que garanta o caráter moderno de obra.

É aqui que considero absolutamente adequada a condução da disciplina Seminário de Pesquisa em Filosofia Antiga, realizada por você, caríssima professora. Tanto você quanto o professor Aristóteles estão diante de seus alunos. E há na sua condução, como também há no texto de Aristóteles, um certo frescor de pensamento, como se cada lição fosse sendo construída ali, naquele espaço (físico/virtual) em que, juntamente, mestre e nós, estudantes, construímos a compreensão do assunto tratado. Afinal de contas, existe uma teleologia universal no livro II da *Física* de Aristóteles? A resposta não estava ali, à nossa frente, como meta, como um alvo que certamente alcançaríamos. O alvo era dado, mas não um alvo determinado, já pré-programado, pré-existente: ele devia ser construído à medida em que lançávamos as flechas, caminhávamos com as perguntas. Sim, cara mestra, é isso que está na base do exercício filosófico; o que resta são as lições dos dogmáticos. O texto de Aristóteles é como uma oficina de pensamento, e nós, alunos/leitores, acompanhamos o processo de feitura dos princípios que se vão construindo. A sua condução permitiu exatamente que esse caráter crítico, de exame, fosse mantido em sua inteireza. Isso não é tarefa fácil. O texto possui um caráter didático que foi inteiramente preservado no Seminário.

O caráter sistemático de uma obra moderna de física, como as de Galileu ou Newton, ou de física contemporânea, não pode ser buscado na *Física* de Aristóteles. É isso que falta ao físico do nosso tempo como leitor de Aristóteles: compreender o caráter didático da investigação que foi conduzida junto aos seus alunos, nas suas palestras/aulas sobre a natureza. Um sistema da física de Aristóteles é possível, desde que se consiga colocar nesse sistema não apenas as investigações que examinamos no Seminário, mas, como foi diversas vezes apontado por você, Priscilla, também os princípios gerais da natureza (Física I e II), ao lado dos estudos sobre os movimentos celestes nos primeiros livros do *De Caelo* e dos elementos físicos examinados quanto ao número e quanto à qualidade nos livros finais. Esse estudo sistemático deve ainda examinar as transformações que estão envolvidas no morrer e no tornar-se outra coisa (*Da Geração e Corrupção*), os estudos da chamada meteorologia, etc. Entendo agora que o que chamamos de física aristotélica deve incluir esse conjunto de textos em uma unidade. Esse é, certamente, o trabalho de uma vida inteira: passar de uma leitura e compreensão fragmentadas desses textos a uma compreensão enciclopédica.

Da pequena proposta a seguir

Para aproximar estas discussões com o que tenho pesquisado atualmente, gostaria de remeter nossas reflexões a dois trabalhos que realizei nos últimos anos: um publicado em 2020 e outro em 2018. Este último se aproxima mais diretamente do meu interesse de pesquisa ao seu objeto de estudos, enquanto o mais recente, de 2020, justifica esta carta.

Em 2018, eu publiquei o livro *Os Jardins da Academia: Teleologia, Educação e Ética* (Curitiba: Appris). Ali, parti de uma pergunta que envolve diretamente nosso cotidiano, nossa tarefa, nossa profissão: qual é a finalidade da educação? Ou, para dizê-lo mais próximo do que aprendi com você, educamos com vista de quê? A ideia era exatamente provocar os nossos documentos oficiais a responder a esta pergunta. Como as Constituições Federais, a de 1988 e as anteriores, a LDB e outras legislações do nosso Estado respondem a esta pergunta? Como a nossa

Universidade responde a esta pergunta? A proposta foi construir um diálogo entre antigos e contemporâneos, partindo da Academia de Platão, do Liceu de Aristóteles, da construção da Universidade de Paris (da Universidade medieval) e das ideias pedagógicas de outros mestres, como Kant, Nietzsche, Ortega y Gasset, Wilson Martins, etc. Ao examinar as concepções de educação de Platão (no capítulo 1) e de Aristóteles (cap. 2), eu não os tomei como os grandes filósofos em cima dos Alpes da História da Filosofia, mas como professores e como fundadores de escola. Perguntei pelos seus métodos, pelas suas visões pedagógicas, e sobre como responderiam a essa pergunta: qual a finalidade da educação? Em cada capítulo, do primeiro ao último, em que examino os nossos comitês de ética em pesquisa, termino o texto com uma *disputatio praesens*. Passei, é verdade, ao largo da física, mas agora, certamente, devo rever essa questão e aproximar a *Ética a Nicômacos* da investigação da *Física*, quanto ao método e quanto à pergunta que orienta a investigação. Essa revisão guiará a construção de uma terceira edição mais adiante.

Mas é o trabalho que publiquei em 2020 que me traz até aqui: *História do Suicídio*, Livro I - Variações Antigas e o Domínio do Cristianismo. Quando terminei a redação do trabalho, depois de longos cinco anos de muitos estudos sobre esse assunto, examinando uma vasta bibliografia, entreguei o manuscrito à Páginas Editora,[2] de Belo Horizonte. A ideia original era submeter a uma editora universitária, mas devido à minha proximidade com a Páginas e ao seu interesse no meu trabalho, entreguei a ela os manuscritos para uma publicação custeada pela editora. O resultado inicial da primeira conversa após o meu texto estar pronto foi, de certo modo, um banho de realidade (embora minha gratidão pela Páginas seja infinita): "O texto é longo demais, livros com muitas páginas são caros e vendem pouco." Logo a decepção se transformou em uma nova proposta: "Tudo bem — disse eu — a gente faz em 3 volumes." E assim, este primeiro volume, que saiu com 356 páginas, examina um sem-número de textos antigos, começando com Santo Agostinho, *Cidade de Deus*, e os textos ao seu redor, São Jerônimo, Santo Ambrósio, e várias outras referências, e retrocede aos gregos antigos, mostrando que a variação de compreensões da morte voluntária

---

[2] Atualmente, a Editora Páginas mudou seu nome para Literíssima, e será igualmente esta editora que lançará em 2025 ou 2026 os Livros 2 e 3 da *História do Suicídio*.

que encontramos nos poetas, escritores, oradores, filósofos, etc., gregos e romanos, dá lugar a uma ideia construída por Agostinho. Ele faz o julgamento de Lucrécia e aproxima a *mors voluntaria* da ideia de assassinato, empreendendo, segundo a minha expressão retórica que dá título a um outro livro, *a invenção do suicídio*. O termo só aparecerá em uma obra do século XII, embora sem nenhuma repercussão, e se tornará comum somente no século XVII. A ideia de Agostinho elimina a diversidade de olhares e se torna uma ideia única, predominante por toda a Idade Média e Modernidade: um sentido negativo que condena aquele que se mata ao fogo do inferno e da loucura. Se Agostinho não usou a expressão *suicidium*, ele concebeu a ideia e advogou em seu favor: quem mata a si mesmo é um assassino. É esse juízo que está presente na expressão *suicidium* (esse *cidium* vem do verbo *caedere*, matar, assassinar, e herda o peso do vocábulo *homicidium*, já usado na antiguidade romana).

Pois bem, no Livro I da *História do Suicídio* que escrevi, examino muitos escritores romanos e cristãos, os poetas gregos e os filósofos gregos. Sobretudo: Pitágoras, Empédocles e Platão. Aristóteles está ausente. E está ausente sob duas desculpas: seus argumentos serão melhor examinados quando eu me detiver na análise do texto de Tomás de Aquino, que retoma suas justificativas para recusar uma aceitação política do suicídio, e isso é feito no Livro II, ainda não publicado. E principalmente, esta é a minha segunda desculpa, as ideias de Aristóteles sobre o suicídio não provocaram grandes repercussões ou influências nas escolas estoicas ou epicuristas, que aproveitam muito de sua ética, mas que caminham para outros rumos quanto a esse assunto, apresentando até mesmo uma ideia muito positiva para a morte voluntária diante de determinadas circunstâncias, sentenciada na expressão εὔλογος ἐξαγωγή, algo como "saída razoável" ou, como prefiro, saída com dignidade. Ora, quem se mata diante de uma situação incontornável, de uma dor sem cura, de um sofrimento insuportável que não pode ser superado, encontra na morte uma saída racional. Essa ideia não está ausente em Platão ou em Aristóteles, segundo penso.

Diante do que eu disse até aqui, gostaria, portanto, na oportunidade de lhe escrever essa carta, de dedicar-me ao exame do texto aristotélico, coisa que me furtei de fazer nesse livrinho que intitulei *História do Suicídio*.

Algumas questões sobre a morte voluntária nas alamedas do Liceu

A primeira dificuldade dessa tarefa, e espero que perdoe esse primeiro movimento de ensaio, pois somente poderei superá-la com a maturidade do tempo, está no fato de Aristóteles não tematizar o assunto da morte voluntária demoradamente: ele é mais lacônico que Platão. Existe ainda uma segunda dificuldade: Aristóteles não acrescenta grandes coisas ao que Platão já disse em sua última obra, *As Leis* (livro IX, 873 ss), que examinei no citado livro de 2020. No entanto, Aristóteles desloca o argumento de Platão, segundo o qual o suicídio é nocivo para o Estado, para uma relação de dano com o corpo social. É deste ponto que pretendo partir para, com você, minha cara mestra, examinar brevemente o pensamento do estagirita, visitando, neste itinerário, dois endereços: o livro III (VII, 5-13, 1115a – 1116a) e o livro V (XI 1138a) da majestosa *Ética a Nicômacos*.[3]

Comecemos, mestra, pelo fim. No livro V, ao trabalhar longamente sua ideia de equidade, que supera a própria ideia de justiça, Aristóteles aborda o tema das leis, como Platão fez em seu livro derradeiro. A ideia de Aristóteles é muito interessante e instrutiva: ele diferencia justiça e equidade apontando inicialmente para o fato de significarem a mesma coisa. Mas se são a mesma coisa, como poderia então diferenciá-las? Na verdade, surge efetivamente um problema com o reconhecimento desta identificação: são iguais, mas *a equidade é melhor do que a justiça* (*Ética a Nicômacos*, V, 10. 1137B). É que Aristóteles considera que a justiça é precisamente justa em sua adequação às leis, e a equidade é justa no sentido de corrigir a justiça legal, que, por ser de ordem geral, não consegue apreender as particularidades dos casos efetivos e específicos que a preenchem. Diante de uma diversidade de casos, o legislador passa do particular ao geral, mas neste movimento indutivo, haverá sempre falhas de casos específicos que não entraram na generalidade da lei por suas especificidades. A indução busca sempre o que é comum nos casos. E é assim que a equidade é uma consideração de justiça levando em conta as minúcias da efetividade real e específica de cada caso. "O equitativo é a

---

[3] Por comodidade, usarei para todas as citações, a tradução de Mário da Gama Kury, na edição de 2001 para a editora da UnB. Para facilitar a conferência em outras traduções, não indicarei a página, mas a numeração marginal.

correção da lei onde esta é omissa devido à sua generalidade." (V, 10. 1137B) Nestes casos, diz Aristóteles, é preciso recorrer a um decreto para ajustar a lei que não pode, por sua própria natureza genérica, dar conta de todos os casos e situações.

Aqui caberia, embora eu não tenha competência para fazê-lo, uma discussão da *Ética* com a *Física*: nesta última, não se trata primeiro de conhecer o que é comum em todos os casos, conhecer os princípios, para depois examinar os casos particulares? Acredito que em um ensaio futuro, de algum modo, eu possa votar a essas diferenças.

A partir do capítulo 11 do livro V, Aristóteles introduz o que vou me permitir chamar de análise ética do direito. Permita-me, portanto, cara mestra, usar essas ideias que fazem parte de nosso cotidiano, pois nossas vidas são inteiramente cercadas pelos especialistas do direito. Voltando: estabelecidas as diferenças entre justiça e equidade, Aristóteles pergunta como se deve denominar uma pessoa que pratica a equidade. Claro está que ele considera que uma pessoa é justa, e mais do que isso, equitativa, precisamente por suas ações. Assim, uma ação é justa se está adequada à virtude da justiça. E essa virtude só pode conduzir a uma boa prática se for adequada pela equidade, que considera cada ação em sua efetividade.

Como eu já disse, Aristóteles não se ocupa do que nós chamamos, em nossa "modernidade", de suicídio, a não ser de forma lacônica, e neste caso, indireta. Aqui, o assunto entra apenas como uma espécie de caso, no qual reforça a ideia de que aquele que age contrário à lei age de modo injusto:

> Por exemplo, a lei não permite expressamente o suicídio, *e* o que ela não permite expressamente ela proíbe. Mais ainda: quando uma pessoa, violando a lei, ofende outra voluntariamente e sem ser em retaliação, ela age injustamente, e um ofensor voluntário é aquele que conhece tanto a pessoa que ele está ofendendo com sua ação quanto o instrumento que está usando. Entretanto, a pessoa que se mata voluntariamente num acesso de forte emoção, agindo desta maneira contrária à reta razão, e isto a lei não permite; ela age, portanto, injustamente.[4]

---

[4] *Ética a Nicômacos*, V, 11. Na tradução de Mário da Gama Kury.

Aí está a passagem mais importante do livro V sobre esse assunto difícil, Priscilla, que indica que o suicídio não é permitido pela lei. Segundo este testemunho, não há uma lei que permita o suicídio do ponto de vista do Estado. O raciocínio do estagirita — segundo o qual o que não é permitido por lei é proibido — é absolutamente inviável, porque, como sabemos e praticamos em nossa modernidade, é mais prático legislar sobre o que é proibido, de tal modo que aquilo que a lei não proíbe é permitido. Salvo, é claro, que haja outras formas de proibição que não a lei expressa, como é o caso dos costumes e tradições, naquilo que se chama de Direito Consuetudinário. No caso específico do Brasil, a Constituição Federal garante, no artigo V, a validade dos costumes, que podem ser evocados nesse sentido.

Aristóteles aponta para uma relação entre a reta razão e a lei, o que evidencia a racionalidade implícita na construção da Justiça. Feita essa relação, ele arremata: quem morre voluntariamente, morre de modo injusto. Ao fazer isto, o filósofo a quem dedicamos nossos estudos na feitura desta carta, guiados por sua *Física*, não considera, à primeira vista, possíveis casos em que morrer voluntariamente equivalha a uma morte de acordo com a reta razão, como é possível apreender na leitura de Platão que fiz em outra ocasião,[5] e como é possível apreender no debate sobre a eutanásia voluntária em nossa contemporaneidade.

Permita-me colocar a questão do seguinte modo, para lembrar o nosso Seminário: se a finalidade da vida, o seu acabamento, está em se aproximar da divindade, ser sumamente feliz, praticar as virtudes e, sobretudo, a vida contemplativa, e se os deuses não morrem, com que objetivo aquele que se mata dá a si próprio a morte? Ora, segundo penso, não há uma resposta universal possível, nem poderia haver! E o único caminho que poderia permitir a uma pergunta desse tipo, "com que objetivo você pretende morrer?", encontrar resposta, seria o caminho da audição, do exercício da Ἀκροάσεως, daquele que vê na morte uma porta aberta para sair de sua vida. Por que não temos acesso ao pensamento do

---

[5] "Notem que nestas situações em que há uma previsão de tomar a morte voluntária como condenável estão também as situações em que pode ser justificada. Assim, para Platão, o suicídio, para usar nossa expressão, é plenamente aceitável mediante ordem jurídica; mediante doenças ou desgraças ou mesmo vergonha pública." Trata-se de um comentário ao Livro IX de *As Leis*, in. REIS, Alexandre H. Reis, *História do Suicídio*. Livro I – Variações antigas e o domínio do cristianismo. Pág. 166.

outro que deseja transpor os umbrais da morte? Porque não permitimos, com nossa censura moral, que ele fale. E a fala franca é, sabemos desde a parrésia dos gregos, a mais eficiente das terapias.

Até onde consigo ver, essa passagem que citei acima, e que caminha para afirmar a morte voluntária como uma injustiça contra a comunidade, não evidencia a posição definitiva de Aristóteles, mas evidencia que — nos textos que chegaram até nós, que são apenas uma parte do que ele e sua escola produziram — o suicídio, a morte voluntária, não é um tema sobre o qual ele tenha se debruçado e empreendido uma análise demorada. Caso tivesse feito isso, como é hábito do filósofo, teria examinado as opiniões mais conhecidas em sua época, pois Aristóteles sempre avalia o que foi dito anteriormente sobre o objeto que está a examinar. Por este método, que nossos colegas dos departamentos de ciências chamam de estado da arte, muito se salvou das ideias dos chamados filósofos pré-platônicos. E foi por este método que lemos aquelas belíssimas ideias de Empédocles no livro II da *Física*, estando certamente Empédocles a falar de uma "evolução" dos seres naturais: aqueles híbridos que a natureza descartou em sua própria história.

Mas examinemos a questão em torno do trecho que citei: quem morre voluntariamente, morre contrário à justiça, morre injustamente. Mas o suicídio é uma injustiça contra quem? Ao colocar esta questão, Aristóteles apresenta a sua resposta, na tradução de Mário da Gama Kury: "É também por esta razão que a cidade aplica uma penalidade em tais casos, punindo quem se mata com uma perda relativa de direitos civis, como se ele estivesse agindo injustamente em relação à cidade." Nem na citação anterior nem nesta, aparece no texto grego, nem poderia aparecer, o termo suicida ou suicídio, que como já indiquei é de ocorrência tardia. Mário da Gama Kury tem obviamente uma preocupação acertada com o leitor, por isso a introdução do termo suicídio ("… a lei não permite expressamente o suicídio"). O que Aristóteles escreve, e que foi aqui traduzido como suicídio, é a expressão "destruir a si mesmo" (ἑαυτὸν διαφθείραντι), usando portanto o verbo διαφθείρω, "destruir" e portanto "fazer morrer".[6]

---

[6] ARISTÓTELES, Bywater, Aristotle's Ethica Nicomachea. Oxford, Clarendon Press. 1894. No texto grego aqui presente, lemos: διὸ καὶ ἡ πόλις ζημιοῖ, καί τις ἀτιμία πρόσεστι τῷ *ἑαυτὸν διαφθείραντι* ὡς τὴν πόλιν ἀδικοῦντι. No que tento uma tradução mais literal e

Daí se encontrar em toda parte a afirmação segundo a qual Aristóteles condena o suicídio com "ênfase em suas ramificações sociais e políticas," como interpretam, por exemplo, Joaquim H. S. Ribeiro e Miguel S. N. Júnior, em um escrito intitulado "A Visão Filosófica do Suicídio": "Com Aristóteles, o suicídio era visto sob um ponto de vista mais social que individual e continua sendo apontado como um ato ilegal e inconcebível por ferir a lei." Parece, pois, que esta é uma percepção comum. Lembro-me, cara mestra, da palestra do professor de física do ICEX/UFMG: não haveria nestas repetições a construção de uma caricatura, mesmo que, neste caso, assentada no texto que temos?

Resta ainda observarmos a posição assumida por Aristóteles no livro III, quando examina a virtude da coragem, como traduz Mário da Gama Kury, ou da fortaleza, como parece-me ser mais adequado. Esta virtude tão celebrada pelos helenos, que em grego se diz andreia, é manifestada precisamente quando ocorrem situações que exigem da pessoa a sapiência e a determinação para agir conforme a justa medida, pois a coragem é um meio termo entre o vício do excesso, a que damos o nome de temeridade, e o vício da falta, a que damos o nome de covardia. Pois bem, em situações de perigo, medidos os riscos, a pessoa corajosa encontra determinação para agir. Em batalhas, na guerra, o soldado é sempre colocado à prova. Cada vez que o medo se apresenta no cotidiano, a virtude da fortaleza pode ser exercitada, não sem a medição dos riscos, como poderíamos imaginar em tempos de pandemia: a fortaleza ou a coragem não está em desprezar todos os cuidados e se expor aos vírus. Neste tempo em que impera a peste do Coronavirus Disease 2019 (COVID-19), a morte se apresenta como uma possibilidade real, experimentamos o pior de todos os medos, pois nada poderia impor maior medo do que a morte: uma meditação honesta sobre a morte é uma meditação sobre a aniquilação total de si, sobre um mergulho no nada, e mesmo que seja, na crença de cada um, um mergulho na divindade, não se poderá mais viver esta vida, com este corpo, com esta consciência, com esta experiência de mundo, com esta ipseidade. Assim penso eu, mas como pensa Aristóteles?

---

espero não tão macarrônica: "Por essa razão, o Estado impõe punição e certa desgraça à pessoa que destrói a si mesma, como àquela que faz uma injustiça ao Estado."

Diferentemente da visão teológica e mística de Platão, Aristóteles considera que a morte "é o fim de tudo, e pensamos que quando um homem morre nem o bem nem o mal existem mais para ele", conforme lemos no livro III. Assim, a fortaleza não consiste em colocar a vida em risco, mas preservá-la para que efetivamente se possa continuar a exercitar a virtude. Deste modo, entregar-se à morte, permitir-se morrer ou dar fim à própria vida para escapar da pobreza ou das misérias da vida, dos seus infortúnios e sofrimentos, é pender para o desequilíbrio e morrer por covardia e por malakía (μαλακία), como diz o texto grego (Livro III, 6, 1115b). *Malakía* pode ser traduzido por ausência de força, fraqueza (física e mental).[7]

Mas não poderia haver em Aristóteles situações em que a morte voluntária seria objeto de coragem? Não haveria nada além da condenação de tal morte por ser contrária à cidade (Estado), e, portanto, uma injustiça contra o outro, e um ato de fraqueza, de covardia? Penso que existe no final do capítulo 6 do livro III uma afirmação que considera a morte voluntária um ato de coragem em certas circunstâncias. Cito as últimas linhas deste capítulo, na tradução de Mário da Gama Kury:

> Não é em todas as circunstâncias que a morte dá oportunidade à manifestação da coragem por exemplo, num naufrágio ou no caso de doenças. Em que circunstâncias, então? Certamente nas mais nobilitantes. Tal morte é a que ocorre em combate, pois ela sobrevém diante dos maiores e mais nobilitantes perigos, e é devidamente honrada nas cidades e pelos monarcas. Será chamado corajoso com toda a propriedade, então, o homem destemido em face de uma morte nobilitante e de todas as circunstâncias em que haja um perigo real de morte, e as emergências da guerra são desta natureza em seu mais alto grau. Mas em naufrágios também (e em face das doenças) o homem corajoso é destemido, porém não da mesma maneira que os tripulantes num naufrágio, pois o homem corajoso perde logo todas as esperanças e lhe repugna a ideia de morrer afogado, enquanto os tripulantes ainda têm esperanças por causa de sua experiência. Da mesma forma, demonstramos coragem em situações nas quais há oportunidade de evidenciar bravura, ou em que a morte é nobilitante, mas na morte em caso de naufrágio ou por doença nenhuma destas oportunidades pode apresentar-se. (*Ética*, livro III, 6, 1115 b.)

---

[7] Dicionário grego-português (DGP): volume 3 / [coordenação Daisi Malhadas, Maria Celeste Consolin Dezotti, Maria Helena de Moura Neves], Cotia: São Paulo, 2006. Página 142.

Não me parece, portanto, que Aristóteles assuma uma posição contrária ao suicídio de modo irrestrito. Quando, abatido por uma doença incurável, que torna a vida difícil de ser suportada, ou quando em uma situação de morte inevitável, como no caso de um naufrágio em alto mar, quando não há esperança, nestes casos, é preferível uma morte nobilitante. Mas o que é uma morte nobre, se não morrer afogado junto ao navio ou de morrer pela doença? Não parece, amiga professora, que aqui, apesar da pouca clareza sobre nossa questão, Aristóteles está admitindo a morte voluntária em determinadas circunstâncias? Certamente, ele desaprova aquele que destrói a si mesmo para evitar os sofrimentos "da pobreza, do amor ou de algo doloroso", do mesmo modo que se opõe à aprovação ética de uma morte que resulta da falta de liberdade, isto é, da falta de controle, da entrega à raiva sem as devidas razões. Mas indica uma determinada nobreza na antecipação da morte diante da ausência completa de esperanças.

Até onde consigo enxergar, Aristóteles não considera que se deva viver a todo custo, e com base nesta passagem da Ética, parece-me que a vida deva também encontrar uma justificativa para ser levada a bom termo, pois o em vista de que, em acordo com o estagirita, é a felicidade, que pode ser exercitada diariamente através do exercício das virtudes. Mas nos tempos atuais, a ética parece ter sido reduzida a uma deontologia, e já não falamos de fins, já não falamos de virtudes. As deontologias impõem os deveres. Seria um dever viver a todo custo? Quando a razão encontra os motivos certos para morrer, deveríamos evitar o suicídio a todo custo, por exemplo, o suicídio do próximo, do outro que está diante de nós, e apresentar-lhe a nossa solidariedade? Perceba, minha mestra, que não há aqui nenhuma apologia do suicídio, mas sim a exigência de um debate público e amplo acerca da qualidade de morte. Assim, ao retornar aos gregos, agora com Aristóteles, chegamos a um ponto que nos joga novamente diante de nossos problemas atuais: por que não consentimos igualmente à vontade daqueles a quem já não resta nenhuma possibilidade de esperança, em um gesto, não grego propriamente, mas cristão, no sentido evangélico cultivado pelos primeiros seguidores de Jesus, e assentimos à compaixão? A questão é que não nos abrimos para ouvir quem está em sofrimento. E se tivermos a coragem de fazer este exercício de audição, poderemos encontrar situações em que a morte seja preferível à vida, e neste caso, deveremos empenhar uma batalha para defender o direito à morte, o direito à eutanásia, o direito a uma boa morte... por amor à vida.

Despedida

Certo de que tomei bastante do seu tempo com as minhas questões, despeço-me por aqui, ainda em um dia de chuva. Iniciei esta carta há três dias, e desta vez o nosso sertão pernambucano recebe de bom grado as chuvas deste inverno, neste fim de dezembro. Sim, por aqui esse período em que chove (ano sim, dois anos não) é chamado pelos sertanejos de inverno. O restante do ano é de seca e estiagem... e um calor abrasador. A água e o sol, seja essa água da chuva escassa ou da irrigação com as águas do Velho Chico (do velho Opará! Do rio que é mar), permitirá este ano o plantio do milho, da macaxeira e de tantos outros alimentos. É certo que sem essa chuva, não comeremos o milho na festa do São João no próximo ano, pois a chuva cai e, concomitantemente, plantamos. Se não chove, lançamos mão da técnica e criamos as adutoras das quais Opará distribui, contra a sua vontade, as águas às terras do sertão. E das adutoras, puxadas à força de suas entranhas, puxam por sua vez, o sertanejo, o seu quinhão de água para abastecer a sua pequena propriedade. No ano que vem, teremos milho nas festas de São João: quem poderia afirmar que não choveu para esse fim? Permaneçamos vivos até lá, e quem sabe sejamos também nós capazes de perceber a beleza dos céus e dos astros, como fez Empédocles?

SEGUNDO JARDIM - Vale a Pena Viver? A resposta está no fígado!

Uma carta sobre William James

Patrocínio, Minas Gerais, 21 de janeiro de 2022

Apresentação

Caro professor, doutor Renato Duarte Fonseca,[8] saudações. Escrevo-lhe esta carta para abordar uma questão difícil, que emerge precisamente de suas lições sobre William James e, de modo especial, de sua preciosa indicação do texto jamesiano, *Vale a pena viver?*,[9] que toca exatamente em um problema que tenho estudado nos últimos anos, e ao qual tenho dedicado os meus mais preciosos trabalhos. Compreenda esta carta, ao mesmo tempo, como uma atividade necessária ao seu *Seminário* e como uma conversa desprendida na medida em que esse objeto que nos ocupa, difícil e de certo modo perigoso, exige certa leveza que muitas vezes é assaltada pela gravidade de nossa tarefa acadêmica.

Quando, na Aurora da Filosofia —, e quando esta mesma Aurora se mostra aberta na entrada de nossos estudos filosóficos, geralmente na saída da adolescência —, deixamo-nos admirar completamente com aqueles filósofos pré-platônicos, que são ao mesmo tempo maravilhosos e obscuros, pela ausência de suas obras, pela ausência de fontes — quando assim admirados, enfim, escolhemos esse caminho de dúvidas e incertezas, encontramos algumas poucas jangadas às quais nos seguramos fortemente para navegar: estes filósofos antigos, que certamente admiramos, são muitas vezes como fragmentos dessas jangadas, estilhaçadas pela

---

[8] Professor do departamento de filosofia da UFRGS [N.E.].
[9] Utilizei a edição da Editora Nós; 1ª edição (1 agosto 2018).

tempestade do tempo, e dificilmente sentimo-nos seguros em seus pedaços de textos. Na travessia encontramos jangadas mais resistentes: o seu Kant, caro professor, o meu Nietzsche, por exemplo, nos dão algum sentimento de porto seguro, e são, no fundo, como aqueles amigos mais velhos que influenciam o nosso modo de viver as coisas do pensamento. A admiração matinal que experimentamos com os filósofos pré-platônicos pode ainda ser mantida quando rememoramos Heráclito: *A natureza ama se esconder!* Perder essa capacidade de se deixar admirar é, de certo modo, deixar de lado a vocação da filosofia e encará-la como uma espécie de profissão, de exercício de magistério, o que pode representar uma espécie de cansaço vital, de cansaço da própria travessia de uma estrada que nós mesmos escolhemos percorrer. Amamos certamente o magistério e devemos fazer dele, no entanto, não apenas um terreno fértil para semear a filosofia: devemos por amor à própria filosofia, também ousar filosofar.

Lembro, de início, esse majestoso aforismo (ou será mesmo um fragmento?) de Heráclito, precisamente para caracterizar o espírito de William James, que ora ocupa a vossa travessia por estes mares da filosofia: a natureza individual de James sempre se mostrou aberta tanto para buscar aquilo que a natureza esconde como para admitir a possibilidade de haver sempre algo além de nossa inteligência, que pode ser buscado e que, mesmo quando nossa busca falha, não significa que não haja algo para além de nossa capacidade cognitiva. Isso é muito bonito de se encontrar no espírito da obra de James. E é este mesmo espírito aberto que gostaria de evocar, não para abordar o tema da experiência religiosa, ou mesmo para refazer o percurso tão bem percorrido na disciplina *Seminário de História da Filosofia Moderna I*, em que a apreensão de uma compreensão do funcionamento da consciência foi tão bem-sucedida. De modo mais modesto, gostaria de evocar este espírito aberto de James para colocar ou recolocar uma questão fundamental, mais fundamental do que a Academia talvez aceite nos dias de hoje: *vale a pena viver?* Ora, esta questão, certamente a mais grave de um ponto de vista individual e espiritual, merece uma reflexão filosófica duradoura, mesmo que seja efetivamente marginal em nossos cursos de filosofia.

Permita-me recorrer, brevemente, a uma experiência idiossincrática. Em 2015 ministrei um curso breve de extensão acerca do modo como Santo Agostinho condenou a morte voluntária de Lucrécia no capítulo XIX (e arredores) de sua monumental *Cidade de Deus*. Para minha surpresa, o curso atraiu uma centena de estudantes curiosos para ouvir algum tipo de *conhecimento* sobre o suicídio, mesmo que o título do meu curso contivesse o nome de um filósofo da Antiguidade Tardia. Na verdade, poucos estudantes de Ciências Sociais, curso em que ministro disciplinas de filosofia, mas sobretudo alunos dos mais diversos cursos, notadamente da área de saúde, vieram ouvir o que o velho bispo de Hipona tinha a dizer acerca da morte voluntária. Penso que por desconhecimento completo —, talvez a minha ementa tenha sido mal compreendida —, estes estudantes esperavam alguma espécie de sabedoria para compreender o suicídio e sobretudo, para preveni-lo. Inadvertidamente, caro amigo, eu iniciava meu curso, em 2015, com uma crítica da ideia de prevenção, que compreendo ser o resultado de uma abordagem psiquiatra do tema que muitas vezes o reduz a uma alienação mental. Doenças são prevenidas: a angústia vital que muitas vezes leva a uma desistência, dificilmente pode ser objeto de uma campanha de prevenção. Em uma outra ocasião, dediquei-me longamente a examinar os alienistas franceses do início do século XIX, tanto aqueles que Durkheim se opôs no capítulo 1 de sua obra, *O suicídio*, quanto tantos outros que encontrei na Biblioteca Nacional da França, pelo portal www.galica.bnf.fr. Durante três anos li, fiz anotações e muitos estudos acerca deste tema difícil, até que em 2018 estivesse pronta a minha disciplina *Preleções sobre o suicídio*, que oferto como optativa aos estudantes do curso de Ciências Sociais da Universidade Federal do Vale do São Francisco, e como eletiva aos demais cursos da Universidade, que têm demonstrado muito interesse na disciplina, de modo que tenho sido sempre cobrado a ministrá-la sem qualquer possibilidade de folga, até este momento, em que me encontro em transição para a UFPEL.

Com as suas escusas, caro mestre, gostaria de examinar esse objeto difícil a partir dos textos de William James, mas sem a pretensão de um artigo científico e sim como uma primeira conversa que é, sempre, por ser a primeira, um convite a um diálogo mais longo. Servir-me-ei, tanto de uma passagem significativa dos *Princípios*, quanto da palestra de Harvard que me indicastes. Espero, ao longo desta pequena travessia, encontrar em James alguns pontos de contato com uma série de questões que venho estudando.

Situando James

Em 1890, William James publicou seu livro *The Principles of Psychology*, uma obra que teria certamente agradado Nietzsche, pela base fisiológica de sua psicologia. De certo modo, Nietzsche também concebeu as disciplinas biológicas e a fisiologia como fundamentais para uma compreensão dos estados mentais, embora James tenha precisamente mais proximidade com a ciência do que Nietzsche, mesmo que este tenha sido um leitor e observador muito atento ao fazer científico de sua época, a exemplo do entusiasmo com que acompanhou as primeiras publicações, em 1881 e 1882, em torno da Segunda Lei da Termodinâmica, da qual aproximou seu pensamento cosmológico sobre a doutrina do *eterno retorno*. A ingenuidade científica de Nietzsche, certamente reconhecida por ele, formulou argumentos extravagantes e interessantes que só tiveram lugar em seus cadernos de anotações, não em suas publicações, nas quais o tema é abordado de um modo mais cuidadoso, de um ponto de vista poético e existencial. Não vou, no entanto, ocupar-me de uma aproximação destes dois pensadores, embora este seja um interesse que nasceu durante as nossas conversas sobre William James, em 2021: sobretudo é possível fazer ambos, James e Nietzsche, dialogarem pelo modo tão diverso com que se ocupam do tema do livre arbítrio. Ocupar-me-ei, nesta Carta, do tema do suicídio na obra de James, como já me ocupei, mais demoradamente, deste mesmo tema na obra de Nietzsche, de David Hume, de Michael de Montaigne, de Philipp Mainländer, e o faço ainda mais profundamente em Agostinho, ao longo do desenvolvimento de minha tese.

Antes de ir a palestra conferida em Harvard, gostaria de permanecer ainda na obra que estudamos, *The Principles of Psychology*, em que James aborda muito brevemente o tema do suicídio. Por ser uma obra muito extensa, algumas passagens do capítulo X serão suficientes para compreender como ele se ocupou do tema em sua obra mais profunda, embora me interesse muito a comunicação de sua palestra aos maçons exatamente por possuir estratégias que são diretamente pensadas ao público em geral, e especialmente àqueles que se dedicam ao trabalho intelectual, "à vida reflexiva" (*Vale a pena viver?* p. 33.). Encontrei uma edição de *Os Princípios*[10] que traz igualmente outros textos que nos interessam. É notável que James tenha influenciado Durkheim: encontramos William James defendendo argumentos acerca da

---

[10] William James, *The Principles of Psychology*, Vol. 1. New York: Dover Publications, 1890, 1918, 1950, pp. 313-317. "Is Life Worth Living?" from The Will to Believe and Other Essays in Popular Philosophy. New York, London, and Bombay: Longmans Green, 1896, 1899, pp. 32-62.

impossibilidade de um suicídio altruísta, o que seria também chamado por ele de suicídio positivo. Um suicídio altruísta seria aquele que ocorre com vistas a beneficiar a um outro, sendo que sempre se espera algum efeito positivo: o próprio bem a esse outro resultando da morte de si ou um contentamento de consciência em poder ajudar. É impossível um tal suicídio, pensa James, porque não se pode simplesmente esperar uma tal recompensa estando morto. Existe, em todo caso, mais verdade em um suicídio que poderia ser motivado negativamente, uma morte por medo de enfrentar uma realidade esmagadora por exemplo, em que se encontraria exatamente um desejo de inexistência e não de recompensa. Mas vejamos mais de perto o texto de James.

O tema do suicídio nos *Princípios de Psicologia*

Abro o capítulo X do livro *The Principles of Psychology*, intitulado *The Consciousness of Self*, para ler atentamente o terceiro tópico da divisão: *Self-Seeking and Self-Preservation*. James ocupa-se do que considera uma *opinião razoavelmente unânime* acerca da qual existem diferentes *eus* dos quais cada um de nós pode ser *capturado e* possuído: estes *eus* podem ser classificados conforme uma hierarquia: um *Eu corporal na parte inferior*, um *Eu espiritual no topo*, e os *eus materiais extracorpóreos e os vários eus sociais entre eles*. É notável que nessa caracterização, aparentemente aceita por James, haja todos os elementos para se pensar uma ética: a identidade do agente, a alteridade e presença do outro, as relações intersubjetivas, os elementos sociais que constituem o *ethos*. Mas a abordagem psicológica de James o leva a examinar uma questão fundamental e de certo modo surpreendente: nosso "egoísmo meramente natural" (*merely natural self-seeking*) nos conduz a um desejo de ocupar e desenvolver todos estes *eus*. Mas como? É possível um tal desenvolvimento que certamente resultaria em uma espécie de perfeição desejável? Na travessia dessa vida, meu caro mestre, temos de escolher muitas vezes entre *assar o pão* e compreender a letra difícil dos filósofos: e nem sempre temos as virtudes do padeiro e do filósofo em uma mesma criatura: destes eus que preenchemos e possuímos ou dos quais somos preenchidos e possuídos, acabamos por desistir dos que não conseguimos levar a um grau de satisfação ou que não conseguimos manter durante muito tempo. A conclusão de James:

> Nosso altruísmo é, portanto, uma 'virtude da necessidade'; e não é sem razão que os cínicos citam a fábula da raposa e das uvas para descrever nosso progresso nela. Mas esta é a educação moral da raça; e se concordarmos no resultado de que, em geral, os eus que podemos manter são os intrinsecamente melhores, não precisamos reclamar de ser levados ao conhecimento de seu valor superior de maneira tão tortuosa.

De modo a cultivar o melhor dos eus possíveis e por um tempo significativo, aprendemos pelas vias mais difíceis dessa vida, pelo julgamento ético pessoal e pelos deveres sociais, a lidar com essa hierarquia em que o eu superior se sobrepõe ao inferior, ou para dizê-lo com um outro vocabulário filosófico: as leis do espírito se organizam de tal modo a governar a natureza do corpo. É notável que James faça confrontar uma visão psicológica de si mesmo vista em um outro corpo, em uma outra história, em um... outro. Se desprezo no outro o seu orgulho, os seus vícios morais, a sua baixeza de se deixar governar pelos instintos e pulsões, pela cobiça, avidez social, pelo seu desgoverno passional: deleito-me, no entanto, com a manifestação destas tendências naturais e espontâneas quando manifestas em mim mesmo, assumindo-as como a via do prazer. Ser orgulhoso e almejar o maior posto social, desejar demasiadamente o afeto do ser amado, não é um problema em mim, mas quão estranho e quão desprezível é assistir a este espetáculo patético em um outro ser humano. James considera que o patético espetáculo social, em que se desfilam os vícios morais, é educador e favorece, junto a uma educação ética positiva, a um domínio reflexivo em que se pode controlar essas tendências egóicas naturais. Permita-me, caro mestre, emprestar a palavra a William James:

> Assim acontece que, como já foi dito, os homens organizaram os vários eus que podem buscar em uma escala hierárquica de acordo com seu valor. Uma certa quantidade de egoísmo corporal é necessária como base para todos os outros eus. Mas a sensualidade demais é desprezada ou, na melhor das hipóteses, tolerada por causa das outras qualidades do indivíduo. Os eus materiais mais amplos são considerados superiores ao corpo imediato. Ele é considerado uma pobre criatura que é incapaz de abrir mão de um pouco de carne, bebida, calor e sono para se dar bem no mundo. O eu social como um todo, novamente, está acima do eu material como um todo. Devemos nos importar mais com nossa honra, nossos amigos, nossos laços humanos, do que com uma pele sã ou riqueza. E o eu espiritual é tão sumamente precioso que, em vez de perdê-lo, um homem deve estar disposto a desistir de amigos e boa fama, propriedades e a própria vida.

Os tipos de *Selves*, material, social e espiritual, são administrados por cada um de acordo com o seu interesse e sua expectativa axiológica de vida. A descrição de William James revela uma espécie de ética perfectiva em que se deve governar a si mesmo com vistas a uma vida que valha a pena ser vivida, que traga mais valor para si de tal modo que este egoísmo inicial, necessário para a própria sobrevivência, seja domado por um eu superior, espiritual e livre. Mas é muito curioso como as suas reflexões sobre o eu social se desdobram neste Capítulo X. Talvez haja mais potencialidade no eu social do que nos outros eus, se considerarmos o seu alcance que pode se estender para além da própria morte. Que o eu espiritual, ou a própria consciência, permaneça após a morte é certamente uma matéria difícil para a qual James não fecha as porteiras. Mas a ideia de sobrevivência da própria obra, da própria honra em torno de uma vida bem conduzida, é sempre uma boa medida para uma vida dedicada à tarefa intelectual e à ciência.

Apesar deste aspecto potencial e positivo do eu social, que se apresenta como um ideal a ser alcançado: uma vida vivida de tal modo que mereça ser conhecida pelos seus frutos em gerações futuras, o eu verdadeiro continua a ser aquele refúgio para o qual voltamos nossos pensamentos mais íntimos quando a vida social se apresenta desastrosa. Mesmo nestes tempos difíceis, em que propagadores de mentiras preferem brincar com a vida humana, quando se desdenha do valor da ciência usando tecnologias produzidas pelo próprio conhecimento científico, como um celular ou um computador, quando o próprio governante de uma nação em frangalhos desdenha o valor social da vacinação de crianças contra a peste pandêmica, vacinação esta afirmada pela ciência, possível pela ciência, mesmo nestes tempos difíceis, as pessoas acabam buscando um descanso da vida política em uma oração compartilhada, lida com o coração.

A observação de William James é a nossa própria observação: nenhuma ciência, que certamente sobreviverá aos ataques dos chamados negacionistas (expressão torta para se referir aqueles que usam as tecnologias produzidas pelo saber científico para difamar a ciência com vistas ao seu gozo de poder), conseguirá extinguir a crença humana em uma vida espiritual. Se a necessidade da religiosidade acompanha a natureza humana é questão para a qual tenho as minhas dúvidas; a não ser que consideremos a religiosidade uma etapa da vida intelectual e espiritual, no sentido de uma vida dedicada ao espírito, em sentido filosófico. Mas há tantas estradas que conduzem à vida do espírito sem passar pela religiosidade! A menos, também, que consideremos religiosidade como o anseio de superar a condição atual em que se encontra aquele que busca algum sentido para esta vida. Mas vejamos em linguagem mais técnica, isto é, mais meditada, a posição de James: ele afirma que mesmo que o altruísmo seja um valor reconhecido globalmente, existe sempre um sentido mais íntimo que está na base do amor à vida. Um sacrifício em prol de um outro, mesmo que este outro seja Deus, só é possível pela crença de alguma recompensa no plano insondável do pós-morte.

Assim, mesmo que a possibilidade do suicídio se dê de forma positiva em uma alma altruísta, na visão de James, de modo geral porque há poucas exceções, essa alma guarda alguma esperança de recompensa. Se perguntarmos a William James que escreve este maravilhoso texto sobre *a consciência do eu* se a vida vale a pena ser vivida, poderemos esperar encontrar uma resposta próxima a ideia de que a natureza da vida é de tal modo constituída que ela nos dá, a nós, seres humanos que habitamos esta presente etapa de nossa história, uma dimensão que desafia a cada um de nós a criar um sentido para que ela mereça ser vivida. O sacrifício pessoal em prol de um outro é, no fundo, um sacrifício em nome de uma esperança, seja ela qual for. Mas há sempre o suicídio praticado como saída de uma situação insustentável, em que o medo torna a própria vida mais perigosa do que o próprio nada, que, por definição, não poderia apresentar perigo algum: gozar o não ser, mesmo que isso represente a aniquilação total do próprio gozo, em determinadas situações pode ser julgado como melhor do que sofrer uma vida de horrores.

Diz James acerca da possiblidade de um sacrifício pessoal:

> Quando possuídos pela emoção do medo, porém, estamos em um estado mental negativo; isto é, nosso desejo se limita ao mero banimento de algo, sem levar em conta o que deve tomar o seu lugar. Nesse estado de espírito pode haver inquestionavelmente pensamentos genuínos e atos genuínos de suicídio, tanto espiritual e social quanto corporal. Qualquer coisa, qualquer coisa, nessas horas, para escapar e não ser! Mas tais condições de frenesi suicida são patológicas em sua natureza e se chocam contra tudo o que é regular na vida do Eu no homem.

A brevíssima consideração de William James acerca do suicídio nesta passagem de seus *Princípios de Psicologia* pode ser melhor considerada se levarmos em conta a palestra que ministrará em Harvard. Não se trata de um tema longamente pensado publicamente. Mas é notável que ele se ocupe do suicídio, ou de modos de convencimento contra o desejo de morrer voluntariamente, em uma palestra pública. Estes modos não são assertivos, dogmáticos ou imperativos: são reflexões que admitem a dúvida quanto a uma postura positiva. Se *Os princípios de Psicologia* apresentaram à comunidade filosófica do final do século XIX um sistema construído com argumentos filosóficos que são melhor compreendidos no contexto daquele tempo, a sua palestra para os jovens maçons não é diferente.

O século XIX produziu muita reflexão sobre o suicídio. De certo modo, se considerarmos que o próprio William James flertou com o suicídio nos anos de juventude, é notável considerar que a questão do sentido da existência só pode ser colocada idiossincraticamente, através de experiências profundas. O próprio tema da liberdade, profundamente meditado por James, parece ganhar uma significação verdadeira se reconhecermos a própria possibilidade de escolha livre pela morte. Isso dá uma certa vantagem sobre a pretensão científica dos alienistas e sociólogos. O suicídio como objeto de ciência gera dados epidemiológicos que são importantes para políticas públicas, mas de um ponto de vista de uma compreensão mais profunda sobre este objeto difícil, as ciências mais duras contribuíram muito pouco.

Penso, de minha parte, meu caro professor Renato, que embora esta seja uma questão sempre perigosa e que requer muitos cuidados em sua abordagem, ela sempre vale a pena de ser colocada como objeto de meditação: se tenho a possibilidade real de apagar o meu eu empírico e o meu eu espiritual com esta faca, se posso produzir a morte, a aniquilação do meu eu real, se posso produzir o nada, isso só pode significar que possuo o poder inestimável de criar. Este poder de dar a si a morte revela profundamente que sou capaz de criar algum sentido, visto que um simples gesto pode criar o próprio nada. Reconhecer que a morte é uma possibilidade é reconhecer que viver é igualmente uma escolha e, neste caso, quão valiosa seria a expressão *vida voluntária*! Vivo porque quero, haja vista que posso morrer pelo meu próprio poder. Talvez a crença na própria vida, assim como o suicida crê na própria morte, seja o elemento central da liberdade humana.

Vale a pena viver?

A divertida resposta ao Sr. Mallock —, cujo livro referido chama-se igualmente *Vale a pena viver?* — com a qual William James abre a sua palestra revela a leveza com que pretende encarar o tema diante do seu público: depende do fígado. "Vai depender de como anda a saúde do sujeito", no que o nosso tradutor comenta: *há aqui um trocadilho intraduzível entre* living *(derivado do verbo to live, "viver") e* liver *(fígado), que aponta para a relação entre a saúde física e o gosto pela vida.*[11]

---

[11] Página 21. Todas as citações serão a partir da edição brasileira (editora Nós) conferidas com o texto em inglês da edição da Dover Publications.

Conhecemos, certamente desde o divino Platão, a vocação da filosofia para virar-se aos não iniciados nas letras filosóficas. Talvez os *Diálogos* sejam a mais bem sucedida forma exotérica de conduzir a filosofia para fora dos ciclos especializados. Mas igualmente as escolas da Roma Imperial tiveram grande êxito nessa tarefa, a exemplo dos escritos de Cícero, Sêneca, Marcus Aurelius e antes deles, na velha Atenas já decadente dos tempos alexandrinos, Epicuro e suas Cartas que ainda hoje agradam o leitor mais geral e podem ser encontradas em lojas de departamento e mesmo em grandes supermercados. Notável isso! *Da brevidade da vida* de Sêneca ou *Sobre a velhice*, de Cícero, ou a famigerada *Carta sobre a felicidade*, de Epicuro, são livros populares.

Conhecemos os artigos de Immanuel Kant publicados na Berlinische Monatsschrift, sobre temas debatidos publicamente em sua época, como a *Aufklärung* ou o conceito de raça. Bertrand Russell talvez tenha sido, à sua época, o filósofo mais *pop*, ocupando-se de programas de *tv* e *rádio* e divulgando suas posições filosóficas em inúmeros livros com uma escrita muito acessível. Gostaria de compreender a palestra de William James, *Vale a pena viver?*, exatamente sob esta perspectiva exotérica. Tudo bem que se trata de uma palestra em Harvard, mas aberta a estudantes de muitas áreas e não a um público de psicólogos ou filósofos.

Em 1998, permita-me, professor Renato, novamente recorrer às minhas experiências pessoais, por mais pobres que sejam, elas sempre são ricas o suficiente para alimentar o meu pensamento; em 1998, meus professores, José Henrique Santos, Newton Bignotto, Xavier Herrero, Leonardo Alves Vieira, José Raimundo Maia Neto, Rodrigo Duarte, toparam o desafio de levar a filosofia para a praça de alimentação do hoje extinto, Bahia Shopping, que ficava na rua da Bahia, na capital mineira.

Foram finais de tarde memoráveis em que nós, alunos de graduação do curso de filosofia, nos misturávamos às pessoas da cidade, que tomavam os seus lanches, nós, o nosso chopp, para acompanhar as aulas públicas sobre temas ligados a Hegel, Kant, Maquiavel, Descartes, Habermas, e assim a filosofia parecia estar em seu habitat natural: pois não é a filosofia filha da cidade? A ideia de *tempo livre* de quem vai ao Shopping certamente não é a que encontramos na *Política* de Aristóteles, mas que importância tem isso se ali nós, que nos ocupávamos exatamente com esse ideal de ócio, não éramos distintos de qualquer outro cidadão?

Penso que a palestra de James tem um sentido próximo, pois certamente esta edição da Nós tem um grande potencial de popularização das palavras de James para um público amplo. Pois muito bem, caro mestre, vejamos algumas questões centrais.

Tratava-se, originalmente, de um público jovem no auditório de Harvard. Duas visões são colocadas para o ouvinte/leitor inicialmente, e são muito bem ilustradas com poemas e com sermões. De um ponto de vista popular, estas visões são chamadas de positivas e negativas ou otimistas e pessimistas. Mais que visões de mundo, James aborda esse tema a partir de *temperamentos*. Ora, o que é um temperamento pessimista senão aquele que, diante da nossa pergunta, não vê senão uma resposta negativa? E por que a vida não valeria a pena ser vivida? Um temperamento pessimista profundo e verdadeiro encontra certamente a própria impossibilidade de uma vida feliz. Se a resposta que uma criatura dá a si mesma é que a vida não vale a pena ser vivida, por que razões suportaria esta *pena*?

Os belíssimos poemas que ilustram os temperamentos pessimistas na palestra de James mostram uma tendência melancólica de renúncia. Mas ao mesmo tempo, revelam um gosto profundo pela ideia de liberdade.

"Vida que cedo se vai e não volta jamais"; "Vede! Para dar-lhe fim (fim à vida) sois totalmente livres". Trata-se de um sermão retirado do romance de James Thomson, intitulado *A cidade da terrível noite*. Ora, se este temperamento apresenta uma resposta a esta pergunta, quando lemos mais lentamente os versos, encontramos uma resposta maravilhosa: a vida vale à pena ser vivida? Sois livre para decidir. Ou seja: há ainda uma potência maravilhosa diante da resposta negativa dos melancólicos: mesmo que não haja sentido em viver, há ao menos liberdade, e não seria a liberdade, mesmo aquela reconhecida diante da possiblidade da morte, um sentido profundo?

Sabemos que William James defendida a ideia de que a verdade ou as ideias devem ser defendidas diante de suas consequências práticas. O próprio pragmatismo que nasce de seu berço criativo é certamente uma filosofia mais adaptável para um mundo pós-iluminista. O mundo que habitamos, hoje, mais de doze décadas após ele ter escrito a sua palestra, parece ainda mais pós-iluminista. Uma filosofia em tempos de crise, sobretudo quando esta crise moral e política se dá em meio a uma pandemia, deveria apresentar razões para que a vida se torne mais desejável. No entanto, qualquer razão filosófica que salve a nossa vida diante do desastre do nada não será capaz ela mesma de uma salvação definitiva. Por mais que nos agarremos em determinadas filosofias, a nossa experiência pessoal impõe desafios constantes diante de mudanças, escolhas práticas, e até mesmo a necessidade de migrar de uma região a outra, como do Sudeste para o Nordeste e do Nordeste para o Sul. Quantos desafios ainda estão à nossa frente? Quais as consequências práticas de nossas ideias para nos salvar da catástrofe de um mundo sem sentido?

Segundo William James, a placa que adverte o visitante da ponte que ali busca o salto mortal deveria ser reformulada: ali se lê: *A vida vale a pena*. Mas reformulada para que outra admoestação? Que outro aviso poderia ser mais claro? A resposta de James: *A vida vale a pena – talvez*. Ora, então vai depender verdadeiramente do fígado? *Talvez!* A resposta é de uma sinceridade intelectual admirável! A possibilidade da morte revela um poder de liberdade final que é fundamental para compreender a ideia de liberdade em geral. Cada um poderá fazer de sua vida o que desejar, dentro de suas possibilidades, ou poderá empenhar o seu poder para refazer as possibilidades que limitam a sua capacidade de escolha.

Recentemente, em 2021, uma de minhas alunas que frequentava os meus cursos fez a sua escolha fatal. Zeus sabe o quanto isso nos afeta! E todas as vezes que atravessei a ponte entre Petrolina e Juazeiro, além de contemplar a beleza do Velho Chico e de sentir vertigem ao olhar para rio lá embaixo, lembrei-me dela. Teriam as palavras de William James surtido algum efeito prático em sua consciência tão doída? A sugestão de que ela ainda estava no comando de sua vida, e que a decisão pela morte pode muitas vezes ser razoável, até mesmo respeitável, poderia surtir o efeito de apresentar as suas razões. Esta, caro professor, é a miséria dos suicidas: eles morrem sozinhos e em silêncio porque não ousam apresentar suas razões! Quem os ouviria? Quem não os julgaria? Que coragem sobre-humana seria necessária para encarar uma sociedade que vê o suicídio como um pecado mortal contra a vontade divina ou como um processo de adoecimento mental sempre acompanhado de todos os estereótipos da loucura? Ora, se a nossa aluna do curso de Ciências Sociais tivesse encontrado juntamente com a sua vontade de morte o ouvido necessário para tal vontade, se pudesse ter tido a compreensão de que a possibilidade de morrer é um formidável gesto de liberdade que apresenta também a possibilidade de continuar vivendo, talvez ela poderia estar hoje exatamente meditando sobre as possibilidades de redesenhar toda a tragédia vivida.

A arte de ser sábio, é o que lemos no texto de James, *é a arte de saber o que ignorar*. Talvez a vida pudesse valer a pena se houvesse outras possibilidades de se viver esta vida, quando a vida já parece esgotar toda possiblidade de felicidade. Talvez! Mas devemos, humildemente, admitir que nada sabemos da vida do outro até que ele fale, caso sejamos capazes de ouvir, ou podemos aprender algo sobre a sua vida através de sua morte, caso sejamos incapazes de escutar as suas razões.

Este ensaio/palestra de William James data de 1896 e é um esboço, um convite a um desenvolvimento ulterior, de uma maneira de ajudar a superar aquele temperamento pessimista que dá uma resposta negativa à pergunta que intitula o texto. O pessimismo e a melancolia profundos levam ao suicídio quando se reconhece nenhuma razão para viver.

O princípio pragmatista confere este poder à nossa existência: a vida é o que fazemos dela. A fé, as orações que movem aqueles que creem, não são objetos de uma ciência positiva, por certo. Mas através da história é inegável que ela revele sentidos profundos para aqueles que têm as suas crenças. Se uma crença produz sentido de vida, ela é certamente desejável diante de um mundo irrazoável. Talvez nenhuma outra definição de fé seja tão profundamente envolvente diante do nosso tema: a fé é aquilo que nos coloca no *terreno das possibilidades*. Não se trata de sair do pessimismo e adentrar o otimismo frenético que reconhece sentido e cores em tudo! O terreno das possibilidades: é isso que revela a nossa condição de sempre expressar sensatamente esse *talvez* perante a pergunta mais crucial, *vale a pena viver?* Isso desde que sejamos capazes de construir sentidos e razões para atravessar essa longa (e que seja longa!) jornada de desafios, agarrados em nossa pequena jangada de crenças e ideias. *Talvez*

—se considerarmos que nada sabemos diante dos mistérios do mundo. *Talvez* — se admitirmos que não temos tudo nas mãos e que a natureza, meu caro mestre Renato, *a natureza ama se esconder*. Fazer filosofia não é lançar as redes na esperança de trazer algo do fundo das águas? Filosofia não é esperança de sentido?

Deixo estas palavras, caro amigo, como um convite a uma reflexão que podemos fazer, enquanto comunidade filosófica, juntos em um futuro breve: ao dedicarmo-nos à vida filosófica, não acabamos por operar uma espécie de desequilíbrio em que a dedicação à vida do espírito não vem acompanhada de uma meditação sobre os seus reais efeitos práticos? A filosofia não exige de nós uma entrada no mundo da vida que nos abriga de tal modo a apostarmos também em algumas respostas para estas exigências práticas? Quando existe a ausência de um debate público sobre determinados temas, criam-se ambientes para a disseminação de ideologias perigosas: se não debatemos também nós a educação após Auschwitz-Birkenau, corremos o risco de ver florescer, em nossa própria Escola, discursos antissemitas; se não debatemos publicamente os pilares da República, da nossa República atual, vemos florescer discursos perigosos que pretendem veladamente reduzi-la a pó; e por fim, se não discutimos publicamente o tema do suicídio, de modo a combater toda visão moralista que impede que as pessoas falem abertamente sobre seus sofrimentos, suas desesperanças, sobre a falta de sentido de suas vidas, acreditando que a liberdade de dar fim a tudo é toda a liberdade que possui, corremos o risco de ver os nossos próprios alunos cruzarem o rio Léthê sem perceber que já estavam a caminho do Hades, entoando suas derradeiras canções fúnebres tão silenciosamente que ficamos, por fim, admirados! Considere, portanto, esta Carta como um convite verdadeiro a uma meditação necessária no campo prático da filosofia. Seremos capazes de um canto de alegria? Tudo está em nossas mãos. Tudo referente ao sentido desta travessia em que procuramos nos agarrar a uma jangada resistente. Agradeço a paciência e o seu tempo. Se pensar é mesmo agradecer, como disse Heidegger, findo esta breve epístola com o meu mais profundo agradecimento.

Até breve.

TERCEIRO JARDIM
Ensaio sobre Ética, Tempo e Autopercepção da Morte

Para a filósofa Scheila C. Thomé, como agradecimento.

Apresentação

Este pequeno escrito não deve ser compreendido nem como um texto maduro, nem como um trabalho no meio do caminho. Trata-se de um início. Muitas vezes lemos a obra de um filósofo e somos profundamente tocados pelo seu pensamento. Muitas vezes, demoramos muito tempo a ruminar o modo como fomos afetados pelos seus escritos antes de voltar a nossa pena ao papel. Havia, por certo, muito tempo que não abria uma obra de Edmund Husserl sem que, no entanto, a sua obra tivesse sido deixada de lado enquanto eu enfrentava os problemas filosóficos dos quais me ocupava, e as obras que contribuíam para a minha compreensão dos problemas que tenho pensado. Bastou abrir uma obra de Husserl, tendo em mente as relações entre Fenomenologia e Epistemologia, para que diversos dos meus interesses fossem despertados do seu estado de sono e minha consciência exigisse assim a necessidade do papel. O rigor necessário para a leitura dos textos é suficientemente rico para mostrar a amplitude da filosofia de Husserl até o ponto de despertar o meu interesse na compreensão de sua abordagem de determinados temas. Enquanto ocupo minha meditação voltada para pensar o problema da morte voluntária, sempre surgem questões para as quais eu necessito revisitar os grandes mestres: como é possível compreender o confronto entre duas consciências, numa perspectiva fenomenológica, no campo da ética? Como é possível compreender o direcionamento da intenção de morrer para a consciência empírica, na atitude natural, a partir de uma leitura fenomenológica? Como o tempo da própria morte é percebido pela consciência ou pelo eu puro? Como Husserl compreende o tempo a partir da redução fenomenológica e da redução eidética? O tempo que, em sua atemporalidade, divide-se em agora, antes e depois, é capaz de incluir a aniquilação total do eu empírico? A própria dificuldade em formular as questões mostra a necessidade da leitura lenta e atenta de várias obras de Husserl que estão à nossa disposição. Lentamente, meus interesses incluem a leitura de obras como Vorlesungen zur Phänomenologie des inneren Zeitbewusstseins e

Vorlesungen über Grundfragen zur Ethik und Wertlehre. Pela minha trajetória intelectual e acadêmica, sou profundamente tentado a demoradamente examinar essas preleções, embora não tenha ainda percorrido o caminho necessário suficiente para uma leitura mais apurada e lenta, que demanda um tempo também necessário.

Portanto, este ensaio não é um senão o que pode ser um *ensaio*, ou seja, um exercício de escrita que prepara para uma posição mais definitiva, própria dos tratados: o ensaio sempre aponta para alguns caminhos que o seu autor deseja percorrer. Ler Husserl exige aquela mesma disciplina necessária para Kant e Hegel, e toda as vezes que lemos esses autores, somos confrontados com questões das quais não conseguimos nos livrar facilmente, e que competem as nossas outras tarefas, outros interesses, que no meu caso, no tempo atual, em meados da década de 2020, têm se voltado para a obra de Santo Agostinho, que tenho lido lentamente, demoradamente, na construção de um conhecimento seguro. Espero que os apontamentos que compõem este brevíssimo ensaio inicial tenham o mínimo rigor necessário para não trair a filosofia de Husserl. São apontamentos de um iniciante, mas igualmente de um aluno que tem diante de si o interesse em dar continuidade às leituras iniciadas e que certamente não serão deixadas de lado nos próximos anos ou, quem sabe, décadas. Husserl e Santo Agostinho são e sempre serão escritores do meu interesse, nesta minha caminhada sem ponto de chegada, pelas estradas de uma compreensão da ideia de tempo, da compreensão da morte, e da ética pensada a partir do um mundo fragmentado.

Fenomenologia enquanto Método

As *Investigações Lógicas* foram publicadas em 1901, e dada a importância da obra, nos anos seguintes, Husserl tornou-se catedrático, dedicando-se a autores que, de certo modo, influenciaram ou foram influenciados por sua filosofia. Refiro-me sobretudo aos estudos de Kant e Fichte, cujos pressupostos ou princípios fundamentais, adequados ao modo de compreensão da fenomenologia, estão presentes em *Ideias I*, publicado em 1913, que Husserl apresenta como uma *Introdução Geral à Fenomenologia Pura*. Quando investigamos as relações entre Fenomenologia e Epistemologia, sobretudo considerando o conceito de noema na fenomenologia de Husserl, à medida que avançamos na compreensão das obras acima citadas, torna-se evidente a presença renovada da filosofia de Kant nas letras de Husserl, que a ultrapassa, certamente, e torna a fenomenologia — e mesmo o conceito de transcendental — uma filosofia própria.

Basicamente, o livro *Ideias I* é uma introdução pormenorizada ao método fenomenológico, que, do ponto de vista do que encontramos nas *Investigações Lógicas*, torna-se renovado e aprimorado. Um dos pontos de partida deste trabalho renovado é uma determinada visão filosófica segundo a qual a filosofia é precisamente um saber sem pressupostos, ou seja, uma proposta de partir de uma situação sem pressuposições para alcançar um esclarecimento acerca das condições de possibilidade do próprio conhecimento. Esse saber sem pressupostos consiste em uma descrição do que é dado na intuição, isto é, uma descrição daquilo que aparece à consciência. Para alcançar esse tipo de saber, é preciso um exercício intelectual próprio, ou apropriado a esta tarefa, que vem a ser o método fenomenológico, cujo fim é estabelecer as condições para que se dê esse tipo de exercício.

Para uma compreensão da Fenomenologia e da Epistemologia, percorri de modo muito geral algumas outras obras de Husserl, para ter contato com os temas que sua compreensão fenomenológica daria conta e colocaria dentro do horizonte de suas investigações, incluindo um olhar muito geral e panorâmico de *Ideias II*, e de suas palestras sobre a *Consciência do Tempo* e das *preleções sobre ética e teoria dos valores*. A partir desses passeios, tecem-se os breves apontamentos que se seguem.

Algumas reflexões sobre o eu puro, o tempo e a autopercepção

Há muito tempo tenho interesse no tema da morte e, em especial, em questões que envolvem consciência e morte de si. Quando iniciei os meus estudos de Ideias I, algumas questões foram anotadas por mim em meu caderno. Parto, portanto, de uma observação: o processo de morte e de nascimento, a partir de uma perspectiva de autopercepção, parece estar além da ideia de um eu puro em seu processo de doação de sentido. Este assunto é tratado por Husserl em Ideias II, e não pude deixar de ir até esse endereço, pois aí está propriamente uma questão que me toca profundamente. Como a consciência que está a morrer, em um processo natural, vivencia a própria morte? É tal vivência possível? Não há autopercepção da morte, assim como não há autopercepção do nascimento. A ideia de autopercepção não traz um tempo definido para a percepção de um momento determinado de entrada no ser. Em vez de surgir e desaparecer, apenas isso pertence ao eu puro: uma determinada peculiaridade de ser característica que tem seu surgimento e sua partida, que atualmente funciona, começa a agir e depois cessa.[12] De um ponto de vista da redução eidética, a morte tem algum sentido que lhe é atribuído? A morte pode ser visada pela consciência? Essa ideia remete, se me for permitido lembrar, à impossibilidade da coexistência entre consciência e morte no pensamento de Epicuro, em sua Carta sobre a felicidade, escrita a Meneceu. Há, certamente, muitas diferenças, mas vejamos o texto de Epicuro:

> Habitua-te a pensar que a morte não é nada para nós, porque todo bem e todo mal residem na faculdade de sentir, da qual a morte é, justamente, privação. Por isso, o reto conhecimento de que a morte não é nada para nós torna alegre a própria condição mortal da nossa vida, não prolongando indefinidamente o tempo, mas suprimindo o desejo de imortalidade. Nada há de temível no viver para quem se tenha verdadeiramente convencido de que nada de temível há em não mais viver. E assim também é estulto quem afirma temer a morte, não porque lhe trará dor ao chegar, mas porque traz dor o fato de saber que chegará: o que não faz sofrer quando chega, é vão que nos traga dor na espera. O mais terrível dos males, portanto, a morte, não é nada para nós, uma vez que, quando somos, a morte não é, e quando ela chega, nós já não somos mais.[13]

Por mais que possamos marcar as diferenças entre a posição de Epicuro e a leitura fenomenológica de Husserl, é possível compreender, a

---

[12] Idéias II, § 22, página 103. Zum reinen Ich gehört also statt des Entstehens und Vergehens nur die Wesenseigentümlichkeit, dass es seinen Auftritt hat und seinen Abgang, dass es aktuell zu funktionieren, zu walten anfängt und aufhört.
[13] EPICURO. *Carta sobre a felicidade*: a Meneceu. 3ª. Edição, São Paulo: UNESP, 2002. Edição bilingue: algumas alterações foram feitas na citação a partir do texto grego.

partir dessa famosa passagem, que o tempo da morte é inacessível, visto que não coexistem a percepção do seu tempo determinado: para perceber a morte é necessário estar vivo, mas quem está vivo não está morto. Eis o paradoxo. Mas de que tempo se fala aqui? Epicuro fala ou pressupõe certamente o tempo da percepção da consciência, um tempo voltado para a experiência. Não há vivência da morte porque o tempo da consciência não é acompanhado do tempo da morte: com a morte da consciência, com a dissipação atômica e material da consciência (Epicuro é, no nosso linguajar, um materialista), não há mais percepção, não há mais tempo possível pelo simples fato de não haver consciência para o tempo. Por isso, pela dissipação do corpo e da consciência, não há mais sofrimento, portanto, não deveria haver por parte de quem vive o medo da morte. Mas como fica a compreensão do tempo a partir da fenomenologia de Husserl?

O tempo do mundo objetivo, que podemos acompanhar no relógio, não é propriamente o tempo fenomenológico. Mas, se o tempo fenomenológico não é tangível, em que ele consiste propriamente? Embora ainda não tenha competência para apreender o pensamento de Husserl, visto que tenho lido Ideias II a partir do encerramento de nossas aulas, há pouquíssimo tempo de calendário, compreendo que o tempo fenomenológico é propriamente o tempo aparecendo... Existem, pois, duas compreensões em jogo: o tempo do mundo da experiência, e o tempo imanente do curso da consciência. À medida em que a consciência percebe o tempo, ela o percebe como um dado fenomenológico, isto é, como experiência na qual o tempo aparece. Não se trata, contudo, de um tempo objetivo, mas de uma experiência na qual o temporal, em sentido objetivo, aparece e é percebido pela consciência.[14]

Até onde consegui compreender, no estado do eu puro não há propriamente uma classificação das experiências conforme o grau de realidade: há apenas uma sujeição das experiências transcendentais do fluxo da experiência do eu puro a uma forma inalterada de modos que podem ser descritos como agora, antes e depois. O tempo fenomenológico, como fica claro no texto sobre a Consciência do Tempo (*Zeitbewusstsein*), página 370, [4], nada se assemelha ao tempo cósmico que

---

[14] Cf. *Zeitbewußtfeins*, página 369, [3]. Disponível aqui: https://freidok.uni-freiburg.de/data/5974 folha 8 do pdf.

pode ser medido pela posição do sol e através dos relógios. Não se mede o tempo da consciência. Cada experiência se dá a partir da forma da essência de duração e pode, portanto, ser reconhecida como um objeto que se situa a partir de um início e de um fim. Em suas palestras sobre a Consciência do Tempo, Husserl define as experiências como pertencentes a um fluxo infinito de experiências.

Em relação ao espaço, com a redução fenomenológica, como estudamos em Ideias I, fica a própria validade do mundo suspensa, e por consequência fica também suspenso o espaço enquanto um dado objetivo. O espaço, na experiência fenomenológica, é uma espécie de continuum do campo visual presente na experiência de percepção e presente igualmente na imaginação. De acordo com Husserl, o espaço oferece simultaneidades e consequências fixas à consciência. Até onde consigo compreender, o eu transcendental estabelece uma ordem fixa para todas as percepções sensoriais, e os atos categóricos são fundamentais para a constituição do significado do mundo.

As atividades mentais não estão sujeitas às atividades do tempo: são, de acordo com Husserl, atemporais. Essa atemporalidade pode ser apresentada na expressão "em toda parte e em lugar nenhum" (*überall und nirgends*) como uma espécie de figura que representa as diferenças entre os objetos particulares (Ideias I, § 82). Assim, o eu puro se torna evidente através de seus atos de compreensão e de sua existência temporal do atemporal em sua temporalidade. O eu puro está necessariamente correlacionado com um fluxo de experiências que se dá em todas as três dimensões. Estas três dimensões do tempo, como já disse antes, são o agora, o antes e o depois. São nessas dimensões do tempo que as experiências exigem sua continuidade de conteúdo, gerando assim uma coerência essencial.

Permita-me algumas considerações especulativas. Mesmo que o tempo seja organizado em módulos: antes, agora e depois, há uma persistência do agora, como se o tempo fosse uma imagem móvel de um eterno agora. É esta mobilidade do agora que permite que a consciência traga ao agora o que é dado antes e antecipe o que será dado depois. O antes é rememorado no agora e o que vem depois é antecipado neste mesmo e persistente agora. A questão na qual tenho interesse é saber como se "comporta" o eu puro, que em sua atemporalidade percebe o tempo aparecendo, diante da possibilidade da morte (que parece estar sempre no depois). Existe a possibilidade de pensar a morte no agora?

A morte é, certamente, um desses problemas que ultrapassam os limites da descrição fenomenológica: como seria possível a doação de sentido da consciência em relação à própria morte? Este seria, certamente, um problema limite. Desde Epicuro, como lembrei, conhecíamos a ideia paradoxal de que não existe relação entre os vivos e a morte: os vivos não sofrem a morte; nem sequer uma relação possível entre os mortos e a morte: eles já não existem para morrer. À medida em que existimos a morte não existe, e quando a morte vier, já não existiremos mais. De um ponto de vista lógico, ou ao menos sob uma conotação lógica, podemos afirmar que a morte só existe quando não existe. Se Epicuro estiver certo, então não podemos atribuir a morte a nenhum sujeito, pois assim como a existência, dizia Kant, não é um predicado, mas a condição para que se dê a predicação, muito menos a inexistência é um predicado. Diante dessas dificuldades, como poderia a consciência visar a morte?

Parece-me, para finalizar essa parte, que a vida é a posição natural da consciência e a morte é, consequentemente, a sua negação natural. Se existe a possibilidade de uma fenomenologia da morte, novamente seria possível aproximar Husserl de Epicuro, pois neste caso, seria necessário submeter a morte a uma redução fenomenológica. E assim como não é necessário temer o fogo ou o sol em sua idealidade, pois não queimam, caso a morte possa ser objeto de uma redução fenomenológica, também a morte não teria nada de ameaçadora.

Relações entre o eu puro e a possibilidade de uma Ética

Resta ainda explanar sobre o tema da ética a partir de Husserl, ainda que de modo muito inicial. Para falarmos de uma ética possível, devemos falar de valores e normas que orientam nossas experiências. A ética envolve juízos de valores, avaliações, julgamentos e classificações de objetos do mundo como positivos ou negativos, de um ponto de vista valorativo. De certo modo, e é isso que pretendo apenas apontar para uma compreensão mais apurada na continuidade dos estudos, os atos de consciência orientam-se e percebem a própria intencionalidade através dessa possibilidade de valoração, a partir desse ponto de vista valorativo.

Até onde consigo ver, os atos éticos, isto é, os atos que acompanham a experiência da atitude natural, são realizados pelo eu puro através de uma consciência de seu conhecimento e de seu conteúdo. Assim, o eu puro toma esse conhecimento e conteúdo como ponto de partida para a experiência possível do mundo da vida. Nessa vivência, e tomando esse ponto de partida, o eu puro se posiciona através de juízos teóricos, práticos e estéticos. A experiência do mundo, dos objetos do mundo, assim julgados em bons ou belos, orienta um determinado interesse que direciona os atos de vontade. Ora, ética envolve não apenas conhecimento, capacidade de julgar, vontade e tomada de decisões, mas também um determinado movimento voltado pelo interesse em agir, pelos motivos que conduzem a determinadas ações e escolhas. Ética é propriamente uma razão prática e assim como ocorre na lógica, a ética também necessita de conceitos que orientam racionalmente, precisa de princípios que permitem inferir determinados juízos.

Embora eu não possa aprofundar a questão ética em Husserl, que me interessa mais do que qualquer outra nos estudos, pois ainda estou entrando lentamente em suas obras, tecerei alguns comentários a partir de suas Preleções sobre questões básicas sobre ética e teoria dos valores, que datam de 1914.[15] Certamente esta é a obra que estudarei mais demoradamente em 2022, recuperando os estudos que empreendi acerca da ética de Kant e de Hegel na minha trajetória acadêmica.

Nestas palestras de 1914, Husserl deixa clara a sua intenção de encontrar uma justificação para uma ética a priori que possa orientar o comportamento prático a partir de um sistema de princípios práticos puros. Há, certamente, a tarefa de enfrentar tanto o ceticismo quanto o empirismo ético, cujo representante maior seria David Hume: é necessário suspender o juízo acerca da questão da origem dos conceitos éticos e lidar com o problema do empirismo que se expressa como psicologismo ou biologismo. Afirmar uma ética que estabelece normas que se aplicam, uma ética aplicável, significa afirmar a existência de determinados impulsos psicológicos para comportar-se desta ou daquela maneira — diante de um certo desconforto psíquico mediante aprovação ou reprovação social. Este tipo de ética impõe uma visão relativista e uma espécie de determinação empírica do ser humano. De modo análogo, assim como o

---

[15] *Vorlesungen über Grundfragen zur Ethik und Wertlehre.*

empirismo consistente de David Hume conduz a um determinado tipo de ceticismo, este tipo de ética também deságua em uma posição cética. Portanto, o problema do empirismo ético resulta em uma admissão do pluralismo cultural de uma variação de costumes, culturas, etc., que impossibilitam a ideia de bem e da possibilidade de um imperativo categórico.

Da refutação do ceticismo e do empirismo ético, Husserl chega a um imperativo categórico propriamente fenomenológico: "Faça o melhor possível dentro de sua respectiva esfera prática geral!"[16] Ao menos neste texto de 1914, Husserl considera o problema do imperativo categórico como o problema central da ética. Ao que me parece, e posso estar errado sobre isso, é a partir deste momento que ele começa a escrever explicitamente sobre esse tema, o que implica, como é comum em seu desenvolvimento filosófico, que esta questão sofrerá alterações conforme seu pensamento também vai se alterando.

Esse imperativo é justificado pelo fato de reconhecer que existe uma classificação axiológica e evidencia um melhor dentre os vários objetos classificados como bons, considerando o campo prático completo de atividade. Assim, a escolha ética é a escolha do que é melhor dentro das possibilidades que se apresentam na esfera prática. Quando o agente ético faz uma escolha que visa um bem, mas ao mesmo tempo considera um bem maior como fundamento de sua escolha, ele tem propriamente uma escolha ética. Mas o que seria esse bem maior? Aqui Husserl fala em liberdade e justiça como os bens que possuem o valor desejável em si mesmos e que, portanto, devem ser sempre escolhidos para serem realizados. A justiça compreendida como um princípio apresenta a possibilidade de se inferir determinadas escolhas que são desejáveis diante das possibilidades apresentadas pelas experiências práticas. Se a justiça implica a equidade, ela inclui também a liberdade, que encontra seus limites na liberdade do outro, na presença do outro.

A justiça é, pois, um bem maior do que a liberdade, caso a liberdade seja um bem desacompanhado de justiça. Ser livre isoladamente implica em desvalorizar a justiça ou pode implicar no aparecimento da injustiça. Ser livre deve ser, portanto, acompanhado do bem da justiça, o

---

[16] "Tue das Beste unter dem erreichbaren Guten innerhalb deiner jeweiligen praktischen Gesamtsphäre!" *Vorlesungen über Grundfragen zur Ethik und Wertlehre.* § 20, página 142.

que conduz a ética de Husserl a ser uma ética da responsabilidade, e não apenas uma ética da convicção, para lembrar as expressões de Max Weber.

Esta discussão não apresenta questões éticas complexas, que envolvem ambiguidades de valor, dilemas e questões profundamente difíceis de serem resolvidas no campo prático. A questão mais fundamental, ao meu ver, envolve a questão da alteridade, do confronto da consciência do outro, e pelo que pude perceber, folheando outros textos presentes no volume das obras completas, este tema está presente em escritos dos anos de 1920. Por hora, não consigo adentrar esses textos. Mas esta questão do imperativo categórico permite ao menos uma compreensão da redução eidética que estudamos em Ideias I, o que é suficiente, por hora, para estabelecer uma questão da qual se deva partir para outros trabalhos futuros. Com esses princípios de liberdade e justiça, trata-se apenas de mostrar o que é essencial ou o que seria uma espécie de dado puro que se apresenta ao eu puro. Até este momento, ao menos, até onde consigo perceber, Husserl enfatiza uma conexão entre razão prática e razão pura: para o eu puro, após julgar qual é o melhor bem dentre os possíveis, dentro da esfera prática geral, existem os fatos da vida, e a esses fatos serão atribuídos valores, e em seguida a decisão que deverá orientar a ação.

Para concluir, podemos dizer que esta ética baseada em um imperativo categórico pode ser classificada como uma ética pura, assim como no campo epistemológico se tem uma lógica pura. A ética pura é uma ética formal em que a consciência tem uma intencionalidade voltada para um valor. Mas estas reflexões, estes estudos, são apenas o início do meu interesse voltado para uma compreensão que deve ser aprofundada no próximo ano, paralelamente ao desenvolvimento dos meus estudos de Santo Agostinho.

A questão do tempo, da morte e a compreensão de uma ética que ultrapasse a centralidade do imperativo categórico são os assuntos que serão desenvolvidos em um outro volume, em que apresentarei uma ética do suicídio propriamente.

Livros citados no ensaio

EPICURO

Carta sobre a Felicidade: a Meneceu. Tradução e apresentação de Álvaro Lorencini e Enzo Del Carratore. São Paulo: Editrora Unesp, 2002

EDMUND HUSSERL

Ideias I – Ideias para uma fenomenologia pura e para uma filosofia fenomenológica. Introdução geral à fenomenologia pura. Tradução de Marcio Suzuki. São Paulo: Ed. Idéias & Letras, 2006.

Ideias II - Ideen zu einer reinen Phänomenologie und phänomenologischen Philosophie. Zweites Buch, Phänomenologische Untersuchungen zur Konstitution, hrsg. 501 von Marly Biemel, Den Haag 1952.

Vorlesungen zur Phänomenologie des inneren Zeitbewusstseins, hrsg. von Martin Heidegger, in: Jahrbuch für Philosophie und phänomenologische Forschung, hrsg. von Edmund Husserl. Neunter Band, Halle a.d.S. 1928, S. 367 - 463. Disponível em https://freidok.uni-freiburg.de/data/5974

Vorlesungen über Grundfragen zur Ethik und Wertlehre 1914, in: Edmund Husserl, Vorlesungen über Ethik und Wertlehre 1908 – 1914, hrsg. von Ulrich Melle, Dordrecht 1988, S. 3 – 153. (=Husserliana. Edmund Husserl, Gesammelte Werke, Band XXVIII)

QUARTO JARDIM
Razões para Morrer e Razões para Viver: Nietzsche e a questão do Suicídio[17]

Exposição inicial

Este ensaio faz parte de um estudo maior sobre como a morte voluntária se tornou suicídio, cujos primeiros resultados foram publicados no Livro I ("Variações Antigas e o Domínio do Cristianismo") da obra *História do Suicídio*, lançada em 2020 pela então Páginas Editora (atualmente Literíssima Editora). O termo "suicídio" denota a ideia de que morrer voluntariamente é um assassinato de si mesmo. Vale lembrar que sua origem etimológica está no verbo latino *caedere*, que significa matar, cortar, etc., do qual resulta o substantivo *caedes*, que significa matança, carnificina, assassinato (LEWIS & SHORT, 1879). Essa concepção tem raízes na proibição da morte voluntária encontrada no Livro I de "A Cidade de Deus," escrita no início do século V por Santo Agostinho, que categorizou esse tipo de morte como homicídio de si (REIS, 2020). No Renascimento e na Modernidade, surgiram diferentes perspectivas em relação a essa tradição. Por um lado, alguns resgataram os argumentos dos estoicos, como vemos nos Ensaios de Montaigne. Por outro lado, houve uma argumentação contrária à ideia cristã de que a morte voluntária configura uma injustiça contra si, Deus e a sociedade, como fica evidente no escrito de David Hume, Of Suicide, de 1777, mas publicado postumamente. Diversos escritores ingleses debateram publicamente esse assunto nos séculos XVII e XVIII e no século XIX, coube aos alienistas franceses um domínio do tema.

---

[17] Este ensaio foi publicado primeiramente em abril de 2024 na Revista da Annales Faje, da Faculdade Jesuíta de Filosofia e Teologia, de Belo Horizonte. Volume 9 n. 1 (2024): III Seminário Internacional Nietzsche nos Pampas. [N.E.]

Atualmente, os estudos sobre o suicídio têm ganhado destaque em diversos campos, sobretudo na área da saúde, mas poucas contribuições filosóficas são produzidas. A fim de promover um debate público, concentraremos nossa leitura do tema no modo como Nietzsche vê o suicídio em contraste com a moral cristã. Organizaremos nosso itinerário da seguinte maneira: primeiro, distinguiremos morte voluntária e involuntária; em seguida, exploraremos a visão de Nietzsche sobre o suicídio como uma resposta existencial à falta de sentido na vida humana. A questão fundamental deste ensaio é: qual é o valor da morte para a vida humana? Refletir sobre isso é crucial, especialmente diante de debates como a eutanásia e as diretrizes antecipadas de vontade, que exigem que os filósofos façam o uso público da razão e contribuam para o debate atual.

Friedrich Nietzsche e o tema da morte livre

Dentre as diversas contribuições de Nietzsche, suas reflexões sobre o tema da morte estão relacionadas à necessidade de uma nova valoração. O que a morte representa para os seres humanos até o momento presente? Por que somente a religião a levou a sério e a incorporou em seus ensinamentos? Até onde podemos enxergar, a morte pode ser pensada, em termos gerais, sob três perspectivas: como o fim de uma vida, determinando seu tempo, limite e finitude; como uma passagem para uma continuidade da alma em um além-túmulo, conforme ensinado por várias tradições; ou como um mistério indecifrável. Toda a filosofia de Nietzsche flerta com esse primeiro significado, tornando a morte um tema vital, uma vez que a própria morte, concebida como aniquilação completa da vida humana, não apenas pode transformar a existência em um campo de construção de significado, mas também valorizá-la ainda mais diante da impossibilidade de uma vida após a morte.

Quando abordamos o tema do suicídio nas discussões atuais, dedicamos pouco espaço para debater a nossa compreensão da morte. Será possível compreender o suicídio sem uma compreensão adequada da morte? Nesse sentido, os escritos de Nietzsche são uma fonte de inspiração, mais do que um local onde se encontram respostas definitivas. Uma das questões provocadoras levantadas por Nietzsche é a seguinte: "Todos atribuem importância à morte; no entanto, a morte ainda não é uma festa. Os homens ainda não aprenderam como consagrar as festas mais belas" (Parte I, Da morte voluntária)[18]. E de que forma a morte pode ser uma festa? Dentro do contexto dessa citação, quando Zaratustra apresenta sua doutrina da morte em um momento oportuno, a morte se torna uma festa na medida em que se torna um evento de máxima importância na vida de uma pessoa. É um momento que pode ser planejado, organizado e celebrado junto com amigos e familiares. Além disso, pensar na morte como uma festa implica em aceitá-la e, portanto, valorizá-la. Se um indivíduo considera a vida como um valor a ser celebrado, isso implica que ele, que está fadado a morrer, cria a morte como um valor e, consequentemente, torna-se um criador de si mesmo, um criador de significados. Nietzsche apresenta essa morte como a melhor de todas as mortes, superior à morte do guerreiro que cai no campo de batalha em defesa da pátria.

Gostaríamos de iniciar esta exposição introduzindo um tema que suscita considerável debate nos escritos de Nietzsche e encontra terreno fértil para discussões contemporâneas: o tema da morte voluntária. Nesse

---

[18] Para as citações em português, utilizaremos as traduções de Paulo César de Souza, para a Cia das Letras. Quando nos referirmos aos textos em alemão, utilizaremos as Digitale Kritische Gesamtausgabe Werke und Briefe, de 1975.

contexto, é de suma importância promover uma discussão pública acerca da eutanásia voluntária. Para tanto, é pertinente estabelecer uma distinção entre a morte voluntária e a morte involuntária, também referida como morte natural, a fim de delinear as bases conceituais que fundamentam essa análise.

A morte livre e a morte dos velhos

O tema do suicídio é abordado por Nietzsche como objeto de reflexão a partir de uma perspectiva precisa: a morte do idoso, ou, em outras palavras, a morte do indivíduo que cumpriu sua missão. Conforme mencionado anteriormente, o suicídio entre os idosos em nossa sociedade contemporânea é um tema negligenciado, inclusive nas campanhas como o Setembro Amarelo, e temos a oportunidade de examiná-lo com base nos textos de Nietzsche. É nosso dever, enquanto estudantes, professores, leitores e pensadores independentes engajados em uma vida intelectual, compreender o que Nietzsche está transmitindo, sem necessariamente concordar com suas ideias. Devemos analisar e avaliar seus escritos, utilizando-os como um ponto de partida para nossas próprias reflexões.

As seções 80 de "Humano, Demasiado Humano" e 185 de "*O Andarilho e sua Sombra*" suscitam questões às quais devemos tomar uma posição. Nessas seções, respectivamente, Nietzsche questiona: "Por que seria mais elogiável para um homem idoso, que sente a diminuição de suas forças, aguardar seu lento esgotamento e dissolução em vez de, com plena consciência, estabelecer um limite para si mesmo?" e "O que é mais racional: interromper a máquina quando a tarefa exigida dela foi concluída, ou deixá-la continuar funcionando até que pare por conta própria, ou seja, até que se deteriore?"

Para aqueles que consideraram ter cumprido sua missão, sua vida e obra, a morte voluntária é vista por Nietzsche como uma escolha racional, uma "ação perfeitamente natural" e uma "vitória da razão". Por outro lado, a morte involuntária (ou morte natural) é considerada o oposto: uma submissão do indivíduo a um corpo doente e, consequentemente, à aniquilação do ser racional devido à dependência corpórea, uma vez que a morte ocorre quando o corpo perece. Agora, vamos examinar a posição de Nietzsche em relação ao que é conhecido hoje como distanásia, que se refere ao procedimento de prolongar indefinidamente a vida, de forma obstinada, por meio dos recursos disponíveis na medicina hospitalar. No aforismo 80 de "Humano, Demasiado Humano", o filósofo afirma: "O anseio de prolongar dia a dia a existência, com assistência médica angustiante e condições de vida extremamente penosas, sem a força para se aproximar do verdadeiro fim, é algo muito menos respeitável."

É notável que Nietzsche tenha sido considerado por uma certa tradição de leitura como um pensador do irracionalismo. Da mesma forma, é notável que Kant, que também abordou o tema, tenha considerado o suicídio como irracional. Diante dessas afirmações, devemos ampliar nosso conceito de razão, a fim de compreender que razões opostas nem sempre são contraditórias, mas expressam visões parciais que não alcançaram uma compreensão mais abrangente. Se, para Kant, o suicídio é considerado irracional por interromper a possibilidade de ação racional, isso se baseia em uma compreensão moral da razão. Por outro lado, Nietzsche não coloca razão e vontade em oposição, e, portanto, é capaz de compreender o suicídio como uma expressão de vontade racional.

Quando abordamos a construção de uma história do suicídio, ao analisarmos os juízos de Santo Agostinho sobre Lucrécia em sua obra Cidade de Deus, na verdade estamos explorando as origens de nossos preconceitos morais. E percebemos, mesmo que indiretamente, que o suicídio não é condenado nos textos bíblicos, mas passou a ser repudiado a partir de Santo Agostinho. Podemos tomar como exemplo um antigo texto, o Livro de Eclesiastes, onde, segundo a tradição rabínica, encontramos os ensinamentos do sábio e idoso Salomão: "É melhor a morte do que uma vida de aflição, e o descanso eterno do que um sofrimento sem fim" (Eclesiastes 30:17). Observamos que esse é um tema presente desde a Antiguidade, mas pouco discutido entre nós. É evidente que não colocamos a morte como assunto em nossas conversas, estudos ou educação. Nem mesmo na sociedade brasileira da década de 2020, pós-pandemia, estamos promovendo amplos debates sobre eutanásia e suicídio assistido.

Nietzsche estava ciente de sua época e sabia que essa concepção de morte, de aceitação da morte ou de preparação para ela, não fazia parte da moralidade de seu tempo, que, em certo sentido, ainda é nossa época. Ele sabia perfeitamente que essa ideia era considerada, como ele chamou, a moral dos fortes entre os antigos, tanto gregos quanto romanos, que atribuíam o devido respeito ao suicídio voluntário, como foi o caso dos "grandes filósofos gregos e dos mais corajosos patriotas romanos". Nietzsche, como o filósofo da esperança, imaginava que em um futuro não muito distante, essa concepção poderia novamente fazer parte de uma nova moral.

A seção "Da morte voluntária" do livro *Assim falou Zaratustra* aproxima Nietzsche desses filósofos antigos. Embora possa parecer que não haja grandes novidades em relação a esses pensadores, devemos ter em mente que nem todos os leitores de Nietzsche possuem conhecimento sobre essas antigas escolas filosóficas. Além disso, ele explana sua própria concepção de suicídio por meio de seu personagem Zarathustra. O que queremos dizer é que Nietzsche empreende, de certa forma, um ressurgimento dessas importantes fontes de conhecimento, assim como Michel de Montaigne fez em seu tempo.

O título do capítulo em alemão é "Vom Freien Tode", cuja tradução literal é "Da morte livre". Isso indica que Nietzsche concebe o "mors voluntaria" como uma afirmação suprema de liberdade, como podemos encontrar nas Cartas de Sêneca. Ao falar em "livre para a morte" (zum Tode) e "livre na morte", Nietzsche não apenas defende a ideia de que somos livres para morrer, mas que, ao morrermos livremente, estamos afirmando a liberdade.[19] Vejamos: ao escolher a morte, ao desejar racionalmente a morte, a morte se apresenta como um ato de criação final. É esse o sentido de liberdade aqui: a capacidade de estabelecer um valor. A morte no momento adequado: a morte que chega até mim porque eu a quero. Percebamos que a ideia do que hoje é chamado de suicídio não é apresentada aqui para o indivíduo desesperado, que não suporta a vida e, por isso, prefere escapar dela (*vitam fugiam*), como Cícero mencionava. Nietzsche se dirige àqueles que desejam conscientemente a morte no momento certo, tendo cumprido seu propósito, como senhores e senhoras que viveram a vida e, portanto, podem preparar sua morte em vez de esperá-la involuntariamente devido a doença, exaustão das forças vitais, acidente, entre outros. Aguardar a

---

[19] Frei zum Tode und frei im Tode, ein heiliger Nein-sager, wenn es nicht Zeit mehr ist zum Ja: also versteht er sich auf Tod und Leben." (NIETZSCHE, 1975, p. 1750.) "Livre para a morte e livre na morte, um sagrado negador, quando já não é tempo de dizer Sim: assim entende ele da morte e da vida." (NIETZSCHE, 2011, p. 70).

morte dessa maneira é, para o filósofo alemão, submeter-se a forças que não são governadas pela própria vontade.

É amplamente conhecido o argumento presente em uma passagem da obra de Platão, o Fédon, segundo o qual não devemos escolher a morte voluntariamente, pois a vida pertence à divindade. Esse argumento reaparece em Plotino [Enéada I, 9 (16)], Agostinho (Cidade de Deus, I, XX) e São Tomás de Aquino (Suma de Teologia, II, IIa, Questão 64, Artigo 5). Nesse argumento, nós, seres viventes, somos espécie de guardiões ou sentinelas, incumbidos de manter firmemente nosso posto e não desertar. Até onde sabemos ou podemos saber, essa imagem remonta à tradição órfica e pitagórica. Platão afirma textualmente: "os deuses são nossos guardiões e nós, seres humanos, somos uma das posses dos deuses" (62b). Esse argumento se tornará propriedade do cristianismo medieval: quem se mata voluntariamente comete uma injustiça contra Deus. Nas Palestras sobre Ética ministradas pelo professor Immanuel Kant na Universidade de Königsberg, encontramos novamente esse argumento: "Os homens estão aqui como sentinelas, e por isso não devemos sair (...). Ele [Deus] é nosso proprietário, e nós somos Sua propriedade, e Sua providência garante o que é melhor para nós" (KANT, 2001: 149).

Compreendemos, portanto, que a evocação da liberdade no discurso de Zarathustra ("Livre para a morte e livre na morte; divino negador, quando já não é tempo de afirmar: assim compreende a vida e a morte") estabelece um confronto com a imagem órfica da sentinela. A morte que vem a mim porque eu quero afirmar o próprio homem como proprietário de sua vida, capaz de criá-la. Viver é afirmar-se como ser criador.

Embora possamos concordar com Nietzsche, atualmente aprendemos questões fundamentais: embora a morte voluntária seja uma morte absolutamente privada, decidida no interior de uma consciência, doente ou saudável, seu impacto social é significativo e afeta muitas pessoas que não participaram dessa decisão. A questão do luto, do pós-suicídio e do cuidado com os parentes são questões importantes que envolvem o estudo do "suicídio". Tendo em vista essas considerações, observamos que a meta de Nietzsche é considerar a morte de um ponto de vista individual, voltando-se para a liberdade e a vontade. No entanto, ao ler sua obra, não podemos deixar de notar que essa questão está presente, ainda que de maneira sutil. Quando ele diz que a morte deveria ser uma festa, isso necessariamente envolve a dimensão social do "suicídio". Portanto, isso aponta para a necessidade de uma preparação para a morte, para uma morte planejada, o que suscita, em nosso debate público, discussões sobre a eutanásia voluntária.

As observações de Nietzsche chocam-se com a moral cristã, que tradicionalmente se opôs à morte voluntária, ao menos desde Agostinho, como vimos. Este confronto coloca para Nietzsche dois desafios que estão presentes em seus escritos: retirar da morte voluntária o julgamento moral que a condena como crime ou pecado e a transforma, no nosso entendimento, em suicídio; e empreender uma luta contra a ideia segundo a qual a morte voluntária é contra a natureza.

As observações de Nietzsche entram em conflito com a moral cristã, que historicamente se opôs à morte voluntária, como vimos anteriormente. Esse confronto apresenta dois desafios para Nietzsche em seus escritos: remover o julgamento moral que condena a morte voluntária como crime ou pecado e transformá-la, em nossa compreensão, em suicídio; e combater a ideia de que a morte voluntária é contrária à natureza. Quando Nietzsche reflete sobre a morte voluntária, ele geralmente considera pessoas idosas e doentes. Apesar de Nietzsche criticar a moral tradicional, suas observações continuam claramente dentro do domínio moral (o que não é problemático), certamente dentro de um esboço de uma nova ética. Ele avalia como uma degradação da vida o simples desejo de continuar existindo diariamente, mesmo sem um propósito, meta ou sentido (NIETZSCHE, 2000, seção 80). Devemos perceber que a morte livre é concebida como um ato de criação. Portanto, não se trata de qualquer morte voluntariamente determinada que possa ser considerada um ato criador de valor. Uma morte que é buscada para escapar do sofrimento sem luta não é valorizada afirmativamente por Nietzsche, assim como não era para Sêneca, a quem ele conhecia bem (Veja-se a Carta LVIII, das *Cartas a Lucílio*).

Ao lermos as passagens da obra publicada que abordam o tema da morte voluntária, percebemos com clareza que Nietzsche situa a morte natural na velhice, sendo a morte prematura contrária à natureza. E fica igualmente claro que ele defende o suicídio como morte livre na velhice ou na maturidade, quando já se cumpriram os desígnios postos pelo sujeito (ou desde que se os tenha estabelecido e cumprido). A morte autoinfligida é pensada como algo a ser realizado na hora certa: "muitos morrem tarde demais e alguns morrem cedo demais". E o que ensina Zarathustra? "Morra na hora certa" (NIETZSCHE, 2011, p. 69).

Antes de qualquer coisa, notemos que Nietzsche estabelece relações entre como se vive e como se morre: "como poderia morrer na hora certa quem nunca vive na hora certa?" Assim, ele pensa a morte como um reflexo da vida do vivente. Morrer corajosamente, na hora certa, após cumprir sua missão: isso somente é possível a quem viveu com a mesma coragem. Assim, morte não se opõe a vida, mas se apresenta, na concepção nietzscheana, como uma espécie de momento ápice em que a própria vida é celebrada, coroada.

Morrer altivamente quando já não é possível viver altivamente. A morte livremente escolhida, no dia assinalado, com lucidez e coração alegre, em meio a meninos e testemunhas, quando ainda é possível um adeus real, quando aquele que nos abandona existe ainda e é verdadeiramente capaz de avaliar o que quis e o que conseguiu, e recapitular sua vida. Tudo isso está em oposição com a lamentável comédia que o cristianismo representa à hora da morte. (NIETZSCHE, 2006, p. 75).

Ainda de acordo com esta moral para médicos, do livro "Crepúsculo dos Ídolos", a morte deve ser levada a bom termo "por amor à vida, deve ser livre, consciente, sem acidentes, sem emboscadas" (NIETZSCHE, 2006, p. 92). Mas lembremos novamente os Ensaios de Montaigne, ali também havia esta mesma questão retomada dos estoicos. No final do século XVI, quando havia apenas uma visão sobre a morte voluntária, condizente com o juízo de Agostinho ("suicídio" é crime e pecado inafiançáveis), retomar os estoicos era fundamental para apresentar uma visão pluralista numa sociedade monolítica. Assim, Montaigne o faz, não para tomar partido em favor dos romanos contra os cristãos, mas para contribuir para o processo que mais tarde seria chamado de renascimento.

Ao lermos com cuidado "Costume da Ilha de Quiós", compreendemos que Montaigne considerou que morrer a tempo, na hora certa, no tempo oportuno, seria como uma falsa sabedoria: a vida pode dar reviravoltas! Como, então, saber qual é esse momento oportuno? A tese do tempo oportuno seria dogmática, quando a própria razão que busca esclarecimento reclama algum ceticismo. Direcionemos esta pergunta ao próprio Nietzsche. Encontramos apenas algumas vagas indicações, sobretudo quanto à questão do fito, da meta, e do herdeiro, postos no capítulo sobre a morte livre em "Zarathustra". "Faço-vos o elogio da minha morte, da morte livre, que vem porque eu quero. E quando hei de querer? Quem tem um fim e um herdeiro, quer a morte a tempo para o fim e para o herdeiro." Sob esta perspectiva, a morte livre é o coroamento perfeito, digno de respeito, de quem cumpriu sua missão, alcançou sua meta, e cujas virtudes terão continuidade no herdeiro (NIETZSCHE, 1986, p. 156).

Morte voluntária e morte involuntária

Morrer voluntariamente: desejar a morte, querer a morte, quando já se cumpriram os desígnios pessoais, as metas estabelecidas. Uma morte planejada, festejada: o coroamento de uma existência, de uma jornada, de uma batalha. Morrer involuntariamente: a submissão às ordens da natureza ou do acaso. A morte que chega sem avisar ou que, enviando seus avisos, cozinha em fogo brando o moribundo. Estas imagens podem ser colhidas nos escritos de Nietzsche. E esta antítese, composta pelas teses opostas morte voluntária e morte involuntária, traz consigo, no discurso do filósofo, também outros pares de opostos em sua argumentação. De um lado, a morte racional, livre, escolhida, planejada, festejada, que se dá "cercada por aqueles que esperam e prometem" (NIETZSCHE, 2008, p. 102). De outro lado: morte irracional, não livre, "um suicídio da natureza" (NIETZSCHE, 2000, p. 57), morte involuntária, que ocorre de assalto, em condições sem dignidade.

Para Nietzsche, o cristianismo distorceu a ideia da morte voluntária, que era valorizada pelos estoicos como a capacidade de morrer no momento adequado. O cristianismo seguiu dois caminhos nessa distorção. O primeiro caminho é a crença de que a pessoa, além de seu corpo, possui uma alma imortal que deve depositar suas esperanças na vida após a morte, na ideia de ressurreição. No capítulo "Dos pregadores da morte" de sua obra "Assim falou Zaratustra", Nietzsche expõe claramente essa ideia: os pregadores do cristianismo desviaram as esperanças em direção à vida eterna, tornando a vida terrena supérflua. O segundo caminho é a concepção de que a morte deve chegar de forma lenta e gradual, ou seja, de maneira natural. Nietzsche chama essa morte involuntária de uma manifestação do niilismo, uma espécie de suicídio lento, no qual a própria vida carece de autenticidade, tornando-se uma existência burguesa e medíocre (NIETZSCHE, Fragmento póstumo, 1888, 14 [9], KSA 13.222).

O valor da morte e o sem sentido da vida

Em seu aforismo 34 de "Humano, demasiado humano", Nietzsche levanta a questão de se a morte não seria preferível à vida e chega a considerar o "suicídio" como uma forma de escapar de uma existência vazia, sem valor ou propósito. Essa questão só pode ser levantada na ausência de uma moralidade que afirme que a vida humana pertence a Deus e que o homem é um guardião de seu posto. Nietzsche conscientemente se distancia da moralidade cristã, que impõe ao homem a obrigação de viver.

A ideia de que a vida não possui sentido tem dois efeitos práticos. Um deles pode ser entendido como uma resignação e desespero diante do niilismo, uma falta de sentido, levando-nos a uma existência prática sem metas, sem sentido, sendo levados pelos ventos da vida, envolvendo-se em compras, gastos, trabalho, vivendo uma vida que já está dada, que pode ser vivida por qualquer um. O segundo efeito possível é justamente o oposto: a possibilidade de criar os sentidos que a vida pode ter! Vale a pena ler o aforismo 125 de "A Gaia Ciência" e compará-lo com o Prólogo de "Assim falou Zarathustra". Toda a angústia, lamento e profundo sofrimento da descoberta da morte de Deus no aforismo 125 dão lugar à afirmação de que agora o homem pode se tornar um criador de si mesmo.

Este é um ponto evidente ao ler a obra de Nietzsche: a existência humana carece de propósito, não possui uma finalidade intrínseca. Se afirmarmos que a busca por mais poder é a teleologia da vida humana, estaríamos simplificando a doutrina da vontade de poder, que define toda a vida em geral. Ao falarmos da existência humana, não é fácil encontrar um propósito nos textos de Nietzsche. Essa ideia é crucial na forma como ele enxergava o "suicídio": devido à falta de propósito na existência, as pessoas esperam pela morte de forma natural.

Observem que aqueles que desejam a morte no momento adequado, como mencionamos anteriormente, são aqueles que têm uma meta e a alcançaram, podendo celebrar a conquista da vida com seus herdeiros, planejando a morte como uma festa. Portanto, devido à falta de sentido na vida, ou caímos no niilismo passivo, quando a vida é conduzida pelo jogo de dados e não tem controle sobre si mesma, ou estabelecemos para nós mesmos a tarefa de sermos criadores de valores. Esse ponto está presente em Nietzsche desde suas obras de juventude até seus últimos livros.

O planejamento da morte é exatamente uma maneira de atribuir significado à existência, coroando-a com uma morte digna. A racionalidade de morrer voluntariamente (livremente) evita o sofrimento fútil e a morte degradante. Isso é o que Nietzsche procurou restaurar após dois milênios de cristianismo. Parece-nos que aí está o lugar de Nietzsche na história do suicídio.

O niilista (no sentido de um niilismo incompleto) enfrenta uma vida sem sentido, sem valor intrínseco, e diante dessa existência vazia, a morte se torna uma sedução, uma atração para a qual pouco importa consentir ou não. O niilista morre voluntariamente para escapar do tédio da vida. No entanto, essa não é a morte livre que encontramos nos escritos de Nietzsche: trata-se de estabelecer um sentido onde só há possibilidades. E as possibilidades são esperanças. É por isso que a arte ocupa um lugar central na obra de Nietzsche. A poesia, a tragédia, a arte de criar valores e, acima de tudo, a música, tudo isso é um convite à vida para Nietzsche, e a própria ciência é concebida e experimentada como uma arte da criação: que a minha ciência seja alegre! É um grande estímulo à vida: a arte é um argumento que busca convencer o indivíduo forte de que, apesar de sua condição trágica e sem sentido, a vida vale a pena ser vivida e afirmada, pois é uma grande oportunidade de criação.

Observemos que aqui temos um interessante embate entre duas visões de mundo: A) a moral cristã afirma uma vida no além-túmulo, uma vida após a morte apresentada como recompensa, muitas vezes considerando essa vida terrena como uma espécie de "suicídio"; B) o esboço de uma ética (que pode ser delineada com as contribuições de Nietzsche) se apresenta como um contra-ideal, negando todo "mundo verdadeiro" e toda "vida eterna" como ilusões e falsificações. Ele afirma que devemos encontrar um motivo para a morte na própria construção da vida, na busca por dar sentido a ela.

As consequências do pensamento de Nietzsche levantam importantes questões para debate. Neste contexto, gostaríamos de apresentar algumas ideias que surgiram durante nossa leitura. A morte pode ocorrer naturalmente, anunciando sua chegada por meio de uma gradual diminuição das forças vitais, retirando do indivíduo sua qualidade de vida e impondo-lhe um fim lento, doentio e doloroso, repleto de sofrimento. Diante de alguém que percebe seu fim iminente e não encontra dignidade ou honra em morrer naturalmente nesse estágio final, deveríamos consentir com o desejo e a vontade de quem expressa o desejo de encerrar a vida? A morte involuntária pode acarretar sofrimento e degradação física e mental, a ponto de a pessoa perder-se de si mesma: devemos ser fortes e suportar esse curso a todo custo? É claro que não se trata de examinar respostas definitivas; cada indivíduo deve decidir por si próprio. No entanto, é importante colocarmo-nos disponíveis para cuidar daqueles que justificam e planejam sua própria morte, sem angústia e desespero. Seremos capazes disso? Em suma, trata-se de discutir e debater a eutanásia, sem nos furtarmos a uma análise séria sobre o valor da morte.

Ao explorar as ideias de Nietzsche, nos deparamos com questões profundas e complexas sobre a morte e a eutanásia. Reconhecendo a importância do cuidado e do respeito à vontade individual, é fundamental examinar e debater abertamente esse tema, buscando um equilíbrio entre os princípios éticos e morais envolvidos. Ao fazer isso, poderemos progredir rumo a uma compreensão mais aprofundada da dignidade humana no contexto da mortalidade, além de contribuir para o avanço das discussões acadêmicas e sociais sobre a eutanásia.

Referências:

KANT, Immanuel. *Lectures on Ethics*. Translated by Peter Heath. The Cambridge Edition of The Works of Immanuel Kant. Cambridge: Cambridge University Press, 2001.

LEWIS & SHORT. *A Latin Dictionary*. Founded on Andrews' edition of Freund's Latin dictionary. revised, enlarged, and in great part rewritten by. Charlton T. Lewis, Ph.D. and. Charles Short, LL.D. Oxford. Clarendon Press. 1879. disponível: http://www.perseus.tufts.edu (acessado em 25 de junho de 2023).

MINISTÉRIO DA SAÚDE. Secretaria de Vigilância em Saúde – Ministério da Saúde. "*Boletim Epidemiológico*", Volume 48 N° 30 – 2017.

MONTAIGNE, Michel de. *Ensaios*, Livro II, capítulo 3 (Costume da ilha de Quios). In F. R. Puente (Org.), Os filósofos e o suicídio (p. 83-107, F. R. Puente, & E. de Moraes, Trad.). Belo Horizonte, MG: editora da UFMG, 2008.

NIETZSCHE, Friedrich. Werke. *Kritische Gesamtausgabe*, Berlin/New York, de Gruyter, 1967

NIETZSCHE, Friedrich. *Nietzsche Briefwechsel. Kritische Gesamtausgabe*, Berlin/New York, de Gruyter, 1975–). The Digitale Kritische Gesamtausgabe Werke und Briefe (eKGWB)

NIETZSCHE, Friedrich. *Humano, Demasiado Humano*. Trad. de Paulo César de Souza. São Paulo: Cia. das Letras, 2000 (Vol. I) e 2008 (Vol. II).

NIETZSCHE, Friedrich. *Crepúsculo dos Ídolos*: ou como se filosofa com o martelo. Tradução de Paulo César de Souza. São Paulo: Companhia das Letras, 2006.

NIETZSCHE, Friedrich. *Assim Falou Zaratustra*. Tradução de Paulo César de Souza. São Paulo: Cia das Letras, 2011.

NIETZSCHE, Friedrich. *Assim falou Zaratustra,* tradução de Mário da Silva, São Paulo: Civilização Brasileira, 1986.

NIETZSCHE, Friedrich. *A Gaia Ciência* Trad. de Paulo César de Souza. São Paulo: Cia. das Letras, 2002.

PLATÃO. *Fédon* (ou Da Alma). São Paulo: EDIPRO, 2º ed., 2015.

REIS, Alexandre H. *História do Suicídio*, livro 1 – Variações antigas e o domínio do Cristianismo, Belo Horizonte: Páginas Editora, 2020.

SEGUNDA PARTE
Liberdade e Filosofia Política

QUINTO JARDIM
Sobre Jean Bodin: Breve Comentário sobre a Tolerância Religiosa como Prática de Governo

Introdução

Não é incomum encontrar a afirmação de que o absolutismo teve sua origem na obra de Jean Bodin de 1576, *Les six livres de la Republique*, onde se encontra uma justificativa filosófica para a concentração dos poderes na figura do soberano, limitado apenas pelo direito natural e pelas leis da religião. No entanto, ao examinarmos os textos mais detalhadamente, torna-se evidente que há uma defesa absoluta da soberania, em vez de uma figura soberana propriamente dita acima do Estado. Essa interpretação pode ter sido confundida com a ideia de uma vontade do soberano equivalente à vontade do Estado, como expressa na famosa frase atribuída a Luís XIV: *l'Etat c'est moi*.

Por certo, o termo *absolutismo* não era conhecido na época em que Jean Bodin escreveu os seus *Seis livros sobre a República*. Geralmente, esses conceitos terminados em *ismo* não são encontrados nas fontes que estudamos, seja na Antiguidade Tardia, na Idade Média, ou mesmo nos períodos da Reforma ou do Renascimento. Provavelmente, o termo *absolutismo* começou a circular apenas no início do século XIX, quando se tentou descrever as formas de governo de períodos anteriores, principalmente de maneira negativa, em referência às monarquias absolutas.[20] No entanto, Jean Bodin não estava familiarizado com esse termo, embora tenha utilizado expressões como *potestas legibus solutos* (poder não restrito por lei) e *princeps legibus solutus* (o príncipe livre das leis). Este autor fundamental é geralmente estudado por suas contribuições à noção de soberania, e sua recepção, de certa forma, foi trágica, assim como a de Nicolau Maquiavel. Se Maquiavel, um republicano, foi rotulado como defensor do absolutismo, isso certamente aconteceu apenas através de leituras superficiais de sua obra O Príncipe, que lhe rendeu fama internacional. Atualmente, após as contribuições de Quentin Skinner,

---

[20] Sobre este ponto, ver: HARTUNG, Fritz; MOUSNIER, Roland. 1955. "Quelques problemes concernant la monarchie absolue". Relazioni. X Congresso Internacional de História, Florença.

Claude Lefort e Newton Bignotto, Maquiavel está sendo reavaliado, especialmente ao considerarmos seus Discorsi como pano de fundo para compreender seu famoso livro escrito em 1513. Da mesma forma, a recepção de Jean Bodin também está sujeita a uma certa interpretação absolutista, que pode ser constantemente revisada através de uma leitura mais cuidadosa de seus Seis livros sobre a República.

O conceito de soberania não foi amplamente discutido pelos antigos gregos, exceto por Aristóteles, Políbio e Dionísio de Halicarnasso. No entanto, mesmo com esses autores, com os quais Bodin dialoga nos primeiros livros de sua obra, que são lacônicos quanto à ideia de soberania, ainda podemos ter incertezas sobre seus lugares na história do conceito de soberania. Apesar dessas dúvidas, as contribuições de Bodin sobre esse conceito não são tão marcantes em nossa modernidade, que certamente encontra nele uma fonte confiável.

Para este breve ensaio sobre um tema fundamental para nossa idade contemporânea, coloco como pano de fundo uma visão crítica da leitura de Jean Bodin como um defensor do absolutismo, e tendo sua ideia de soberania como tema transversal, gostaria de me concentrar em um assunto mais específico e delimitado: a ideia de tolerância religiosa tal como pode ser compreendida no capítulo VII do livro IV.

As guerras religiosas e a importância da prática da tolerância

Não seria demasiado afirmar que a unidade religiosa no Cristianismo latino, conforme descrita na literatura política ou teológica do final da Idade Média ou início da Modernidade, onde o desenho encontrado é sempre harmônico e imageticamente unitário, possivelmente não tenha existido efetivamente, ou ao menos que tal pretensão de unidade se desfez e foi reduzida a fragmentos durante a Reforma. Quando observamos a Europa dos séculos XVI e XVII, encontramos no Império e na Suíça certas decisões sobre a implementação ou recusa da Reforma. Sem dúvida, foi um dos períodos em que houve maior manifestação de violência e guerras religiosas, como a Guerra dos Trinta Anos, entre 1618 e 1648, que devastou boa parte da população da Alemanha. Nesse conflito, a Casa de Habsburgo, tradicionalmente católica, empreendeu uma campanha sangrenta contra os protestantes, envolvendo aliados da

Dinamarca, Suécia e França. Com uma amplitude territorial própria do Império, os católicos governavam a Holanda espanhola, Áustria, a Coroa da Boêmia, parte da Eslovênia, Hungria, Espanha e alguns territórios italianos, além de parte da Alemanha.

Ao término da Guerra dos Trinta Anos, foi assinado o Tratado de Paz de Westfália, que estabeleceu princípios fundamentais para se pensar um direito internacional. Seus signatários, cristãos de diferentes convicções denominacionais, aceitaram buscar uma espécie de paz na cristandade; esse tratado permitia que se praticasse a fé publicamente mesmo estando em um principado ou país que tivesse outra denominação estabelecida. Durante a guerra, muitos foram expulsos de suas pátrias e encontraram refúgio em países onde suas crenças e práticas eram aceitas. Diante da falta de um suposto consenso denominacional, ficava evidente a necessidade de uma profunda reflexão acerca do tema da tolerância religiosa.

De certa forma, Jean Bodin viveu e absorveu em suas teorias políticas do Estado e da soberania o estado de violência dessas guerras religiosas que antecederam a Guerra dos Trinta Anos, tão marcantes no século XVI, quando foram escritos os Seis Livros... O tema da tolerância certamente ganha importância para a governabilidade. É isso que gostaria de abordar: qual é o caráter da ideia de tolerância em Jean Bodin? Como essa ideia aparece em seus escritos sobre a República? Tem um caráter teológico ou é eminentemente programático?

Ninguém deve ser forçado a ter fé contra a sua vontade.

Gostaria de evocar estrategicamente uma ideia de Agostinho de Hipona, que será mais amplamente lembrada ao final do meu escrito, a partir de outro texto. O bispo diz que *Ad fidem nullus est cogendus invitus.*[21] Agostinho possui indubitavelmente grande importância na construção do pensamento político da Europa, e esse enunciado, que encontramos citado por outra fonte em Jean Bodin, não deve ser lido apenas como um enunciado religioso. Agostinho tem um impacto decisivo na construção do imaginário ocidental, mesmo quando consideramos o direito laico.

---

[21] "Ninguém deve ser forçado a ter fé contra a sua vontade." in. Contra litteras Petiliani (2, 184).

Esta máxima de Agostinho não apenas ressoa como um lembrete da importância da liberdade de consciência, mas também oferece uma lente valiosa para compreender o lugar da tolerância religiosa na teoria política de Bodin. A noção de que a coerção não deve ser empregada na questão da fé lança um desafio aos sistemas políticos que buscam impor uma religião oficial ou reprimir crenças dissidentes. Vamos guardar esse princípio, pois será ele que nos permitirá interpretar o lugar da tolerância religiosa no texto de Jean Bodin. O tomarei, portanto, como uma chave de leitura.

Apresentação do tema da tolerância a partir do livro IV

Vejamos mais de perto o texto de Bodin. O capítulo VII do Livro IV de *Les six livres de la République* é dedicado a estudar o problema das facções civis e a posição que o Príncipe deve tomar diante delas, com vistas a remediar as sedições. A tese de fundo assenta-se na ideia de que todas as facções ou parcialidades são danosas para toda espécie de República. Sem harmonia e boa convivência, quando posições muito polarizadas se instalam, a própria paz fica ameaçada. A polarização ou redução das opiniões em dois polos extremos, que se confundem ambas com posições muito radicais, pode significar o perigo iminente de uma ruptura da ordem da paz. É preciso agir antes que se instale uma guerra civil. O perigo da sedição, isto é, a divisão da sociedade civil em dois partidos radicais opostos, ocupa boa parte do texto de Bodin. Uma das metáforas mais claras do capítulo evoca a figura do incêndio: antes que o fogo da sedição seja inflamado por tais faíscas, é preciso jogar água fria sobre ele ou abafá-lo. Jogar água fria significa usar a arte da persuasão (palavras suaves) e admoestações. Abafá-lo significa fazer uso da força abertamente. Dentre os exemplos citados, colhe-se a ideia de que é preciso primeiro buscar sabedoria nas ações, isto é, procurar — por meio de estratégias adequadas, vinculadas ao discurso e à persuasão — admoestar cada parte em contenda e buscar a união dos súditos. Isso compete ao bom Príncipe. Já o tirano sente prazer em colocar os grandes em rixas e querelas, atiçando os maiores contra si mesmos. A sabedoria política, segundo Jean Bodin, consiste em prevenir as sedições. É sempre mais fácil evitá-las do que apaziguá-las. Mais difícil é apaziguá-las nos Estados Populares do que em qualquer outro, pois o Príncipe na monarquia e os senhores na aristocracia são e devem ser como juízes soberanos e árbitros dos súditos, e frequentemente com seu poder absoluto e autoridade resolvem todos os diferendos.

Essa ausência de acordo nas opiniões, essas sedições, são ameaças potenciais ao conceito político de Estado do nosso autor. Quando estas divisões de opiniões se dão em relação às religiões, elas são um modo ainda mais profundo de potência contra o ideal de Estado. Quando existem crenças religiosas concorrentes, que disputam um lugar de poder, dificilmente a situação se torna controlável. Daí ser a intolerância religiosa eminentemente perigosa para a governabilidade de um Estado. O soberano deve assim criar condições para evitar que se chegue a esse ponto de cisma, de cisão, de sedição. Mas não deve o soberano, e este é o ponto central da leitura que faço deste capítulo, forçar um determinado estado de coisas, como uma visão única acerca da religião, por meio da coerção e da violência.

> Je ne parle point ici laquelle des Religion est la meilleure, (combien qu'il n'a qu'une religion, une verité, une loy divino publiee par la bouche de Dieu :) mais si le Prince qui aura suree asseurance de la vraye Religião veut y attirer ses assuntos, divisés en sectes et factions, il ne faut pas à mon aconselhar qu'il use de force.[22]

Até onde consigo interpretar o texto de Bodin, parece haver uma crença na existência de uma única verdade divina, o que possibilita uma diversidade harmoniosa de ideias religiosas que não são fragmentadas, divididas ou sedimentadas. Em outras palavras, dentro de uma estrutura determinada, que envolve um quadro geral prescrito ou deixado pelo Príncipe, é possível a convivência de ideias religiosas, desde que estejam em conformidade com a verdadeira religião, ou seja, com o cristianismo. Embora a ideia da possibilidade de visões religiosas diversas, de

---

[22] Capítulo IV do livro 7, 206. No que faço a tradução: "Não falo aqui sobre qual das religiões é a melhor (embora haja apenas uma religião, uma verdade, uma lei divina publicada pela boca de Deus), mas se o Príncipe, que tem certeza da verdadeira religião, deseja atrair seus súditos, divididos em seitas e facções, não aconselho que ele use a força."

diferentes posições denominacionais, não seja explicitada no texto, ela parece surgir nas entrelinhas. Para Bodin, aparentemente, tanto o catolicismo quanto o protestantismo são caminhos piedosos que podem coexistir, pois ambas as denominações estão de acordo com a verdadeira religião. Essa tolerância religiosa fundamental não se limita apenas a essas duas denominações, sendo possível encontrar referências também ao judaísmo e ao islamismo. Parece que uma teoria geral do Estado, que possa ser absorvida por outros Estados não cristãos, desde que monoteístas, requer esse tipo de abordagem.

Voltando ao capítulo VII do livro IV, fica evidente para o autor que o uso da força para moderar o embate religioso é sempre indesejado, sendo a não-violência mais vantajosa para a governabilidade. A insurgência do Estado contra um grupo religioso pode facilmente construir a figura do mártir, como podemos compreender em nosso caso, em diversos movimentos messiânicos comuns no século XIX e início do XX no Nordeste brasileiro, de Canudos ao Caldeirão do Crato, passando por São José do Belmonte e sua majestosa Serra do Catolé, palco do movimento sebastianista liderado pelo rei (autoproclamado) João Antônio do Santos: todos massacrados pelo poder de polícia do Estado. Este último inspirou Ariano Suassuna na composição de sua obra A Pedra do Reino. Todos esses movimentos religiosos mantinham forte resistência à transição da monarquia para a república, especialmente a posição de Antônio Conselheiro, e de certo modo, não seria muito errado dizer que a opressão que o Estado impôs a esses movimentos lhes conferiu uma identidade própria. Podemos lembrar as palavras de Bodin: "Carro plus la volonté des hommes est forcee, plus elle est revesche."[23]

O livro *História Eclesiástica*, de Eusébio de Cesareia, apresenta um sem número de mártires cristãos que surgiram a partir das perseguições implacáveis do Império Romano. Nos casos mencionados acima, as lideranças messiânicas ainda têm forte inspiração no imaginário popular, havendo festas de devoção em torno de seus nomes em algumas comunidades sertanejas do Nordeste. Este ponto é essencial para a análise da importância da tolerância religiosa por Jean Bodin. Ele reconhece os perigos de o Estado empreender perseguições religiosas.

---

[23] IV, 7, 206. "Quanto mais a vontade dos homens é forçada, mais ela se torna obstinada".

Além disso, é extremamente limitador o Estado poder contar apenas com a religião oficial, devendo-se admitir a pluralidade de práticas religiosas e combatê-las apenas de modo sutil, sendo o próprio soberano um paradigma que deve atrair os diferentes crentes para a prática do seu modelo de religião. Em vez de impor a fé, a crença, o que não parece ser viável contra a vontade de alguém, o soberano deve ser uma espécie de luz solar que atrai as atenções e o interesse pela prática da religião que mais se adequa ao Estado, "a verdadeira religião do cristianismo".

Com gentileza e prática da fé, o soberano deve atrair a vontade dos súditos para sua posição religiosa. São precisamente a gentileza, tolerância e a fé que evitam as guerras religiosas. A ideia de um porto seguro que possa converter a política em uma prática religiosa visa exatamente gerar a paz e a prosperidade. Trata-se, na minha leitura, de uma estratégia de governança. Trata-se de um conceito pragmático de tolerância religiosa.

Embora o capítulo VII do livro IV comece mostrando os perigos da sedição, especialmente em questões religiosas, e evidencie que o melhor é apagar o fogo em suas primeiras labaredas, o capítulo evolui para uma defesa da tolerância religiosa de modo muito interessante. Bodin é muito cauteloso na recomendação de uma religião oficial do Estado pelo soberano. Essa cautela visa precisamente evitar a violência e promover a paz. A recomendação da tolerância é, assim, evidentemente prática: evitar as guerras religiosas futuras e tornar eficiente a governabilidade do Estado.

Para concluir este raciocínio de que a tolerância religiosa, ao menos neste capítulo em questão, é mais uma questão prática do que qualquer outra coisa, gostaria de lembrar os limites dessa tolerância que se evidenciam em relação a seitas estranhas, que sejam indesejáveis: mesmo nesses casos, mantém-se a necessidade de evitar a força e violência, que, como eu disse, gera a figura do mártir. Trata-se de certo cálculo de senso de proporção em relação à política religiosa: se um pequeno grupo religioso ameaça a segurança e a estabilidade do Estado, ele deve de algum modo ser conduzido ao desaparecimento.

A persuasão, a arte da retórica, neste caso, é a única arma possível e será a situação efetiva que indicará os caminhos a serem tomados, não havendo uma fórmula que possa ser descrita ou prescrita. Segundo

Bodin, o perigo maior consiste sempre em religiões estrangeiras. Neste caso, não é muito difícil repercutir nos próprios cidadãos um desejo de banir tais religiões do território nacional. Isso, desde que elas não sejam reconciliáveis com um determinado caráter nacional. A tolerância tem, assim, um limite que é o bem-estar da própria soberania do Estado. A prática religiosa doméstica, por mais estranha que possa ser, não toca a análise de Bodin, exprimindo, até onde interpreto, exatamente uma tolerância. A questão é propriamente da ordem política. É aí que uma determinada seita pode representar algum perigo.

Depois de considerar o ateísmo pior do que as pequenas seitas, Bodin recupera uma estratégia legislativa do estadista grego, Sólon: quando ocorrem as polarizações radicais, as sedições que dividem as pessoas, cada cidadão deveria tomar um lado, sendo ilícito permanecer neutro. A leitura de Bodin desta lei inicialmente traz certa desconfiança: através de uma pressão do Estado para tomar um determinado lado, poderia impedir a criação de uma terceira via que pudesse desempenhar o papel moderador. Somando-se a essa dificuldade social/política, há ainda uma outra de ordem psicológica: um mal-estar de consciência em tomar partido diante de duas opções quando não se concorda com nenhuma delas. Essas ressalvas de cunho cético cedem, no entanto, a uma visão mais otimista: o reconhecimento dessas dificuldades, políticas e psíquicas, ajuda a evitar este estado de coisas, ajudam a evitar a sedição.

Algumas conclusões

A abordagem do tema da religião nos Seis Livros da República, especialmente neste capítulo que analisei mais detidamente, não é tratada senão de modo a assegurar a paz para o Estado e para a sociedade. A religião é um assunto que envolve as crenças mais pessoais, essencialmente de cunho não político, mas doméstico. Aquele que deseja sucesso para o ordenamento político deve sempre tratar deste assunto com muita cautela e cuidado. Se, de um ponto de vista da crença religiosa, há, em Bodin, como parece haver, uma tolerância desejável, deve-se ter muito cuidado com as reformas e inovações neste campo fundamental para a vida humana. A religião é fundamental para a vida política, na visão de nosso autor. Diante deste assunto basilar para a vida de uma sociedade, é sempre perigoso para o Príncipe tomar partido. Caso ele se desloque do lugar de juiz soberano para um lado diante da sedição, ele não será nada mais que chefe de partido e correrá o risco de perder a vida.

Para fechar este breve ensaio, retomo uma passagem do texto de Bodin. A paz social, como vimos, somente pode ser alcançada através de uma harmonia religiosa, que deve ser atraente e espontânea: "Ninguém deve ser forçado a ter fé contra a sua vontade". Mas não é Agostinho que encontramos no texto de Bodin. Ele traz uma constituição de Teodorico, preservada nas Variae de Cassiodorus: "Religionem imperare non possumus, quia nemo cogitur ut credant invitus" (*Não podemos impor uma fé religiosa, pois ninguém pode ser obrigado a crer contra a sua consciência*). Esta citação aparece apenas na versão latina, e não aparecia na primeira edição em francês.

Vejamos mais de perto esse exemplo de Teodorico: dando consentimento a um desejo de conserto do telhado de uma sinagoga, o rei gótico afirma que atenderá o pedido dos judeus apenas até o limite permitido pelas leis. Ele desaprova a prática judaica, em questões religiosas, mas cumpre o seu papel de chefe de Estado e concede ao pedido de conserto da sinagoga. O rei faz com palavras injúrias contra a prática judaica, expressões de desaprovação, mas não pode tomar medidas para uma conversão forçada, pois a religião "imperare non possumus, quia nemo cogitur ut credat invitus."[24] O texto de Teodorico refere-se aos hebreus e não ao Senado de Roma, como quer Bodin, mas, seja como for, esse exemplo é citado no capítulo VII do livro 4 exatamente para mostrar a importância da prática da tolerância religiosa para assegurar a paz e a governabilidade do Estado.

Volto a Agostinho de Hipona, desta vez evocando uma passagem de seu escrito *De diversis Quaestionibus ad Simplicianum*. Este foi o primeiro escrito de Agostinho após assumir o cargo de Bispo em Hipona. Havia uma preocupação muito grande em seu pensamento nesta época sobre a

---

[24] "não podemos impor, já que ninguém pode ser obrigado a crer contra a sua vontade."

conversão, sobretudo pela violência e intolerância praticadas pelos donatistas. Cito a passagem que me dará o fechamento do ensaio. Trata-se de um comentário ao capítulo 9 de Romanos: Agostinho vê aí um dilema: ou Esaú não recebeu o chamado de Deus, ou, caso tenha recebido a misericordiosa palavra de Deus, não o foi com a mesma eficiência que se pode encontrar no chamado de Jacob.

> Por que essa misericórdia foi retirada de Esaú, para que ele não fosse assim chamado, para que, quando ele chamasse, a fé fosse inspirada e o crente se tornasse misericordioso, para que pudesse fazer o bem? Hum, talvez porque ele não fez? Sim, Jacó acreditava que porque ele queria, Deus não lhe deu a fé, mas ele mesmo a deu por sua vontade e tinha algo que não era aceitável. É porque ninguém pode crer a menos que queira, ninguém quer a menos que seja chamado, mas ninguém pode se dar ao luxo de ser chamado, ao chamar Deus realiza também a fé?[25]

O verdadeiro cerne da religião cristã reside efetivamente na ideia de compaixão ou misericórdia. Essa concepção está presente em todos os escritores do chamado cristianismo primitivo e é fundamental para o mandamento do amor evangélico. A fé é regida pela misericórdia. O tema da tolerância em Agostinho encontra uma vasta literatura e revela caminhos interessantes. Lembro-me de Agostinho apenas para destacar que a posição de Jean Bodin preserva a religião, especialmente a fé, como o cerne extraordinário da vida religiosa, no âmbito pessoal e doméstico. Sua postura em relação à tolerância religiosa adotada pelo Estado é propriamente programática. Não se trata de impedir a exposição e a conscientização de ideias religiosas divergentes, mas sim de garantir a paz social, reduzindo as desordens que poderiam surgir de discussões

---

[25] "Cur haec misericordia subtracta est ab Esau, ut non sic vocaretur, ut et vocato inspiraretur fides et credens misericors fieret, ut bene operaretur? Um forte quia noluit? Sim, Iacob ideo credidit quia voluit, non ei Deus donavit fidem, sed eam sibi ipse volendo praestitit et habuit aliquid quod não aceitável. An quia nemo potest credo nisi velit, nemo velle nisi vocetur, nemo autem sibi potest praestare ut vocetur, vocando Deus praestat et fidem, quia sine vocatione non potest quisquam para acreditar, quamvis nullus credat invitus?" (1, 10) Tradução de minha responsabilidade. Para uma melhor compreensão dessa passagem vale à pena a leitura de Romanos; 9; 11-12.

excessivamente acaloradas. A crença religiosa deve ser livre, desde que não viole a vontade e a crença do outro. Agostinho é verdadeiramente um teólogo quando aborda o tema da conversão; Bodin permanece onde se colocou, no campo complexo da política. Portanto, o tema da tolerância religiosa em Jean Bodin é de natureza prática, não teológica.

BIBLIOGRAFIA

AUGUSTINUS, Aurelius. *De diversis quaestionibus ad Simplicianum libri duo*. In col. "S. Aurelii Augustini Opera Omnia", Editio Latina, Patrologia Latina 40. Disponível em: http://www.augustinus.it/latino/questioni_simpliciano/ Acessado em maio de 2024.

AUGUSTINUS, Aurelius. *Contra Litteras Petiliani Donatistae Cirtensis Episcopi* / To the Letters of Petilian, the Donatist. Disponível aqui https://tinyurl.com/2p8dvbrf. Acessado em 11 de maio de 2024.

BODIN, Jean. *Les Six Livres de la Repvbliqve de I. Bodin Angeuin*. Paris, 1576. Iacques du Puys.

BODIN, Jean. 1586. *De republica libri six*. Disponível no seguinte link:

https://archive.org/details/iobodiniandegave00bodi
Acessado em 28 de maio de 2024.

BODIN, Jean. *Os Seis Livros da República*. Tradução de José Carlos Orsi Morel. São Paulo: Ícone 2011.

SEXTO JARDIM
O problema da liberdade na tragédia de Sófocles, *Édipo Tirano*

O silêncio da tragédia

Talvez nós, bárbaros de um futuro tão distante em relação ao tempo das tragédias atenienses, sejamos incapazes de reconhecer a nossa incompetência em relação a esta maravilhosa criação do espírito helênico: o teatro construído em festivais anuais de tragédias na primavera grega. Se nós, bárbaros de uma terra ainda desconhecida dos antigos, fôssemos efetivamente sinceros diríamos afinal: as obras criadas pelos poetas trágicos nos são desconhecidas em sua inteireza. Mas o que delas conhecemos? Hoje, passados dois mil e quatrocentos anos desde o século em que os gregos se dedicaram à composição de tragédias, e somente o fizeram no século V a.C., o que temos efetivamente preservado? Comecemos, assim a nossa preleção com este problema, que chamarei provisoriamente de tragédia da conservação da tragédia.

Não conhecemos peças teatrais que sejam mais antigas do que as composições de Ésquilo (525-456 a.C.), de quem foram preservados sete textos completos de suas peças teatrais, dos mais de noventa títulos que foram a ele atribuídos pelos antigos. Sófocles (496-406 a.C.) aparece como o segundo dramaturgo, tendo já na juventude vencido Ésquilo em um festival de tragédias. De sua vasta obra, uns falam em 128, outros em 130 títulos compostos, também nos restaram apenas sete textos de tragédias completos. Fechando o triunvirato da tragédia grega, temos Eurípides (485/484-406 a.C.), de quem foram preservados 18 textos de suas mais de cem peças teatrais, tendo sido o mais popular dentre eles. O destino da tragédia grega foi mesmo uma grande desgraça, uma desagraciada história de preservação. E isso nos inquieta, torna o espírito consternado. As peças que nos restaram são, não o teatro trágico, mas apenas a ruína daquele grande palco de Dioniso. São ruínas as palavras de uma língua que já não é falada por mais ninguém, e apesar de todos os esforços de nossos filólogos, de nossos eruditos e estudiosos, a oralidade, ou antes, a musicalidade daqueles versos da poesia antiga, está completamente perdida. As músicas e as danças apenas podem ganhar vida, uma pálida vida, tal qual espectro em nossa imaginação, quando nos aproximamos e tentamos encontrá-las nos ritmos. Quando se tenta representar uma peça do teatro antigo, opera-se por meio da fala, da recitação daqueles versos, como se o teatro grego fosse, desde já, a sombra de um corpo perdido que se assemelhasse a nosso teatro prosaico; como se as peças daqueles grandes dramaturgos fossem escritas unicamente para serem lidas e interpretadas. E é sempre assim: o teatro grego se encobre da vestimenta do mundo que o representa; veste a moda de cada tempo que dele se apropria. A música, em sua indumentária original, foi completamente corroída pelas traças do tempo. O teatro era cantado, o coro, afinal de contas, cantava as estrofes que hoje lemos e procuramos compreender. Mas por mais afiada que possa ser nossa compreensão, não podemos compreender o efeito musical provocado no espectador-ouvinte do grande teatro de Epidauros em Atenas.

Portanto, nossa preleção de hoje deve começar com esta advertência: somos efetivamente incompetentes para compreender o teatro grego. Não o compreendemos porque tomamos Ésquilo, Sófocles ou Eurípides como poetas que escreveram versos, ou peças teatrais em versos, quando foram (o sabemos desde a Poética de Aristóteles, e o sabemos enfaticamente através das preleções de Nietzsch[26]) compositores, sendo inseparável a sua poesia da artes das musas (*musikê*).

Existe um hiato entre as composições atribuídas a Homero, de quem nos aproximamos na primeira preleção, e o século das tragédias. As tragédias trazem elementos pertinentes às epopeias, mas somam-se a estes elementos os elementos da subjetividade da lírica do século VII e VI. Nas composições das tragédias, portanto, existem elementos épicos e líricos, mas a grande novidade do teatro reside no drama, na ação, e no aparecimento do ator, *hypokrités*. O *hypokrités* é aquele que, ao colocar sobre o rosto a máscara do personagem, deixa de ser quem é e passa a ser quem ele não é. Nós preservamos um sentido similar, porém pejorativo, da palavra em português, que tem cognato nas demais línguas latinas: hipócrita. Mas o hiato ao qual me refiro tem sua base histórica: não sabemos explicar exatamente como e quando surgiu o teatro, havendo as

---

[26] Veja-se de Nietzsche, *O drama musical grego*.

hipóteses do historiador suíço Jacob Burckhardt,[27] sobre as quais poderei me ater depois, se houver interesse. Encontramos já o teatro pronto no início do século V a.C., com as peças de Ésquilo, sendo a história do teatro grego ainda um capítulo que a ciência da história não foi capaz de escrever. Comecei com esta advertência por honestidade intelectual: examinaremos não uma peça de teatro grega, não a obra de Sófocles, mas apenas uma parte dela: o seu texto, ou seja, o libreto de uma obra musical composta por tantos outros elementos (indumentária, arquitetura de palco, melodia, ritmo, etc.) que ficam fora de nossa compreensão. Esta advertência é necessária para que saibamos que tomaremos em mãos um texto, palavras escritas e conservadas, traduzidas, e seguiremos com uma análise textual, conceitual, hipotética, não estando ao nosso alcance a inteireza de uma obra tão profunda como uma tragédia grega.

Definição do objeto do ensiao

Feitas estas breves considerações, é preciso demarcar o objeto de nossa preleção. E podemos fazer tal demarcação recuperando a discussão pretérita da qual nos ocupamos recentemente. Tratei em outro lugar da das dificuldades de se pensar a noção de liberdade em sentido filosófico (*autarqueia*) em Homero, dada a presença dos deuses na determinação dos destinos e das ações dos personagens.[28] Em Homero, o universo de forças em jogo é tão complexo e tão importante nas narrativas que pensar o herói como autônomo e como diretor de sua própria vida parece pouco significativo e anacrônico. Aquiles, que tomamos como o nosso objeto de debate, obedece às ordens de Atena, não comanda assim suas próprias ações, submetendo-se à vontade divina. Mais do que isto, através das advertências de sua mãe, a deusa Tétis, sabemos que seu destino é lutar e morrer jovem no cerco de Tróia. Assim, o herói de Homero não é dono de suas ações nem de seu destino, assumindo aqui uma generalização razoável.

Penso que o teatro trágico mostra uma maturidade ou uma perspectiva ao menos diferente. Há muitas diferenças, é verdade, entre os

---

[27] BURCKHARDT, J. *História de la Cultura Griega*, vol. I.
[28] No primeiro capítulo de *Genealogia do Suicídio – o Lugar de Santo Agostinho na História da Morte Voluntária* (que ainda não publicado).

três compositores. Ésquilo é o mais próximo da tradição mítica, sendo muitas vezes os próprios deuses, semideuses e titãs tomados como personagens em suas obras, a exemplo do fabuloso *Prometeu Acorrentado*, texto preservado, e *Prometeu Libertado*, texto perdido do qual restaram alguns fragmentos e análises de Cícero, suficientes, no entanto, para sabermos que Héracles teria tirado os grilhões do titã. Sófocles, segundo penso, é o mais humanista, tendo sido capaz de representar questões existenciais muito pertinentes ao tipo de homem ocidental. Eurípides colocou no palco problemas ordinários, e muitas vezes suas obras se aproximam desde já da comédia, tendo escrito até mesmo, no caso de *Alceste*, uma tragédia com final feliz. O problema liberdade encontra, até onde consigo ver, um lugar privilegiado na obra de Sófocles. E é sobre a sua composição mais famosa que devemos nos ocupar.

É comum colocar a peça conhecida como *Édipo Rei* como a primeira composição de uma trilogia, que traz na sequência *Édipo em Colono* e termina com o drama de *Antígona*. Efetivamente, do ponto de vista dos enredos trata-se de uma trilogia, embora não tenham sido escritas como tal. Em Atenas, desde os princípios do século V a.C., mas provavelmente para além disso, no início da primavera, ou seja, no mês de abril, ocorriam as festas do teatro, chamadas de Grandes Dionisíacas. Estas festas religiosas tinham início com o culto a Dioniso, patrono do teatro, e ocorriam aí os concursos de tragédias. Geralmente, os dramaturgos que concorriam apresentavam trilogias. Uma regra que conhecemos ajudar-nos-á a pensar nosso tema, como ficará claro mais adiante: não era permitido ao dramaturgo inventar personagens, sendo obrigatório que a composição da peça de tragédia trouxesse elementos já conhecidos do público, como personagens das narrativas (mythos) da tradição, heróis, deuses, semideuses, sátiros, grandes reis, personagens da história, titãs, ninfas, etc. Efetivamente, o mito de Édipo já era conhecido dos gregos, já aparecendo, por exemplo, na *Odisseia* de Homero, numa breve narrativa, de 4 ou 5 versos, feita por Odisseu ao rei Alcino, na corte do Faécios, no canto XI, a partir do verso 209.

Embora possamos agrupar as três tragédias que Sófocles escreveu sobre a família de Laio e de Jocasta, não é verdade que seja tecnicamente uma trilogia: a primeira peça a ser escrita foi *Antígona* em 440 a.C. Depois, em 428 ou 430, apareceu *Édipo*. E por último, como uma história interessante na biografia do autor, Sófocles escreveu *Édipo em Colono*, no seu último ano de vida, como defesa diante do tribunal da acusação de senilidade, levada aos juízes pelos próprios filhos.

Portanto, falarei de liberdade na história de Édipo e tomaremos como objeto de nossa conversa a peça teatral (*Édipo Rei*, ou seria *Édipo Tirano*?). O que pretendo mostrar, ou ao menos provocar objeto de debate, é que mesmo o personagem não sendo dono de seu destino, ele é dono de suas ações, o que poderia ser pensado desde já como condição necessária, embora insuficiente, para colocar a questão da liberdade próxima ao entendimento de autonomia, ou de autarquia, para usar a palavra de Platão. A questão que aparece aos nossos olhos, no entanto, e que parece ser um óbice para afirmar a possibilidade da liberdade, surge imediatamente: é possível afirmar que alguém seja livre quando forças poderosas já predestinam o seu futuro? Se Édipo é aquele que foi pré-determinado pela vontade divina a matar o pai e a obter matrimônio com a própria mãe, podemos afirmar que ele alcançou a liberdade? Penso que a resposta para esta pergunta seja positiva. Mas é preciso deixar clara a possibilidade de tal afirmação, que revelará ao final, segundo penso, um conceito de liberdade bem próximo ao que será trabalhado na próxima preleção. Não posso, no entanto, deixar de fazer aqui uma advertência: trata-se de uma leitura filosófica do texto que chegou até nós da obra de Sófocles, e tentarei levar o conceito de Platão de autarquia (e talvez não consiga me distanciar do conceito kantiano de autonomia da vontade, o que pode vir a ser um problema) para interpretar o Édipo de Sófocles. Faço isso deliberadamente e tentarei tomar alguns cuidados. A intenção é, assim, pensar a partir de Édipo, não fazer uma leitura técnica e demasiadamente cuidadosa de seus próprios elementos.

A narrativa de Édipo

Paul Mazon, no comentário à tradução francesa de *Édipo Rei*, refere-se ao mito de Édipo como uma espécie de síntese de diversos temas do folclore: "(a criança exposta, o descobridor de enigmas, o parricídio inconsciente, o filho incestuoso, etc) reunidos arbitrariamente em torno de um único personagem com esse soberano desprezo pela verossimilhança que é próprio do conto popular". A narrativa, ou o mito de Édipo, é apenas o pano de fundo sobre o qual se constrói o Édipo de Sófocles. Tomo esta observação de Mazon para deixar claro que no conto popular Édipo é sobretudo passivo, diante de uma série de incursões que o tomam como bode expiatório de fatalidades impostas de maneira arbitrária e por forças não humanas que determinam os caminhos de sua miserável existência. Não há sequer subjetividade possível no mito de Édipo. A dor, segundo penso, o sofrimento demasiado trazido por Sófocles, herança da lírica do século VII, permite a construção de um mundo interior que se confronta com os acontecimentos do mundo da vida, onde regem as forças do destino.

Devemos deixar claro, portanto, que temos diante de nós dois objetos a serem analisados que são diferentes: o mito de Édipo e a peça escrita por Sófocles, que, apesar da famigerada tradução, *Édipo Rei*, tem como título em grego Οἰδίπους Τύραννος, *Édipo Tirano* . Esta distinção é fundamental para a análise que pretendo fazer; sem ela, nenhum argumento que pretendo construir se mantém de pé.

Édipo unifica, como diz Paul Mazon, em si mesmo todo um conjunto de fatalidades arbitrárias e de acontecimentos trágicos. Mas a peça de Sófocles não seria, por outro lado, uma superação deste conjunto fático numa dimensão ética que ultrapassa o curso do determinismo do destino? Édipo não impõe a sua própria determinação? Não acrescenta ao reino cego da natureza e do arbítrio dos deuses o selo da liberdade? Para mostrar isto, tomemos os dois momentos em separado, o mito e a peça de teatro.

Permitam-me desenrolar o novelo que compõe o conjunto fático de acontecimentos arbitrários da narrativa que se ocupa de Édipo. Veremos assim as principais diferenças e as novidades introduzidas pela criação de Sófocles. O dramaturgo, como observei, deve tomar da tradição a matéria-prima para compor a sua obra. E isso permite, no caso de Édipo, o elemento da tensão provocada no espectador/leitor da peça teatral. O que o ateniense que foi assistir à peça sabia? Que narrativa era conhecida? Eis brevemente os acontecimentos do mito mais relevantes: conta-se que o jovem príncipe de Tebas, Laio, esteve certa vez na corte do rei Pêlops, numa viagem política, e acabou se enamorando pelo príncipe Crisipo. Por considerar inatural o amor entre homens, Pêlops não permite que seu filho tenha qualquer aproximação amorosa com o príncipe visitante, expulsando Laio de seu reino e impedindo que os dois tenham efetividade em seu romance. Estando Crisipo inteira e cegamente apaixonado pelo forasteiro, e diante da impossibilidade de dar existência a seu amor condenado a ser ideal, escolhe ele a morte a uma vida sem a presença de Laio, o ser amado. Tendo tirado sua própria vida, Crisipo deixou um pai desesperado em sofrimento. Pêlops, disposto a vingar a morte de Crisipo, sacrifica um boi ao deus Apolo e pede que seja extinta a raça de Laio. Ora, os deuses gregos não conhecem as virtudes cristãs, não foram ainda confrontados com este mundo porvir que bane a vingança como pecado. Apolo tece um destino para Laio, em agradecimento à oferenda: Laio terá um filho que irá matá-lo e tomará como esposa sua própria mulher: um filho que matará o pai e se casará com a própria mãe, portanto. Um filho que será a encarnação dos dois crimes mais odiosos do mundo heleno: o parricídio e o incesto.

Aqui poderíamos discutir o caráter dos deuses e suas relações com os humanos, o lugar dos sacrifícios, as características dos mitos gregos, mas teremos mais adiante a oportunidade de fazê-lo. Reparem que Laio, que havia sido expulso da corte de Pêlops, não toma conhecimento da maldição que lhe é imposta pelo deus, segundo esta narrativa. Ao regressar a Tebas, no tempo oportuno da morte de seu pai, Laio é coroado rei daquele país e toma como esposa a bela Jocasta. Grávida de seu marido, a rainha convence Laio a ir ao santuário de Delfos, dedicado ao deus Apolo, para ouvir da Pítia, a sacerdotisa que interpreta o dito oracular, o destino de seu filho. Laio vai pessoalmente ao Oráculo e ouve a sentença catastrófica: o filho que Jocasta traz no ventre irá matá-lo e se casar com a própria mãe. O rei e a rainha, arrasados pela notícia, discutem que decisão tomar. Por acreditarem na verdade do Oráculo, resolvem dar cabo da criança assim que ela nascer. Reparem no seguinte problema: se acreditam na verdade do Oráculo, acreditam que o destino é inexorável; mas é por acreditarem na verdade do destino que decidem matar a criança quando vier à luz. Talvez aqui possa haver a ausência de verossimilhança da qual reclamava Mazon em seu comentário. Laio pede a seu servo de confiança que leve o recém-nascido, amarrado pelos tornozelos com laço forte, ao monte Citéron e lá o atire em um precipício. Por piedade, como dirá mais tarde na peça de Sófocles, o servo não o faz. Dá a criança a um pastor de Corinto. Regressa à corte e diz aos reis que fizera o serviço. O pastor leva a criança a Corinto, cidade distante para uma época em que se anda sobretudo a pé. Políbio e a rainha Mérope, estéreis, o tomam em segredo e o apresentam como filho do ventre da rainha. Políbio dá a ele o nome de Oedipus, devido aos pés inchados pela amarra forte. Oedipus, Édipo, se deixa traduzir por "pés inchados". Trata-se de um claudicante. Édipo é manco e este é um detalhe que não passará despercebido na construção do personagem de Sófocles.

As narrativas continuam. Passados os anos, em Tebas aparece a Esfinge, lança o seu enigma: decifra-me ou te devoro. Ninguém sabe a resposta. Ninguém sabe sequer o enigma. A população é dizimada lentamente. Cabe a Laio resolver o problema. Compõe-se uma pequena comitiva: o rei, à paisana, quatro guardas à paisana e o servo irão a Delfos para ouvir de Apolo a resposta a ser dada à Esfinge. Uma vez resolvido o enigma, a Esfinge promete se atirar no precipício. E assim fará efetivamente, pois não suporta compartilhar com esta raça inferior um saber que é somente seu e que exige o uso de uma potência divina: o raciocínio e a inteligência. A comitiva está a caminho...

Em Corinto, Édipo é um rapazola crescido. Treinado para ser o sucessor de Políbio. Domina a arte da espada, domina a arte de muitas coisas. Mas não domina seus impulsos. É marcado pela desmedida. Em uma ocasião que dispara as peripécias do destino, ouve de um bêbado que é filho adotado. Os pais desmentem. Revolve ir a Delfos ouvir do próprio deus a verdade. Chega a Delfos e ouve a sentença: você vai matar seu pai e se casará com sua mãe. Medo, crença, desespero: o mais longe de Corinto devem levar seus pés para evitar a desgraça. Na fuga, depara-se com seis homens próximo a uma encruzilhada. A passagem é estreita: um de cada vez deve passar. Édipo já havia se posicionado na estreita passagem quando ouve a advertência: pare, volte, deixe-nos passar. Esperem vocês, deve ter respondido, e passem depois. Discutem. Os ânimos afloram. O mais velho daquele grupo de homens saca seu chicote e acerta Édipo. Ele mata os quatro homens e em seguida este mais velho. O outro, que apenas observava, foge. Volta para Tebas, de onde havia partido. Conta à rainha Jocasta o que viu: ia com o rei Laio e os quatro guardas (todos à paisana) no caminho para Delfos, quando apareceu (não um caminhante solitário) um bando de homens armados que saqueia a comitiva e mata os guardas e o rei Laio. Desespero. A rainha viúva. A presença sufocante da Esfinge. Creonte, irmão da rainha, pensa no plano: colocarão a mão da rainha como prêmio em casamento para quem decifrar o enigma e livrar a cidade da Esfinge. Todos que tentam são degolados pela híbrida criatura. Chega enfim o forasteiro: nada a perder: a morte, a cabeça arrancada pelos dentes do monstro: a libertação da maldição revelada pela Pítia; a vitória, o trono, o poder, o controle da situação. Édipo senta-se diante da Esfinge e ouve: o que é que pela manhã tem quatro patas, ao meio-dia, duas, e ao entardecer, três: decifra-me ou te devoro. Pensa. Usa o raciocínio penetrante, o cálculo, o que era apenas atributo dos deuses, o fogo sagrado roubado por Prometeu: a resposta: ἄνθρωπος. A vaidade da criatura voluptuosa: o desespero, o abismo, a morte, a libertação da cidade. Édipo é coroado tirano de Tebas: aquele que chega ao poder por merecimento. Não é rei, basileus, pois não é filho herdeiro do trono. Casa-se com Jocasta e tem quatro filhos.

Aí estão os elementos do mito: a maldição imposta pelo arbítrio do deus, a criança exposta a céu aberto e recolhida pelo pastor, o parricídio, a decifração de enigmas, o incesto, o herói cambaleante: usa o raciocínio, é inteligente, mas ignora a si mesmo. Permitam-me, para que os elementos possam ser todos colocados à mesa, trazer agora a peça construída por Sófocles. Interessa-me não a linguagem do autor, as suas grandes novidades, mas o enredo, para que possamos comparar as duas histórias. Abro, portanto, o drama escrito por Sófocles a fim de lhe extrair os argumentos da construção teatral.

No início da peça Édipo Tirano, o protagonista Édipo já aparece como governante de Tebas, e tem diante de si a população implorando-lhe que acabe com a peste que abate a cidade. "O gado está definhando nas pastagens", diz-lhe um sacerdote em nome da população tebana. "As mulheres dão à luz crianças mortas. Há muita fome e muita doença." Disposto a resolver todos os problemas de seu povo, Édipo aparece no início do drama como um bom governante. Ele está próximo dos tebanos e disposto a ajudá-los. O personagem Creonte, irmão da rainha Jocasta, esposa de Édipo, consulta o oráculo de Delfos e traz ao rei a seguinte notícia: o deus Apolo revelou através dos ditos oraculares que a solução ao problema da peste consiste na punição do assassino do antigo rei de Tebas, Laio. Édipo não conhecera Laio. Quando chegara a Tebas, o rei já havia sido morto por vários homens, no caminho para o santuário de Apolo. De pronto, Édipo explicita diante do povo o seu plano: irá investigar sem descanso o paradeiro de tal assassino e não medirá esforços para puni-lo, como recomendara o oráculo da cidade de Delfos. Aqui entendemos porque é necessário conhecer o mito para assistir à peça: a tensão é a mesma de um filme de suspense; o personagem ignora, o espectador não.

A trama de Sófocles segue uma complexidade na composição que merecerá mais tarde o elogio do filósofo Aristóteles, que considerava a peça Édipo Rei (novamente na Poética) a mais perfeita tanto na forma do drama como no entrelaçamento das peripécias dos personagens. Apesar disso, a peça ficou em segundo lugar no concurso em que foi originalmente apresentada em Atenas, sendo derrotada por uma peça do dramaturgo Filocles, que infelizmente se perdeu no tempo, não chegando até nossos dias.

Diante do problema da peste, Édipo dará início a uma investigação cautelosa. Inicialmente, nosso governante mostra-se um homem religioso, como todos os demais em seu país, e pede que venha ao seu palácio o famoso adivinho Tirésias (já conhecido pelos leitores/ouvintes da Odisseia), a fim de que, com seus poderes divinatórios, possa ele revelar a identidade do assassino de seu antecessor no trono da cidade. O diálogo dos dois ocupa todo o primeiro episódio da peça. Tirésias, após ficar relutante num primeiro momento, acaba revelando a identidade do assassino. "Afirmo que o assassino que procuras és tu", diz o vidente ao rei. Édipo, no entanto, não pode acreditar que tenha matado Laio, uma vez que não o conhecera, uma vez que "um não é muitos", sendo muitos seus assassinos e ele um só homem. Acusa, neste momento, Tirésias de charlatanice, negando-lhe os poderes divinatórios e os laços com o deus Apolo. O velho adivinho acaba sendo expulso de Tebas devido à ousadia de ter acusado de assassinato o tirano Édipo.

Sem o auxílio da religião ou dos oráculos, qual meio conduzirá Édipo à solução do problema? Qual é o caminho a se seguir rumo à revelação da identidade do assassino? Édipo empreenderá uma pesquisa usando apenas o seu raciocínio. Foi esta capacidade de raciocinar que o tornara famoso, quando dera a resposta ao enigma da Esfinge, condição única para matar o monstro alado, metade mulher, metade leão, que aterrorizava a cidade de Tebas quando ele ali chegou.

Agora, passados vários anos, Édipo tem um novo desafio. Sem recorrer ao auxílio da religião, tendo ele mudado seu posicionamento após a discussão com Tirésias, sua investigação será empreendida através de uma metodologia que recorre apenas à capacidade de juntar os fatos, submetendo a experiência, a empeiria, unicamente ao seu raciocínio.

No quarto episódio do drama de Sófocles, Édipo revela que a peça que faltava para montar o quebra-cabeça do assassinato do antigo rei não era outra a não ser ele mesmo. Édipo descobre que o homem que havia matado há muito tempo na estrada próximo a Delfos era Laio, e, o que é pior, descobre que Laio era seu pai. Para não ficar só nisso, o desgraçado Édipo revela que se casara, sem saber, com sua mãe e que, portanto, os filhos que tivera com a rainha Jocasta (Polinices, Etéocles, Ismênia e Antígona) são, em verdade, também seus irmãos.

O que Édipo deve fazer agora que descobriu a verdade sobre sua identidade? Lembremos que, inicialmente, Édipo se dispôs a libertar Tebas da peste que abatera a cidade, e que Creonte havia trazido de Delfos a informação de que o assassino de Laio deveria ser punido: esta era a condição para salvar a cidade. Jocasta, uma vez revelado que seu esposo era seu filho, não suporta a verdade e se mata. Mas, Édipo tem um compromisso para com a verdade. Ele aceitará sua condição miserável de parricida e incestuoso. Estes crimes eram os mais odiosos para os gregos. Mas, o que fez Édipo? Diante de todos, Édipo retirou uma presilha do vestido de Jocasta, com o qual ela mesma se enforcara, e, num ato doloroso e terrível, vazou seus olhos!

O que significa este ato de furar os próprios olhos? Podemos interpretar que, com este ato corajoso, Édipo descobriu e aceitou sua própria identidade, ele que permanecera cego para si mesmo durante toda a sua vida, e podemos ainda pensar na ação de Édipo um compromisso para com o seu povo, pois, ao furar os olhos, Édipo estava punindo o assassino de Laio e, portanto, salvando Tebas da peste.

Uma antecipação do conceito platônico de ἐγκράτεια?

Aí está o enredo da peça, contado em linhas muito gerais. Passemos agora a uma breve análise do problema da liberdade a partir desta história. Sabemos que este conceito pressupõe uma visão de mundo em que os sujeitos agentes são livres para fazer escolhas. Na história que encontramos no mito, Édipo havia sido predestinado, devido a uma maldição que se abatera sobre a família de Laio, a matar o pai e a se casar com sua mãe. Na cosmovisão grega, a moira, o destino, equivale a uma lei irrevogável. Teria Édipo culpa de seus crimes, uma vez que, devido à lei do destino, não poderia por livre escolha não cometê-los? O destino de Édipo era certamente cometê-los, mas a maneira como os cometeu foi fruto de suas ações. Ainda pensando o mito: ele foi predeterminado por forças superiores à sua vontade a matar o pai, mas não a matar o pai de certa maneira. Há espaço para escolhas? Sim, mas não no limite, ao que parece.

Vejamos o texto de Sófocles. Quando a peça tem início, Édipo já cumprira seu destino: já assassinara há muitos anos seu pai e, também há muitos anos, se casara com sua mãe. Não há, portanto, razões para se pensar que as escolhas de Édipo de, num primeiro momento, se dispor a investigar o assassinato de Laio e, num segundo, furar os próprios olhos, não sejam ações livres, escolhidas pela deliberação de nosso herói diante das circunstâncias. Foi Édipo e não a vontade dos deuses que o levou a investigar e a punir o assassino de Laio. Mesmo que tal punição fosse necessária para a libertação da cidade, não era igualmente necessário escolher tal punição. O que torna Édipo herói? A superação de sua condição trágica. Retomemos o aspecto claudicante do personagem: ele é tirano no sentido positivo da palavra, por, sendo estrangeiro, ter merecido o trono de Tebas, e é tirano no sentido negativo da palavra, quando volta-se violentamente contra Tirésias e contra Creonte. É inteligente, usa o raciocínio para decifrar enigmas, e é completamente ignorante de si mesmo. É pai e é irmão de Antígona, Ismênia, Etéocles e Políneces. É marido e é filho de Jocasta. É a salvação da cidade e, ao mesmo tempo, é o seu sangue que macula a cidade, não sendo outra a fonte da peste. Mas agora, Édipo, o ignorante homem do cálculo que cabe perfeitamente na definição platônica de filósofo, supera a sua condição. Filósofo não é aquele que sabe, dizia Platão, mas aquele que se dispõe a saber. Édipo já não é mais filósofo, é agora sábio (sophós). E agora que não tem mais olhos, enxerga quem ele é. Está encerrado em si mesmo. E pede para ser levado para longe, condição necessária para livrar a cidade da peste.

Uma vontade livre é a condição que garante que as consequências de nossas ações sejam a nós imputadas. Não haveria como falar em ética ou em direito sem essa noção de livre escolha. Como poderíamos, por exemplo, mandar um homicida para trás das grades sem o responsabilizarmos por seus atos? Foi sua própria escolha, e não um princípio divino ou diabólico, que o levou a cometer homicídio. Ele é o responsável por suas ações. Assim pensamos hoje. Quando Édipo puniu o assassino de Laio, ou seja, quando puniu a si mesmo, ele estava obedecendo a um princípio que ele mesmo impôs a si e, neste sentido, sua ação pode ser o exemplo de uma ação autônoma. A existência da ação livre nos dá, portanto, condições de louvarmos ou reprovarmos certas atitudes, pois os responsáveis das ações são seus próprios autores, a menos que haja uma coação ou uma imposição ameaçadora que não deixe escolhas para os indivíduos. Édipo foi apresentado por Sófocles não como um homem qualquer, mas como um homem que se colocou acima de sua própria condição: não foi dono de seu destino, porém, foi dono de suas próprias ações. Essa afirmação somente é possível na peça de Sófocles, mas não no mito de Édipo.

Vejamos o texto de Sófocles. Ao aparecer na porta do palácio com os olhos vazados, Édipo percebe a presença do corifeu, por quem é logo em seguida inquerido:

> ÉDIPO:
> Amigo,
> ainda manténs por mim o teu apreço;
> de um cego ainda te ocupas.
> Tristeza!
> Percebo tua presença. Da penumbra,
> tua voz eu reconheço claramente.
>
> CORIFEU:
> Como pôdes ferir assim teus olhos?
> Tua ação assombra! Um deus te ensandeceu?
>
> ÉDIPO:
> Apolo o fez, amigos, Apolo
> me assina a sina má: pena apenas.
> Ninguém golpeou-me,
> além das minhas mãos.
> Ver – por quê? –,
> se só avisto amarga vista?
>
> (Édipo Rei, versos 1321-1335, na tradução de Trajano Vieira)

Penso estar aí precisamente todos os elementos necessários para os quais esboço apenas um ensaio de um discurso mais alongado. A liberdade pensada em termos platônicos consiste no domínio de si, no governo de si. A chave para pensar o conceito de liberdade entre os gregos, na idade clássica, com Platão e Aristóteles, está na compreensão de expressões como autonomia, eleutheria e ἐγκράτεια (*enkrateia*, domínio de si). Esta passagem do êxodo da peça já demonstra que Sófocles pensa Édipo como aquele que superou o arbítrio dos deuses e se colocou em um patamar ético superior, e é por isso que o considerei no início dessa preleção como o primeiro humanista. Mas é preciso agora debater e clarear estas questões através da contribuição dos filósofos propriamente, como Platão e Aristóteles.

SÉTIMO JARDIM
A ideia de liberdade nos diálogos de Platão

Entre a ética e a política

Antes de abrir os diálogos platônicos e rememorar as teses ali defendidas que gravitam em torno do nosso tema, havia de minha parte uma suspeita que alimentava minha curiosidade nos estudos preparativos para a composição deste ensaio. A ideia que penso estar presente em Aristóteles segundo a qual o homem livre, que tem domínio sobre si mesmo, equivale ao homem feliz, não poderia ser diferente em Platão. Havia, portanto, uma suspeita que passou a orientar as minhas leituras dos diálogos nestes últimos tempos: existe uma convergência entre os termos *eleutheria* (liberdade) e *eudaimonia* (felicidade) em Platão? Se a resposta a esta pergunta for positiva, implica em uma nova significação para o termo eleutheria, próxima de nossa leitura de Sófocles (que poderá ainda ser revista e revisitada), mas em todo caso, nova em relação ao uso comum do termo na tradição. Em Homero o vocábuo *eleutheria* tem uma significação de *pertencimento*, tal como expresso na passagem em que a princesa troiana revela seus medos a seu marido, Heitor, que teme por sua vez, que ela seja feita escrava pelos gregos, caso Troia encontre a derrota na batalha (*Ilíada*, Canto VI, 450-458). A acepção mais comum é política, como fez notar Hannah Arendt (em sua obra *Entre passado e futuro*), no sentido em que o homem livre é exatamente aquele que não é escravo. Mas como me esforcei para mostrar em outra ocasião,[29] Andrômaca retira seu esposo dos muros da cidade para persuadi-lo a abandonar a guerra, o que remete à ideia de retirá-lo do grupo ao qual pertence e é aí, fora do círculo familiar que os protege, que Heitor expressa seu medo da escravidão abater sua mulher. Arendt afirma, como citei, que o termo liberdade em sentido pessoal, de autodomínio, somente estará presente na filosofia a partir de Paulo e de Agostinho. Mas se houver a possibilidade de aproximar efetivamente, a partir dos documentos, dos textos de Platão

---

[29] Ver o primeiro capítulo de minha tese de doutorado, *Genealogia do Suicídio, O lugar de Agostinho na História da Morte Voluntária*.

e de Aristóteles, os termos eleutheria e eudaimonia, talvez possamos apreender um sentido ético que se anteponha ao sentido político, ao menos na grande filosofia destes dois mestres gregos, da qual se deriva a filosofia igualmente grande dos estoicos, na qual certamente estará presente a ideia de que o homem livre é o homem que governa a si mesmo, expressa no termo τὸ αὐτεξούσιον (autexousion), que traz na sua composição o adjetivo ἑκών (hekṓn), do qual é derivado ἑκούσιος (hekousios), dando ao mesmo tempo a ideia de espontaneidade e de domínio sobre si.

Mas permitam-me situar melhor a questão. O termo liberdade parece ter sido popularizado não propriamente pela filosofia (que sabemos: nunca foi popular!), mas pelo direito e pelos aspectos políticos do direito (de qualquer forma, o Estado chega a todos, nem que seja apenas para cobrar impostos). Assim, é muito comum encontrarmos a definição de liberdade em sentido negativo: o homem livre é, ao contrário do escravo, aquele que tem direitos adquiridos de ir e vir. Sob esta perspectiva, a liberdade política é anterior à liberdade ética. Estes são os termos dos quais me servirei. Mas há uma tradição que prefere as expressões liberdade negativa e liberdade positiva, tal como encontramos no excelente ensaio de Isaiah Berlin, "Dois Conceitos de Liberdade",[30] embora o ensaísta inglês trate da questão a partir do pensamento moderno, enfrentando a questão criticamente a partir dos pensadores liberais. O sentido negativo, que chamarei apenas de sentido político, refere-se a um conjunto de características ou atitudes que são supostamente próprias aos homens livres que são legalmente definidos assim por não estarem na condição de escravo. Ou seja: o Estado distingue entre os livres e os escravos. Notem que o termo liberdade no sentido que é tratado pela história política do direito é sempre definido como estar livre de algo, de um agente, de um senhor, e para fazer ou não fazer algo, tornar-se ou não se tornar algo. O sentido positivo, segundo exposto por Berlin, é exatamente a ideia de pensar a liberdade como autodomínio, o que me parece ser exatamente o objeto de estudos da ética em sua história enquanto disciplina. O tema do autodomínio é exemplarmente abordado no diálogo platônico "Primeiro Alcibíades", conforme veremos detalhadamente. Berlin não nos ajudará hoje, mas poderá ser examinado quando estivermos a discutir a questão nos tempos

---

[30] BERLIN, I. *Estudos sobre humanidade*: uma antologia de ensaios. Tradução de Rosaura Einchenberg, São Paulo, Cia das Letras, 2002. pp 226-272.

modernos e contemporâneos, mas como o autor é sempre lembrado e seu ensaio foi traduzido e discutido em diversas línguas e países, ele nos ajuda a pensar a generalização que reduz em duas grandes visões o uso do termo liberdade.

O vocábulo Eleutheria e suas variações

Antes de entrar nos diálogos, permitam-me voltar a um debate necessário sobre o vocábuo *eleutheria*, que, vale lembrar, é a palavra grega equivalente ao termo latino *libertas*, presente em nossa língua na palavra liberdade. Em torno deste vocábulo, encontramos a seguinte família de palavras, incluindo ele próprio: *Eleutheria* (liberdade), *Eleuthero* (oposto a *doulos*, escravo, aparece geralmente em contextos de guerra, em Homero, Heródoto e Tucídides), *elêutheros* (variação de *Eleuthero*, mas grafado com êta), *eleutherios* (em sentido mais corrente, liberal, mas é usado como epíteto de Zeus e também de Dioniso: portanto, libertador) e *eleutheriotetos* (na *Ética a Nicômacos*, Aristóteles usa este termo no sentido de generosidade). Com base no sentido político que vimos acima ser o mais comum, e já presente em Homero, o termo eleutheria é geralmente apresentado como oposto a *douleia* (escravidão). Mas como penso, a partir dos estudos anteriores, antes mesmo de significar não-escravo, o termo remete à ideia de pertencimento. A novidade aqui é que pertencer a um grupo, *leuth* (do que origina o termo *povo* em alemão, *Leuter*) associado a *leudh*, crescimento, é igualmente crescer e se desenvolver com o grupo, com o povo, com a comunidade, o que parece ser anterior à noção bélica de não ser dominado pelo outro, pelo despotés, pelo senhor. Mas vejamos como a expressão eleutheria aparece nos diálogos.

O primeiro diálogo que abro, pela extensão dos temas tratados, é *A República*, ou mais exatamente, a *Politeia* (mas não entrarei aqui no debate em torno da equívoca tradução). Em posse da versão grega da *Politeia* no projeto Perseus (http://www.perseus.tufts.edu), que permite mobilidade na busca, encontramos as passagens significativas em que o termo é usado por Platão. O termo *eleutheria* no sentido político de não-escravo aparece nas seguintes passagens: 351d10, 431c2, 433d3, 577c5, quando é descrita a *Kallipolis*, a cidade ideal. Em 351d10, por exemplo, o debate entre Sócrates e Trasímaco gira em torno das consequências da injustiça na cidade, sendo o ódio e a incompreensão do que têm os homens em comum os seus principais resultados. Os termos usados são homens livres e escravos, no grego: καὶ ἐν ἐλευθέροις τε καὶ δούλοις (lê-se: kaì en eleuthérois te kaì doúlois). Portanto, nada de novo aqui, apenas o que já sabemos pelo conhecimento mais comum do termo, o seu sentido negativo encontrado nos livros de história da política, do direito ou do Estado.

Em 577d7, e 578e5 o termo aparece como não-proibição, no debate sobre tirania que estabelece uma crítica dura ao tirano como escravo de seus próprios desejos e pobre a cidade por ele governada. O termo ainda ganha a expressão sócio-política de independência entre os não-escravos. Oligarcas são eleutheroi em uma oligarquia (569c1); o povo, em uma democracia (557b4). O sentido político de *eleutheros* corresponde assim a uma autonomia que ainda não expressa o sentido ético, mas mantém a significação política de não estar fora do grupo, como estaria um estrangeiro residente. Mantém-se aqui o que falávamos da ideia de liberdade como pertencimento.

Uma passagem mais significativa para a nossa compreensão está sem dúvida em 395c5, quando o termo *eleutheros* é usado para descrever um caráter virtuoso. Como a educação das crianças é pensada como imitação das ações e do caráter dos homens ou das mulheres dignos de tal imitação, trata-se de uma educação voltada para as virtudes. E Sócrates, o personagem de Platão, considera que se deve imitar os bravos ou corajosos, o temperado, o piedoso, e os *eleutherous*:

> *ἐὰν δὲ μιμῶνται, μιμεῖσθαι τὰ τούτοις προσήκοντα εὐθὺς ἐκ παίδων, ἀνδρείους, σώφρονας, ὁσίους, ἐλευθέρους* (eán dé mimontai, mimeistai taoutois prosékonta euthys ék paidon, andreious, sóphronas, osíous, eleuthérous)

Aqui em 395c5 podemos perceber a conexão entre virtude e liberdade no contexto da educação das crianças. A frase em grego, que pode ser traduzida como "Se vão imitar, devem imitar desde a infância aquilo que convém a estes, os corajosos, os temperantes, os piedosos, os livres", sugere que Platão está discutindo como deve ser a educação das crianças na cidade ideal (*Kallipolis*). Ele argumenta que, desde a infância, as crianças devem imitar as qualidades e comportamentos dos indivíduos virtuosos, entre os quais ele inclui os corajosos, os temperantes, os piedosos e os livres. Portanto, Platão associa a liberdade com outras virtudes como a coragem, a temperança e a piedade. Isto sugere que, para Platão, a liberdade (eleutheria) não é apenas uma condição política, mas também uma qualidade moral e ética que faz parte do caráter de uma pessoa virtuosa. Assim, a liberdade está ligada à capacidade de autodomínio e a agir de acordo com a razão e a justiça, não apenas à ausência de servidão.

A inclusão de *eleutheros* na lista de qualidades a serem imitadas desde a infância implica que a educação deve cultivar a liberdade como uma virtude essencial. Este ponto reforça a ideia de que a liberdade, para Platão, não é apenas um estado de ser livre de coerção externa, mas uma condição interna de autodomínio e virtude. A liberdade (eleutheria) também pode remeter a uma ideia de pertencimento e crescimento dentro de uma comunidade. Platão parece reforçar isso ao sugerir que as crianças devem crescer imitando aqueles que possuem as qualidades necessárias para serem membros plenos e virtuosos da sociedade.

A conexão entre *eleutheria* (liberdade) e *eudaimonia* (felicidade) pode ser vislumbrada através da inter-relação entre virtudes. Se a liberdade é entendida como uma forma de autodomínio e viver de acordo com a razão e a justiça, então ser verdadeiramente livre contribui para a *eudaimonia*, que é o florescimento humano ou a felicidade plena.

Mas sigamos, pois penso ter deixado este ponto suficientemente claro. É dever obviamente evitar imitar aqueles que trazem no caráter, ao invés das virtudes, os vícios, pois tal imitação (educação) é *vergonhosa*:

> καὶ τὰ τοιαῦτα πάντα, τὰ δὲ *ἀνελεύθερα* μήτε ποιεῖν μήτε δεινοὺς εἶναι μιμήσασθαι
> (kaì tà toiauta panta, tá dé *aneleuthera* méte poiein mete deinous einai mimésastai).
> E todas essas coisas, mas evitar tanto agir quanto imitar o que é *servil* ou *indigno de um homem livre*.

Reparem que o uso de *aneleutheros* sugere que a pessoa livre, *eleutheros*, não traz em seu caráter os constrangimentos advindos dos vícios, da mesquinhez, da ganância, da maldade, ou, para dar uma caracterização ética, é generoso e aberta, tendo ideias e interesses de grande alcance (cf. 579B). Ao meu ver, algumas passagens de *A República* já deslocam a liberdade do sentido político para o sentido ético, e em algumas passagens parece haver um sentido muito próximo dos usos modernos do termo liberdade. No entanto, este deslocamento é sempre muito sutil. Observemos, por exemplo, sobre a educação das crianças, que a ausência de disciplina, de ordem, de limite, é descrita negativamente, como uma liberdade que é em tudo má ou ruim. As crianças que não são disciplinadas são chamadas pejorativamente de *eleutheroi*, como é possível ler nas passagens 562e9, 590e3 e 591a3. Assim, aqui seria possível distinguir o uso do termo para liberdade e para libertinagem. Com esta observação, é forçoso concluir que não há uma tradução única para o termo *eleutheria* nos diálogos.

Mas interessa-me sobretudo essas passagens do livro IX, a exemplo de 590e3, quando lemos acerca das crianças:

> Sócrates: A lei mostra justamente esta mesma intenção[31], visto que dá o seu apoio a todos os membros da cidade. E não é esse o nosso objetivo na maneira de educar as crianças? Não as temos sob nossa guarda até estabelecermos uma constituição na sua alma, como num Estado, até o momento em que, depois de havermos cultivado através do que há de melhor em nós o que há de melhor nelas, pomos este elemento no nosso lugar, para que seja um soldado e um chefe semelhante a nós, após o que as deixamos livres.

A preocupação de Platão com a Eleutheria não é central em seus diálogos, que tendem a se concentrar mais na justiça, na virtude e na organização ideal da cidade. No entanto, ao examinarmos a forma como Platão descreve o processo de educação das crianças na República, podemos vislumbrar uma abordagem indireta da liberdade. Ao enfatizar a necessidade de cultivar o melhor de cada indivíduo e formar uma constituição na alma que promova virtudes cívicas, Platão sugere que a verdadeira liberdade surge quando as inclinações da alma estão em harmonia com a razão. Nesse sentido, a liberdade não é simplesmente a ausência de restrições externas, mas sim a capacidade de autodomínio e autodeterminação, que são fundamentais para alcançar a eudaimonia, ou seja, uma vida boa e feliz. Portanto, embora Platão possa não ter tratado explicitamente do tema da liberdade em seus diálogos, sua preocupação com a formação moral e intelectual dos cidadãos sugere uma visão complexa e multifacetada da liberdade, intrinsecamente ligada ao desenvolvimento da alma e à busca pela excelência moral.

---

[31] A de ser governado por um mestre justo e divino que, dentro de um mesmo sistema (a democracia) permite que sejamos "semelhantes uns aos outros e amigos". Cf. parágrafo anterior à citação.

Eleutheria e *psychē*: a psicologia de Platão é propriamente uma ética

A primeira observação sobre este assunto é a inequívoca localização das virtudes na *psychē*. A eudaimonia é propriedade da psique, e sua atividade (eudaimonizai) é exatamente a condição psíquica do verdadeiro kalokagathos, o homem nobre e digno, belo e bom. Nos diálogos de juventude, como na Apologia de Sócrates ou no Críton, encontramos Sócrates ocupando-se da educação das virtudes, admoestando seus compatriotas a ocuparem-se de si mesmos, a ocuparem-se com a própria alma (*psychē*), com a formação em si das virtudes. O Sócrates da *Apologia* diz expressamente que uma vida não examinada não é digna de ser vivida, sendo o exame de si a condição para o aprimoramento do caráter, para o cultivo das virtudes.

Mas permitam-me, antes de ir aos diálogos em torno de *Alcibíades*, abrir o diálogo *Górgias*, sobretudo para um exame das passagens que vão de 499e6 a 508a. Tanto Sócrates quanto seu interlocutor, Cálicles, concordam que o telos ao qual os seres humanos devem almejar é exatamente a eudaimonia, traduzida sempre nos diálogos como felicidade. Antes dessa passagem, Cálicles havia feito uma distinção entre moralidade convencional e moralidade natural. Esta última está ligada à satisfação dos desejos, que são dados por natureza e que devem ser saciados. Quanto mais satisfeito o desejo, melhor a pessoa se torna. A restrição advinda da justiça, que tolhe os desejos impondo-lhes limites, é uma imposição posta aos mais fortes pelos mais fracos, aos superiores pelos homens inferiores. Sócrates já havia antes conduzido Cálicles a concordar que há prazeres bons e prazeres maus, dores que são boas e dores que são más. Os bons prazeres e as boas dores são aqueles que são úteis na perseguição do bem, e os maus são aqueles que atrapalham atingir essa meta (*telos*). Se me permitem mostrar os passos da argumentação de Sócrates nessa passagem, eis cada momento da argumentação, a partir de 506d2:

> I. Somos bons, todos nós e tudo o mais, pela presença em nós de alguma ἀρετή (aretḗ) (virtude ou excelência).
> II. A virtude em nós não aparece aleatoriamente, mas conforme uma disposição, τάξει (taxei), segundo a correção (ὀρθότητι, orthoteti) e segundo a τέχνη (technē), própria a cada virtude.

III. A virtude de cada coisa é alcançada ou produzida por ordem e arranjo (ou disposição). É a ordem (κόσμος, kosmos) de cada coisa que a torna boa. Daí se segue que,
IV. a ψυχή (psychē) tem sua própria ordem (κόσμος, kosmos), e tal ordem é melhor que a desordem (ἀκοσμία, akosmia).
V. A ψυχή (psychē) que tem κόσμος (kosmos) é ordenada (κοσμία, kosmia) e
VI. uma ψυχή (psychē) ordenada é σωφρόν (sophrón), temperada. Donde,
VII. a ψυχή (psychē) temperada (σωφρόν, sophrón) é boa (ἀγαθή, agathé), e a intemperada (ἀκόλαστος, akolastos), licenciosa, tola (ἄφρων, áphron) e ruim (κακή, kaké).
VIII. O homem temperado (σωφρόν, sophrón) fará o que é apropriado no que tange ao respeito tanto aos deuses quanto às demais pessoas, por definição, e
IX. quem assim age é piedoso (ὅσιος, hósios).
X. Quem é piedoso (ὅσιος, hósios) age sempre de forma justa (δίκαιος, díkaios) e faz o que é adequado,
XI. age corajosamente (ἀνδρεῖος, andreíos) e é corajoso (ἀνδρεῖος, andreíos).
Assim:
XII. A pessoa temperada (σωφρόν, sophrón) é piedosa (ὅσιος, hósios), justa (δίκαιος, díkaios) e corajosa (ἀνδρεῖος, andreíos).
XIII. E necessariamente a pessoa que assim é, é completamente (τέλεος, teleos) boa (ἀγαθή, agathé).
XIV. A pessoa boa (ἀγαθή, agathé) faz bem o que faz;
XV. Assim, é abençoada e feliz (μακάριον καὶ εὐδαίμονα, makarion kai eudaimona), enquanto a pessoa que é má (κακή, kaké) é miserável (ἄθλιος, áthlios). Donde se conclui:
XVI. A pessoa temperada (σωφρόν, sophrón) é feliz, εὐδαίμων (eudaimon).

A cosmologia platônica está aqui presente: o mundo é ordenado conforme o seu fundamento último, a saber, a própria ideia de Bem (*Agathós*). É o bem que garante a ordem das coisas que são geometricamente boas, perfeitamente boas. A noção de justiça está intrinsecamente ligada à temperança, sophrosyne, e estas duas noções, que são parte estruturante da alma dos homens, constituem a ordem especial e a harmonia da própria *psychē*, que é propriamente a eudaimonia, o nosso telos. Mas as virtudes em Platão não são o meio (méthodos) para se atingir a felicidade, o fim último que almejamos, mas sim parte inseparável que constitui a própria felicidade. O homem feliz é o homem virtuoso.

Mas como aproximar a eudaimonia da eleutheria? Como afirmar que o homem livre é condição para o homem feliz, se for esta a ordem das coisas?

O homem virtuoso é, de acordo com os diálogos, o possuidor de uma vida ordenada, que não está pendurado numa corda que balança de um lado para o outro, mudando de vida conforme as vicissitudes de sua fortuna. Voltemos à República: uma das metas dessa obra monumental é mostrar que a justiça é preferível à injustiça. As crianças, abandonadas ao seu próprio governo, seguem arbitrariamente aos seus desejos, tal como os tiranos, e esta liberdade não pode ser outra coisa senão libertinagem. Diante do tempestuoso mar dos desejos, a moderação, a temperança, ou seja, a mais excelente das excelências, a virtude mais completa, sophrosyne, introduz a ordem que é própria da *psychě* e o homem que governa os próprios desejos, é forçoso concluir, é exatamente o homem livre. Este ponto indica dentro da nossa discussão exatamente a interpretação ética da questão que está em jogo. Penso que nos textos Primeiro Alcibíades e Segundo Alcibíades, apesar de não possuírem a profundidade de diálogos autênticos como Górgias ou A República, esta questão está mais ou menos clara: a educação ética das virtudes deve anteceder a educação política.

A educação (*paideia*) como lugar da liberdade

Algumas palavras sobre a educação em Platão ajudam-nos a compreender melhor as teses defendidas no *Primeiro Alcibíades*. O leitor de *A República* sabe que aquele que deseja se tornar governante deve antes atingir a maturidade, tendo buscado diligente e vigorosamente a sabedoria. Platão pensou uma educação que fosse dos 18 aos 50 anos para se formar um bom filósofo, e um bom filósofo é aquele capaz de escrever as leis de uma cidade. A educação filosófica não deve ser feita a partir de um amontoado amorfo de informações nem a partir de dogmas. Ao invés disso, e este é o caráter didático dos diálogos, a educação filosófica exige que o aluno seja ativo e desenvolva em si a capacidade de inquirir e exigir demonstrações e argumentos. A dialética do examinar e refutar (elenchos), a aporia (perplexidade), a formulação de teses e de antíteses, a formulação de novas hipóteses, a apreensão noética, etc., são as características mais claras da educação segundo Platão. A areté, a excelência ou virtude, depende do desenvolvimento dessa sabedoria que é uma espécie de produto da dialética no estilo platônico. É notável o papel da aporia e da contradição na prática da dialética. O efeito capaz de libertar o aprendiz de sua ignorância é dado por esta perplexidade de ver seus pontos de vista destruídos, sendo o interlocutor devolvido a si mesmo pelo inquiridor, o que permite uma mudança de perspectiva e um olhar mais alto, como se o resultado da educação fosse, afinal de contas, uma espécie de liberdade intelectual que constitui em si mesma um fim educacional digno de ser almejado. Esta liberdade é necessária a todo ser humano que almeja a felicidade autêntica.

Primeiro Alcibíades como introdução ao exame de si

Este jogo de perguntas e respostas que constitui a dialética platônica é igualmente uma marca dos diálogos socráticos, entendido aqui como uma forma literária já existente entre os escritores dos círculos que se formaram em torno de Sócrates. Esta forma é um estilo de escrita praticado pelos professores de retórica também no helenismo, que davam a seus alunos exercícios de composição de diálogos. Claro que Platão tornou-se o mais notável dos escritores, tendo sido, portanto, imitado e tomado como mestre do diálogo.

Que os textos Primeiro Alcibíades e Segundo Alcibíades são apócrifos é consenso entre os filólogos e helenistas que se especializaram na obra de Platão. Contudo, são exemplarmente compostos conforme o estilo de Platão e em torno das ideias de Sócrates, expressas pelos textos de juventude de Platão e pelos escritos de Xenofonte. É possível aproximar-se de Sócrates, ou mais rigorosamente, do socratismo através destes diálogos, que não estão em desacordo com as ideias do próprio Platão.

Tomemos, então, o Primeiro Alcibíades e a conversação entre os dois personagens que compõem o diálogo como objeto de nossa análise. Qual é o assunto do diálogo? No texto, encontramos um Alcibíades, ainda muito jovem, desejoso de entrar para a vida política e de governar Atenas. Não só isso: há o desejo manifesto de governar toda a Grécia e, para além dela, governar os bárbaros e se tornar o senhor do mundo. De onde vem um desejo tão desmesurado? Certamente da confiança da qual goza Alcibíades, expressa pela fala de Sócrates no início do diálogo:

> Pensas, em primeiro lugar, ser entre todos, o homem mais atraente e de melhor porte... no que não estás equivocado (...); e, em segundo lugar, pensas pertenceres a mais destacada família de tua cidade, que é a maior da Grécia, e que contas, por meio de teu pai, com muitíssimas das mais excelentes pessoas na qualidade necessária (...) E tens Péricles[32], filho de Xantipo, que teu pai deixou como teu tutor e de teu irmão quando morreu, pessoa que avalias como aliado mais poderoso (...) – um indivíduo capaz de realizar tudo o que queira não só neste Estado, como também em toda a Grécia e em muitas nações dos povos bárbaros. Devo mencionar também a riqueza de tua casa...[33]

Estes requisitos - beleza física, boa estirpe, tradição política, poder, riquezas, etc. - são considerados por Alcibíades como suficientes para o exercício do governo. No entanto, seria possível refutar essa opinião, uma vez que ela parece tão contemporânea, especialmente na prática política brasileira? Essa perspectiva é sobretudo moderna porque, desde o Renascimento, pelo menos, o pensamento político no Ocidente tem operado no sentido de garantir uma autonomia para a política em relação à ética, como já demonstrei em outro estudo dedicado a Maquiavel.[34] Ao contrário dos gregos, onde tanto a ética quanto a política têm o mesmo objeto e a mesma finalidade, a perspectiva moderna diverge. Na concepção grega, a política é uma continuação da ética, sendo mais ampla e mais importante. Enquanto a ética busca o aprimoramento das ações de um indivíduo rumo à sua felicidade, a política almeja este mesmo bem para toda a comunidade. Essa visão ressalta a interconexão entre o bem individual e o bem comum, refletindo uma abordagem holística da vida política e ética na sociedade grega antiga.[35]

O exercício do governo dos outros, a ocupação com a vida dos homens, exige mais do que riquezas e poder. E parece ser isso que Sócrates pretende persuadir seu interlocutor. Como Sócrates procede? Como conduzir Alcibíades a comprar sua tese? Com o mesmo

---

[32] Para que se tenha ideia do peso deste nome, Péricles (495-429 a.C), o mais renomado homem de Estado e orador de Atenas, foi um dos fundadores e instauradores da democracia ateniense, sempre lembrado ao lado de nomes como Sólon.

[33] PLATÃO. *Alcibíades*, in *Diálogos VII*. Tradução de Edson Bini, Bauru/SP: EDIPRO, 2011, pág. 30. Todas as citações que se seguem no texto, usam essa tradução.

[34] Ver o capítulo que dediquei a Maquiavel no meu livro Os Jardins do ethos, *cinco lições de ética para uma introdução à Filosofia*.

[35] ARISTÓTELES, *Ética a Nicômacoss*, 2001, pág. 18. Este tema será objeto do próximo ensaio.

procedimento de sempre: "Acharias difícil responder as perguntas a ti formuladas?" – no que Alcibíades concorda: "Não, não acharia difícil" (p. 33). E é no diálogo escrito à maneira de uma boa conversa que Sócrates conduz seu interlocutor a examinar a si mesmo. Eis a característica da filosofia socrática: o diálogo vivo retratado pelos discípulos através da escrita.

As qualidades de Alcibíades e a sua insuficiência

Sobre os bens e o poder dos quais goza Alcibíades, lembremos que possui beleza, influência política vinda de sua família e de aliados, uma boa educação provinda da tutela de Péricles e riquezas. O início da conversa gira em torno do aconselhamento que o povo vem pedir ao governante, e é claro que "o aconselhamento provém de uma pessoa que conhece, não de alguém que possui riquezas" (p. 36). Fica acordado entre os dois que não é sobre construção de navios ou outras especialidades que deve o governante aconselhar, mas sobre os assuntos do Estado, como decidir pela guerra ou pela paz. Assim como na ginástica ou na alimentação, casos em que nos direcionamos aos especialistas, Sócrates conduz Alcibíades, com perguntas e respostas, a pensar que também assim deve ser nos assuntos de Estado. Mais: fá-lo reconhecer que o melhor conselheiro é sempre o mais justo. Neste sentido, há uma crítica à ideia concernente à democracia, que intenta deixar nas mãos da maioria (ignorante dos assuntos do Estado) o governo da cidade. Mas quem é o mais justo? No debate, chegam à ideia de que é aquele que tem mais conhecimento.

Após rememorar a educação familiar de Alcibíades, e levá-lo a admitir que os pais enquanto mestres desconhecem em boa medida o que ensinam, ou ao menos discordam entre si diversas vezes, Sócrates coloca em questão a intenção de Alcibíades de se apresentar na Assembleia ateniense como conselheiro de seu povo: "esse esquema que tens em mente, a saber, ensinar o que desconheces e que não te preocupastes em aprender, meu excelente amigo, é insano" (p. 49) É insano, ou insensato, porque por meio da conversação, demonstrou Sócrates que Alcibíades não tem conhecimento sobre o que é justo quando, indagado sobre as relações entre as coisas justas e as coisas vantajosas, titubeou em respostas diversas e contraditórias. Então, conclui Sócrates, se Alcibíades dá respostas contraditórias, é sobre coisas que desconhece. Mas eis que, nesse momento, Alcibíades reconhece sua própria ignorância ao responder afirmativamente quando Sócrates lhe pergunta: "E declaras que estás confuso, oscilando ao responder sobre o justo e o injusto, o nobre e o vil, o mau e o bom, o vantajoso e o desvantajoso? Ora, não fica evidente que tua confusão tem como causa tua ignorância dessas coisas?" E arremata: "Então percebes que os erros em nosso agir também se devem a essa ignorância que consiste em pensar que conhecemos quando não conhecemos?" (p.57).

Assim, os pré-requisitos dos quais goza Alcibíades não são suficientes para que ele governe os outros. A educação que recebeu não foi diretamente de Péricles, como pensam os atenienses, mas de um pedagogo da casa de Péricles. Alcibíades deseja governar toda a Grécia; para tanto, ele terá de enfrentar os espartanos. Deseja, igualmente, governar os bárbaros, e esse plano inclui dominar o poderoso império de Xerxes, na época governado por seu filho. Uma simples comparação entre Alcibíades e estes dois exemplos, espartanos e persas, resulta em constrangimento para nosso jovem ateniense. Parece que a humilhação a que passa Alcibíades com a comparação de Sócrates tem finalidade didática: persuadi-lo a rever seus planos de entrar para a política e adiá-los. Vejamos: Alcibíades descende de família importante politicamente em Atenas. Mas no imaginário grego, que não é nosso imaginário secular, os Espartanos descendem de Héracles (ou Hércules) e os persas dos Aquemenes (p. 65). Tanto Héracles quanto Aquemenes remontam a Perseu, filho de Zeus. Então, em termos de árvore genealógica, Alcibíades é ninguém: "se tivésseis que exibir teus ancestrais (...) com o intuito de impressionar Artaxerxes, o filho de Xerxes, fazes ideia de quanto zombariam de ti?" Essa comparação serve como um instrumento para que Alcibíades reavalie seu próprio orgulho e reelabore o conhecimento que tem de si diante de suas pretensões de se tornar governante de todo o mundo conhecido. Quando o primogênito e herdeiro do trono nasce, na Pérsia, há um banquete no palácio e toda a Ásia celebra esse dia com sacrifícios e festas, "mas quando nascemos, Alcibíades, como diz o poeta cômico, 'mal os vizinhos o notaram'" (p.66).

O mais interessante desta conversa é o relato feito no texto sobre a educação dos príncipes persas àquela época. Esse relato merece ser citado em toda sua extensão e aqui registrado como documento e como fonte para nossa crítica à educação do homo intellectus em nossa situação contemporânea.

> Quando o menino atinge sete anos, recebe cavalos e passa a ter aulas de equitação, além do que começa a participar das caçadas. Ao atingir quatorze anos, o menino é confiado a pessoas denominadas *tutores reais*. São quatro homens selecionados como merecedores da mais alta estima entre os persas de idade madura, especificamente o mais sábio, o mais justo, o mais autocontrolado e o mais corajoso. O primeiro desses mestres instrui o adolescente sobre o saber mágico de Zoroastro, filho de Horomazes, inclusive a veneração de seus deuses, e o saber que cabe a um rei; o mais justo o ensina a ser autêntico por toda a sua vida; o mais autocontrolado a não ser dominado sequer por um só prazer, para que ele possa acostumar a ser um homem livre e um genuíno rei, cuja primeira obrigação é ser senhor e não escravo de si mesmo; o mais corajoso o prepara para ser destemido e intrépido, ensinando-lhe que o medo é uma forma de escravidão.[36]

E o que dizer da educação de Alcibíades? Sócrates, que já era maduro quando Alcibíades nasceu, e, portanto, acompanhou ao menos de longe todos os fatos de sua vida, revela (ao leitor) que foi, na verdade, um dos serviçais de Péricles, não ele mesmo, que se encarregou de educar Alcibíades, uma educação que se revelou, segundo julga, inteiramente inútil. Comparada à riqueza do príncipe persa, a riqueza de Alcibíades revela-se uma ninharia. O autocontrole, parte importante da educação do persa, era também tema central da educação militar dos espartanos, estando Alcibíades longe de ser prudente, sobretudo sendo ainda muito jovem. Do ponto de vista das cidades, Esparta e o império persa também eram bem mais ricos do que Atenas. Não resta muito para Alcibíades.

O diálogo prossegue e caminha no sentido de confluir os dois princípios que elenquei no início dessa seção: "é coisa fácil conhecer a si mesmo?" "Se tivermos tal conhecimento, estaremos capacitados a saber como nos ocupar de nós mesmos" (p.86). Esta condição é necessária ao homem da política: é preciso governar a si mesmo se se deseja governar os outros. É preciso, portanto, o autocontrole e a moderação do desejo para que a vontade política não se degrade em corrupção. Daí o conselho

---

[36] *Ibidem*, pág. 67. Existe uma descrição mais exata, e também bastante aprovadora do sistema educacional persa no último e indiscutivelmente autêntico diálogo de Platão, *As Leis,* Livro III, na passagem 694a – 696a, da numeração marginal estabelecida por Stephanus.

de Sócrates a Alcibíades: "Comeces a exercitar-te, meu caríssimo amigo, aprendendo o que é imperioso que conheças antes de ingressar na política. Tens que aguardar até obteres esse aprendizado, o qual te munirá de um antídoto para não sofreres danos" (p.89). Não restam dúvidas que este aprendizado é uma espécie de aquisição de virtude que, no pensamento de Platão, equivale ao conhecimento examinado e autêntico. É este governo de si que impede no governo dos outros a corrupção.

Sócrates coloca-se à disposição para ser o tutor de Alcibíades, era esse o plano desde o início. E através da conversação, das perguntas e respostas, ao fim, Alcibíades é seduzido para um autoexame e para se colocar no caminho do conhecimento, tendo ele reconhecido sua ignorância.

A técnica do diálogo como escrita conduz ao exercício de avaliação argumentativa das questões propostas. Neste caso, vimos que colocar à prova o próprio saber é uma obrigação moral para aquele que se propõe à busca do conhecimento. O homem de conhecimento, tanto no exercício político de aconselhar na Assembleia, como no caso de Alcibíades, ou no exercício da docência, como é nosso caso, deve sempre submeter suas ideias e opiniões ao julgamento de outras pessoas, sobretudo àquelas que se dedicam ao conhecimento e que têm mais experiência. Este princípio ético é uma espécie de humildade, expressa na admissão da própria ignorância.

Tanto no Alcibíades, no qual encontramos essa admoestação ao ocupar-se de si, ao examinar a si mesmo, quanto nos diálogos autênticos escritos em torno da morte de Sócrates, *Apologia*, *Críton* e *Fédon*, encontramos uma relação íntima entre o cuidado de si (ética) e o cuidado da cidade (política). Quando preso, após ser condenado à morte, Sócrates esperou por cerca de trinta dias até o momento de sua execução. Não sabemos muita coisa sobre o Sócrates histórico. O Sócrates retratado por Platão, no entanto, encarna essa relação íntima e necessária entre a ética do cuidado de si e a relação com os outros na cidade. No diálogo Críton, seus discípulos apresentam-lhe um plano de fuga da prisão, para evitar a execução. Mas ao dialogar com Críton, Sócrates mostra que o que este pensa sobre a justiça não passa de uma falsa ideia. Através do método dialógico, com perguntas e respostas, também Críton é conduzido a rever suas opiniões. Pensa que a fuga é justa por ter sido o julgamento injusto. Mas logo cai em contradições e demonstra que pensa saber o que não sabe. Sócrates o leva então a enxergar que fugir de Atenas, numa salvação egoísta, é uma grande injustiça e um grande dano à cidade, visto que estaria a desrespeitar suas leis. O cuidado de si é, portanto, sem distinção, cuidado dos outros, representados aqui na própria noção de cidade.

Algumas consequências possíveis

A discussão empreendida no Alcibíades nos conduziu a um possível jogo entre a ocupação de si e a ocupação para com os outros. A primeira, já sabemos, é objeto da ética, enquanto a segunda forma de ocupação diz respeito à política. A noção de virtude e a noção de temperança, considerada a mais excelente das virtudes, remetem à noção de felicidade como constituição da própria alma e como fim a ser alcançado pelo exercício e pela educação. Os participantes do debate grego, os personagens de Platão e outros filósofos autores de textos, exemplarmente a "Ética" de Aristóteles, concordam que o fim almejado é a eudaimonia. A posição de Cálicles leva a felicidade ao desenvolvimento de uma posição hedonista, identificando-a à satisfação de nossos muitos desejos. No entanto, a análise de Platão sobre o que realmente queremos, com o estudo da sophrosyne (temperança) e da justiça, identifica estas duas formas de virtudes à própria natureza humana e sua condição, não sendo outro o fim a ser alcançado em cada um de nós.

Penso que a dialética platônica entrelaça os conceitos de virtude e felicidade de tal modo que um estudo mais aprofundado sobre o conceito de Eleutheria em Platão conduz a uma investigação sobre os elementos centrais de sua obra filosófica: sua noção de ser, a centralidade da noção de bem, a noção de verdade e de beleza, as imagens que constituem os três mundos possíveis, o mundo inteligível, o mundo sensível e o mundo intermediário das matemáticas, entre outros.

Nós, enquanto seres humanos, possuímos um telos, e este fim equivale exatamente à noção de Agathós, cuja estrutura se identifica na alma humana nas virtudes de justiça e temperança, através das quais, ou melhor, através do exercício das quais, atingimos propriamente o fim que desejamos conscientemente: a felicidade. Para alcançar este fim, é preciso exercitar a sabedoria, tomar posse da sabedoria. Se não nos colocamos no caminho do saber, frustramos nossa busca fundamental em atingir o caráter perfectivo da existência humana: tornamo-nos escravos das paixões, dos desejos, cumprindo seus fins ao invés dos fins mais autênticos da alma, que somos nós.

O homem livre, para Platão, ao final destas reflexões, é aquele que, sendo virtuoso, é hábil o suficiente para almejar o que realmente quer, o *teleios*, a realização e a perfeição, o que é absolutamente possível através do hábito conforme a virtude. Todas as demais formas de liberdade são ilusórias, ou imagens imperfeitas de ideia liberdade. Observando o itinerário de Alcibíades e as passagens de *A República* que foram citadas, em que Platão coloca a liberdade como florescimento, temos certamente aí a significação ética de liberdade pensada como fim alcançado pela maturidade, pela temperança ou pelo governo da razão frente aos afetos dos desejos.

Claro que existe aqui um essencialismo em relação à natureza humana, e esta liberdade que pode ser praticada e alcançada depende de uma visão metafísica do bem e do humano. Mas trata-se evidentemente de uma compreensão do significado ético (ou moral, diríamos) da liberdade humana enraizada na ideia de felicidade ou auto-realização humana que não passa pela noção legal de direitos nem pela noção de Estado.

OITAVO JARDIM
Pensar a liberdade nas Alamedas do Liceu

Sobre Aristóteles

No começo dos meus ensaios anteriores, penso ter cometido um erro. Ao mencionar nossos veneráveis mestres, como Sófocles ou o divino Platão, agi como se fosse óbvio que todos os leitores os conhecessem intimamente, entendendo suas peculiaridades, suas obras, pensamentos e contribuições artísticas e intelectuais. Entretanto, a obra de um escritor não surge isoladamente, como um presente divino, mas sim como o resultado de um esforço continuado que a conduzirá à posteridade, seja nos nossos estudos, seja nos palcos atemporais do teatro. Esse reconhecimento é fruto de uma vida dedicada ao aprimoramento intelectual e artístico. No caso de Aristóteles, essa vida foi marcada por muito trabalho e dificuldades, especialmente por sua condição de meteco em Atenas. Embora não tenha vivido tanto quanto Sófocles ou Platão, Aristóteles deixou um legado impressionante, apesar de sua morte precoce aos 62 anos, em circunstâncias desafiadoras, ao optar por não ingerir veneno, ao contrário de seu mestre, Sócrates.

A cidade natal de Aristóteles era Estagira, localizada na Macedônia, ao norte da Grécia, na região da Calcídica. Recentemente, em 2016, um trabalho arqueológico concluiu a descoberta do que se acredita ser o túmulo de Aristóteles, próximo à ágora de Estagira, datado do período helenístico. [37] Ao mesmo tempo, foram encontradas as ruínas do Liceu, a escola fundada por Aristóteles em Atenas, situada no centro da cidade, ao lado do Parlamento, diferente da ideia comum de que estaria nos arredores. A cidade de Estagira foi fundada cerca de 656 a.C. por colonos jônicos, antes da ocupação de Xerxes, que ocorreu em 480 a.C, conforme podemos tomar conhecimento pela monumental *História da Guerra do Peloponeso* de Tucídides (ver: IV, 882, 2; V, 6, 1 e 18, 5). Após ser libertada pelos Atenienses, Estagira juntou-se à Liga de Delos, mas posteriormente uniu-se a Esparta em 424 a.C.

---

[37] Para ver o túmulo, acesse https://www.youtube.com/watch?time_continue=16&v=g2s_lhQ6d6s

Aristóteles nasceu em uma família de médicos e provavelmente iniciou seus estudos na arte da medicina. Aos 17 ou 18 anos, viajou para Atenas, onde estudou na famosa Academia de Platão por cerca de 20 anos, não apenas como aluno, mas também ministrando cursos sobre diversos temas. Após a morte de Platão, em 347 a.C., Aristóteles mudou-se para Assos, na Ásia Menor, onde fundou sua própria escola de filosofia e ciências, a Academia de Assos (hoje a cidade chama-se Behramkale, ao sul da península de Trôade, na Turquia). Mais tarde, retornou à Macedônia e tornou-se preceptor de Alexandre, o Grande. Após a morte de Felipe II, Aristóteles voltou a Atenas e fundou o Liceu, onde lecionou e desenvolveu suas teorias inovadoras em campos como zoologia e biologia.

Em 335 a.C., quando Alexandre assumiu o trono macedônico após a morte de seu pai, Aristóteles retornou a Atenas e estabeleceu ali sua escola mais famosa, o Liceu, cujas ruínas foram reveladas ao público em 2016, como mencionado anteriormente. Ao examinar essas ruínas, podemos observar uma alameda central, onde se diz que Aristóteles conduzia longas conversas com seus alunos. Por causa dessa prática, a escola ficou conhecida como *Peripatética*", derivada do verbo grego *peripatéō*, que significa *andar ao redor*, com o sufixo *tikós*, que adjetiva o verbo. Aristóteles e seus seguidores foram chamados de *Peripatetikós*, em referência a esse método de ensino. No entanto, ao contrário da Academia de Platão, que perdurou por cerca de 900 anos, o Liceu não teve a mesma longevidade. Após a morte de Alexandre, em 323 a.C., Atenas foi tomada por um forte sentimento anti-macedônio, levando à condenação de Aristóteles à morte por corrupção da juventude e impiedade. Ele deveria, portanto, ingerir cicuta. Entretanto, em uma tentativa de evitar uma segunda injustiça contra a filosofia, reminiscente do julgamento injusto de Sócrates 76 anos antes, Aristóteles fugiu e se refugiou em Cálcis, próximo à sua cidade natal. No ano seguinte, em 322 a.C., o filósofo faleceu aos 62 anos de idade, devido a uma doença estomacal. Ele deixou dois filhos: Nicômaco, nomeado em homenagem ao avô paterno de Aristóteles, e Pythia, nomeada em homenagem à mãe.

Aristóteles foi um filósofo extremamente produtivo. Graças ao seu método de começar seus trabalhos fazendo referência aos pensadores que abordaram o mesmo tema antes dele, temos salvaguardadas muitas informações sobre o pensamento dos filósofos pré-platônicos, como

Tales, Anaxímenes, Pitágoras, Anaxágoras, entre muitos outros, e Demócrito, sobre quem Platão, seu contemporâneo, manteve completo silêncio. Aristóteles deixou obras sobre astronomia, apresentando provas empíricas de que a Terra é redonda ao observar a sombra da Terra projetada na Lua durante um eclipse,[38] além de trabalhos sobre meteorologia, plantas, animais (tanto em termos anatômicos quanto em relação a seus costumes e hábitos), respiração, sonhos, memória, entre outros. Do ponto de vista das disciplinas filosóficas, ele contribuiu com estudos sobre lógica, métodos de dedução e investigação empírica, física, metafísica ou ontologia, retórica, poética, política, ética, economia, psicologia, biologia, entre outros. Sua teoria das quatro causas, ainda influente hoje, inovou o modo de raciocinar sobre o problema da causalidade, argumentando que cada coisa ou evento tem mais de uma razão, conforme explicado pela ciência.

Com sua obra abrangendo uma ampla gama de assuntos em seus tratados, é importante examinar mais de perto, dentro de nossa disciplina sobre a liberdade, o que nos interessa particularmente.

Breve introdução à antropologia de Aristóteles

O método socrático, que sempre exige do interlocutor uma definição dos termos empregados na conversa, acaba por nos conduzir à difícil tarefa do trabalho conceitual. Os professores de filosofia, vez por outra, trazem à sala de aula as velhas anedotas contadas no livro de Diógenes Laércio, *Vida e obra dos filósofos ilustres*, como ilustração dos temas difíceis com os quais nos ocupamos. Certa vez, Platão ministrou uma aula pública em Atenas, e foi-lhe solicitada uma definição para a pergunta: o que é o homem? E para sua triste surpresa, Diógenes, o Cão, estava presente na audiência. Vamos abrir o capítulo VI do livro de Diógenes Laércio:

> (...) Platão definiu o homem como um bípede implume e ficou satisfeito com essa definição. Diógenes, então, pegou um galo,

---
[38] Céu II 14, 297b23-30. Eis um trecho: "(...) durante os eclipses sempre possui uma linha divisória convexa, e, portanto, se é eclipse porque da interposição da terra, a circunferência da terra, sendo esférica, será responsável pela forma".

depenou-o e lançou-o dentro da escola de Platão, exclamando: "Este é o homem de Platão!" E assim, à definição de Platão, foi acrescentado: "com unhas grandes".

A anedota ilustra a dificuldade de definir, de precisar os contornos de uma conceituação, buscando o que é precisamente comum a uma diversidade fenomênica. No mundo ocidental, ou seja, no mundo grego até então, a resposta a essa pergunta dada por Aristóteles parece ter sido preservada com mais sucesso. O homem é definido a partir de duas qualidades naturais que, no pensamento aristotélico, são essenciais a esse bípede implume: o homem é um ζῷον λογικόν (*zoon logikon*) e ao mesmo tempo um ζῷον πολιτικον (*zoon politikon*), ou seja, um animal dotado de razão, de logos, e um animal que vive a sua vida nesta espécie de habitat que constrói para si, a cidade.

O político, o habitante da comunidade, é o destino do homem natural. Vejamos o raciocínio: criado biologicamente, o homem se desdobra em comunidade, inicialmente com a família, que coexiste com outras famílias e assim formam elas a aldeia, esta espécie de comunidade habitacional e costumeira. A aldeia se organiza em uma estrutura social mais complexa, a cidade, que por sua vez, com a organização política, desdobra sobre si a ideia de Estado. A ideia de polis, cidade-Estado, é a tarefa da natureza humana, na cosmologia aristotélica, e esta tarefa, além de garantir a vida e a realização bem-sucedida de seus integrantes, tem por base a Justiça. Assim, a realização do ser humano, o seu objetivo, é a realização da humanidade.

Mas o que significa *zoon logikon*? A natureza específica deste animal que é o homem, ou seja, a sua qualidade efetivamente própria, é marcada pela posse de uma faculdade que ultrapassa as capacidades das outras espécies. O homem é dotado de capacidade racional, ou seja, tem a capacidade de comunicação que ultrapassa os dados imediatos da comunicabilidade e se torna abstrata, capaz de pensar e de abstração e assim de criar modos de vida, de pensamento e de ação, que resultam em uma transformação de sua própria destinação biológica. O homem é um zoon logon echon, como gosto de traduzir, um vivente que possui logos. Este logos é a condição de facultar ao homem o conhecimento da natureza e das esferas humanas da vida. Possui, devido a essa posse, as seguintes competências intelectuais, ou seja, próprias de seu intelecto: domínio da arte, da técnica; a ciência (episteme) e a sabedoria. Esta última abrange dois domínios: o saber dos primeiros princípios, a compreensão do que possibilita o próprio conhecimento, e o saber-fazer, uma sabedoria voltada para a ação, ou seja, para a prática. No seu desenvolvimento pleno, o homem que sabe, que domina a contemplação, a teoria, e a prática, a ação, é definido como o homem feliz. Este ponto nos interessa, se lembrarmos a última preleção.

A resposta à pergunta antropológica conduz Aristóteles a este raciocínio: o homem é potencialmente um cidadão justo (eis o fim da política) e sábio (eis o fim de sua atividade racional). A vida boa, virtuosa e feliz que concretiza a felicidade (eudaimonia) é vivida pelo cidadão politicamente atuante e pelo filósofo, que é o protótipo da existência político-prática e contemplativo-teórica. A abordagem antropológica de Aristóteles, em tudo geral porque especulativa, conduz assim a uma definição do homem a partir de sua distinção diante dos outros seres viventes: é ele, o homem, capaz de uma certa atividade da alma conforme a razão, e esta é exatamente a definição que encontramos na *Ética a Nicômacos* (Livro I, capítulo 6) para o conceituar a eudaimonia.

Mas a descrição que Aristóteles empreende deste bípede implume, de unhas grandes, gregário e racional, vai além destas duas últimas qualidades que ele viu como naturais ser humano. Encontramos uma descrição bastante complexa em seu livro Sobre a alma (*Peri psychê*) e que é resumidamente apresentada no livro I da Ética. Trata-se da teoria da alma tripartida, podendo aqui a palavra alma significar vida. Assim é descrito o homem: em primeiro lugar, ele possui as funções vegetativas responsáveis pela nutrição e crescimento do corpo orgânico, estas funções são absolutamente irracionais, ou seja, não participam da razão, não são conscientes, não temos sobre elas domínio. Eis que a digestão de um alimento, com exceção da mastigação, seu primeiro passo, se afigura como um bom exemplo. Estas funções vegetativas estão presentes em quaisquer seres viventes. Em segundo lugar, as sensações, de um lado corpóreas, como calor, frio, sensação de úmido, etc., e os sentimentos, como o medo, a raiva, as paixões e os apetites sexuais. Note-se que esta segunda faculdade, que pode ser chamada de sensitiva, por estar ligada às sensações, possui dois níveis: um deles está ligado aos sentidos do corpo, como o tato que nos dá a sensação de frio ou calor, mas outro nível, o dos sentimentos e desejos sexuais, é volitivo e, diferentemente do primeiro nível, pode ser controlado racionalmente, ou seja, não é determinado pela natureza que tais desejos sejam perseguidos implacavelmente. A razão, que tem, é claro, uma influência do costume, pode orientar a volição. A última faculdade que compõe o homem é a faculdade da razão, a sua parte intelectiva, cuja função é produzir o raciocínio, o pensamento e a linguagem complexa. Em termos biológicos: a vida vegetativa, a vida sensitiva, e a vida intelectiva, três formas de vida de um mesmo ser, o ser humano, que se distingue, como dito antes, exatamente por esta terceira forma possível de vida.

A felicidade, conforme definida por Aristóteles, é o exercício da capacidade racional e intelectiva do homem. Esta capacidade é considerada uma potência que deve ser desenvolvida para dominar as emoções e os sentimentos, orientando as ações até que se tornem hábitos, que por sua vez moldam o caráter. Em outras palavras, a felicidade é o resultado seguro e pleno do exercício habitual das virtudes. As virtudes representam o domínio da razão sobre os sentimentos e as paixões.

O ser humano feliz coincide com o ser humano sábio. Contudo, é importante esclarecer o que buscamos. O ser humano feliz é o ser humano que desenvolveu as virtudes.

O caráter ético da definição aristotélica de felicidade destaca-se como ponto inicial. Sendo uma atividade da alma em conformidade com a virtude, a felicidade é uma prática individual. Somente aquele que consegue internalizar a virtude como uma característica própria é verdadeiramente feliz. Ninguém pode tornar o outro feliz, mas pode contribuir para sua felicidade e para o aprimoramento de seu caráter. Alguns aspectos relevantes sobre o homem que, por meio de uma prática prolongada das virtudes, as incorpora como parte de si mesmo, são dignos de nota.

Por viver em comunidade, a prática das virtudes ocorre diante dos outros. Assim, a ação virtuosa, ou seja, a ação ética, é reconhecida e recompensada pela comunidade, já que promove a justiça, sendo, portanto, bem-vinda e desejável do ponto de vista da cidade. As virtudes éticas, ligadas à ação, encontram um equilíbrio entre os extremos que definem os vícios éticos, como a amabilidade, a coragem, entre outros. O caráter de uma pessoa, suas características, é mais duradouro, uma vez que é moldado pelo hábito. Assim, se uma pessoa torna uma virtude habitual, ela estará presente em sua vida enquanto a prática persistir. Portanto, se a felicidade é uma atividade, é a própria prática da virtude que é definida como felicidade. Isso evidencia o caráter racional da vida humana, permitindo a prática e o exercício do lado racional nas ações, o que possibilita uma vida virtuosa e feliz. No entanto, o homem é um ser político, vivendo em comunidade. E se o inferno, de fato, forem os outros?

O ser humano é um animal gregário devido à sua falta de autossuficiência, sua incapacidade de satisfazer suas próprias necessidades. Isso evidencia a superioridade da vida contemplativa em Aristóteles. Antes de prosseguir com as consequências dessa observação sobre a insuficiência do ser humano e sua dependência da comunidade, permita-me fazer um breve comentário sobre o assunto.

Da perspectiva das ciências teóricas, ou contemplativas, estas são as mais perfeitas ou, pelo menos, as mais autossuficientes. Seus fins não estão na ação, como nas ciências práticas (ética, política e economia), nem na produção (como a medicina, a arquitetura, ou as engenharias). O objetivo das ciências teóricas é a contemplação, pois seu fim está contido nelas mesmas. Por exemplo, alguém estuda matemática não para aplicá-la em algum campo específico, mas pelo prazer intrínseco do conhecimento matemático. Isso exemplifica como essas ciências não devem buscar fins fora delas mesmas. Este é um exemplo bastante elucidativo.

Do ponto de vista do indivíduo que se dedica ao conhecimento pelo conhecimento, sua capacidade de contemplação está ligada à sua habilidade de desenvolver sabedoria, uma capacidade sempre limitada. Nas últimas páginas da *Ética a Nicômacos*, há uma passagem significativa (1177b29-33) que aborda esse tema. Para realizar plenamente a vida contemplativa, que é autossuficiente por não estar vinculada a fins externos, seria necessário que o homem se aproximasse o máximo possível do divino. A diferença entre o ser divino e o ser humano é tão grande quanto a diferença entre a atividade que vem do divino e todas as outras virtudes praticadas por ele. Se a razão é considerada por Aristóteles como algo divino, então a razão divina é infinitamente maior que a humana. No entanto, a vida contemplativa, quando praticada pelo homem, é o que o aproxima de Deus. O homem tem acesso à felicidade exatamente porque pode praticar a virtude. Ele pode praticar a virtude porque é um ser dotado de razão. Logo, o homem pode ser feliz porque pode exercitar a atividade da contemplação, que é essencialmente divina.

Aristóteles conclui, no livro X da *Ética a Nicômacos*, que o homem nunca preencherá plenamente essa forma de vida, pois é humano e, portanto, apenas parcialmente divino. Consequentemente, o homem é proporcionalmente feliz e sábio de acordo com sua capacidade de racionalidade. Assim, o homem, em sua vida racional, é tão feliz quanto lhe é possível ser. A condição humana, segundo Aristóteles, é destinada a uma vida feliz, o que significa que a felicidade é o objetivo final da vida humana. Para alcançar esse objetivo, é necessário o desenvolvimento das virtudes, tanto éticas, que garantem uma vida moderada, quanto intelectuais, que possibilitam a sabedoria necessária à contemplação. Portanto, a perfeição humana está em seu máximo desenvolvimento, limitado por sua condição, que o conduzirá a uma vida feliz. No entanto, o homem feliz é um ser humano entre outros, e age de acordo com a vida na comunidade política. Ele não é um eremita que contempla seu Deus, mas alguém que age conforme os hábitos adquiridos na vida, praticando e exercitando sua racionalidade. Ele age no comércio, em situações de emergência e em todas as outras ações necessárias à cidade, contribuindo para a justa distribuição dos encargos, entre outras atividades (cf. Aristóteles, *Ética a Nicômacos*, 1178a12f).

Mas é preciso explicar melhor o que é essa condição humana. Para alcançar essa explicação, Aristóteles distingue entre a virtude divina da sabedoria e outra virtude, através da qual as atividades da espécie humana são realizadas. A diferença é essencialmente existencial, se me permitem usar este adjetivo, entendendo por ele o que vem a seguir para que a virtude e a decisão ética sejam concretizadas pelo agente humano. Para alcançar sua felicidade, é preciso levar em conta dois aspectos: a situação individual em que o agente se encontra, seu contexto e condições materiais, e sua disposição psicológica, racional e habitual para evitar os vícios e escolher a ação e decisão justa e moderada. Portanto, na hora de agir, é necessário lidar com a parte animal, pulsional, sensitiva e volitiva de sua composição humana.

Na compreensão de Aristóteles, o princípio de uma ação ética deve incluir a natureza do homem, que não pode abandonar seus afetos, uma vez que não é apenas um ser dotado de razão. O controle (*enkrateia*) e o descontrole (*akrasia*) definem a ação virtuosa diante do prazer e da dor, que são condições das quais o homem não pode se afastar (1104b8-11).

Dificuldades e dos limites da liberdade

Diante do exposto até aqui, é necessário abordar a questão política da felicidade. É sabido que a ética e a política se ocupam do mesmo objeto, a felicidade, mas enquanto a primeira é definida como a ciência que busca estudar o modo de vida que pode levar um ser humano a uma vida feliz, a segunda é a ciência que se ocupa da felicidade para todos que convivem na comunidade, na cidade, sob o domínio do Estado. O homem é um animal volitivo. Se o animal racional define o homem, isso não exclui, como procurei mostrar na seção anterior, sua parte volitiva, sobre a qual se dá o domínio ético, o domínio prático. Controlar a parte sensitiva e volitiva é o que define a virtude ética quando tal controle se torna habitual. Mas o desafio não é apenas dominar a si mesmo. Há os outros, sem os quais seria inviável a própria virtude. Pois as virtudes éticas, como a amabilidade, o pudor, a liberalidade, a veracidade, a seriedade, a temperança, a justiça, entre outras, somente podem ser exercitadas com o outro, diante do outro, no outro. Não é possível ser injusto consigo mesmo, nem ser pudico sem ter o olhar do outro; não é possível ser amável sem ter a quem amar, e assim por diante. Em última instância, para ser virtuoso, é preciso conviver. Assim, a felicidade individual se realiza na presença do outro e é tanto mais completa se o outro também é feliz, ou seja, é também virtuoso.

No entanto, antes de avançar para uma conexão entre felicidade e liberdade, é importante examinar as condições desta última em Aristóteles. Do ponto de vista ético, encontramos uma reflexão no livro III da Ética sobre ações voluntárias e involuntárias, sobre decisões que são tomadas por livre vontade e decisões que são tomadas por coerção. Uma ação livre é definida como aquela em que a causa não está fora do agente, sendo ele mesmo a própria causa da decisão e da ação. Uma ação é considerada coagida quando a causa é externa, como quando minha mão é levantada ao segurar o guarda-chuva e este é empurrado com mais força pelo vento. Ou quando tenho que decidir algo para evitar algo pior, como no exemplo dos marinheiros que decidem jogar a carga valiosa ao mar para evitar o naufrágio. A carga foi jogada voluntariamente, deliberadamente, livremente? Sim, mas em certo sentido, não. Sim, porque escolheram, dentre duas opções, jogar a carga para fora do barco. Aristóteles chama essa ação de intencional. É intencional jogar a carga para fora, embora não a desejem. Ou se formos levados a dizer que desejam, já que a ação empreendida tinha esse fim, só o desejam diante da situação concreta em que o mal menor foi escolhido. No final do Livro III, Aristóteles examina se agimos por coerção ou se escolhemos algo e fazemos algo porque é bom, agradável e escolhido. Mas a escolha pode ser feita por compulsão, quando o objeto desejado é mais determinante em sua escolha do que o próprio sujeito que escolhe, como no caso de um vício, ou de uma escolha condicionada por fatores externos. Assim, uma ação ou escolha é livre se, e somente se, a sua origem estiver no sujeito agente.

É fundamental destacar que a ação ou escolha voluntária deve estar livre de coerção e ter no próprio agente a sua origem. A ação de levantar o braço para interpor entre si e a chuva o guarda-chuva é livre entre essas duas possibilidades: molhar-se ou se proteger com o meio disponível. Trata-se de uma escolha voluntária. Ter o braço arrastado devido ao forte vento que leva o guarda-chuva que trago na mão é uma ação completamente involuntária. Assim, fica claro que esta é uma condição para a liberdade, a capacidade de escolher livremente sem a coerção que retira as possibilidades. Entre molhar-se com as águas da chuva, estando de posse do guarda-chuva, e não se molhar, há duas alternativas. E em outros exemplos em que se é coagido a fazer uma escolha, a menos pior possível, ainda assim podemos falar de uma escolha livre, embora se trate de uma escolha avaliada em suas possibilidades.

A escolha livre, na qual está ausente o fator coercitivo, é uma condição para a liberdade. Mas há ainda outros fatores que devem ser considerados e que foram abordados ao longo da preleção. Por um lado, o conceito de felicidade é examinado detalhadamente por Aristóteles em sua ética, mas o conceito de liberdade não o é. Por que essa ausência? As relações entre o conceito de autossuficiência e liberdade são implícitas, assim como as relações entre liberdade e independência do exterior. Consequentemente, a ação ética, ou ação virtuosa, tem um lugar específico nos conceitos de voluntariedade e responsabilidade no exame feito no Livro III. A ação voluntária que escolhe o bem, diz Aristóteles, é reconhecida pela comunidade como justa e virtuosa, e é alçada no domínio da política como ação paradigmática que deve ser imitada por todos na cidade.

Penso que o conceito de liberdade está pressuposto no conceito de felicidade. Voltarei com mais detalhes a este ponto quando examinar a relação entre esses dois conceitos na obra de Kant. No entanto, é importante demarcar a grande contribuição de Aristóteles para o conceito de liberdade, que penso estar precisamente no conceito de atos ou escolhas voluntárias. Então, vejamos. Se o desejo, ou mais especificamente, a vontade (*boulêsis*), não for desprovido de razão, mas ao contrário, for exatamente a vontade do homem que pratica a virtude, e que tem domínio sobre si (a virtude ética é definida ela mesma no livro I como a capacidade da faculdade intelectiva impor uma medida à parte sensitiva), então, podemos falar de um desejo racional, ou mais especificamente, podemos falar em uma vontade deliberativa já em Aristóteles, onde o querer e a razão estão em possível coincidência, como acontecerá tantas vezes na tradição filosófica do Ocidente. Notemos, para tanto, a título de exemplo, que o conceito aristotélico de *boulêsis* será traduzido para o latim como *voluntas*. Há, portanto, uma aproximação entre querer e razão, ou pelo menos um querer que é próprio da razão. E neste sentido, Aristóteles parece ser mais moderno que seus contemporâneos.

Para chegarmos ao fim desta preleção, é necessário, de modo a instigar o debate, retomar o caminho que traçamos sobre a virtude e a felicidade e aproximá-lo do que dissemos sobre a autossuficiência e as ações voluntárias. A felicidade é o fim da atividade humana, conforme pensa Aristóteles e segundo a opinião geral. Há certos fins que são próprios a certas atividades, como exemplifica Aristóteles na *Ética a Nicômacoss*:

> Não deliberamos acerca de fins, mas a respeito de meios. Um médico, por exemplo, não delibera se há de curar ou não, nem um orador se há de persuadir, nem um estadista se há de implantar a ordem pública, nem qualquer outro delibera a respeito de sua finalidade. Dão finalidade por estabelecida e consideram a maneira e os meios de alcançá-la; e, se parece poder alcançada por vários meios, procuram o mais fácil e o mais eficaz.

A liberdade está necessariamente ligada a uma ação ou escolha livre, como pressuposto. Mas aqui encontramos algo a mais do que este pressuposto, a noção de fim a ser alcançado. Se cada ação ou função possui um fim específico que lhe é próprio, e nosso esforço se dá no sentido de alcançar este fim, parece que a atividade humana (ligada ao que lhe é específico, à sua capacidade racional) está em dar concretude a este fim. Assim, se é possível falar em uma vontade racional, ou um querer deliberativo, próprio da racionalidade, este querer tem de estar em sintonia com o fim de cada coisa. Este raciocínio, coerente com a filosofia e com os termos de Aristóteles, parece explicitar a significação de liberdade em sua obra. A liberdade é um princípio que fundamenta a escolha entre alternativas diversas, pressupondo a decisão e a ação voluntária. A capacidade racional do homem, sua inteligência, possui uma inclinação para uma determinada direção, um fim, um telos, que é reconhecido mas não imposto coercitivamente. Tanto é assim que podemos agir contrariamente aos fins que reconhecemos, e muitas vezes somos irracionais em nossos atos e escolhas. Todos nós somos capazes de reconhecer infinitos exemplos em nossas vidas particulares e modernas. A conclusão é, seguindo o raciocínio da *Ética a Nicômacos*, que o homem feliz é exatamente o homem que leva a cabo sua função, sua finalidade, que é agir racionalmente. E a liberdade é o princípio da escolha livre, desprovida de coerção, que reconhece seu fim e o deseja deliberadamente, porque o reconhece como o melhor e o fim que lhe é próprio.

O homem não é, contudo, habitado apenas pelo logos divino, do qual falarão mais tarde os evangelhos de João. Sua condição é de aprisionamento, seja pela condição gregária, na qual são impostas não apenas condições para a vida virtuosa, mas também dificuldades próprias na convivência com os outros, seja pela condição passional de seus desejos, de seus sentimentos, que nada mais são do que pulsões anímicas poderosas que, se não controladas, mostram-se muito mais poderosas que a frágil razão. O homem feliz é constantemente feliz porque a prática da virtude lhe dá uma regularidade. O homem feliz é livre das vicissitudes que o querer anímico lhe impõe, e a retidão do querer, alinhado aos fins reconhecidos pelo exercício da razão, leva ao exercício da liberdade. O homem livre é constantemente livre, mas não pode se livrar de sua natureza nem de sua condição gregária. O homem livre sabe lidar com a natureza e com a necessidade de conviver; é isso que o torna, afinal de contas, um homem feliz.

NONO JARDIM
Os Sentidos da Liberdade em Immanuel Kant: o incondicionado, a ação moral, o debate público

Sobre o itinerário

Costuma-se empregar esforços, no início de um ensaio ou na oralidade de uma aula, para descrever a trajetória de um pensador em sua vida, como um desvelar de distâncias que o traz para mais perto de cada um de nós. A apresentação de um filósofo é relevante quando conseguimos encontrar em sua vida traços essenciais que nos ajudam a compreender sua obra, assim como o biógrafo, ao contrário, esmiúça a obra em busca de elementos que possam levá-lo a compreender as marcas do caminho percorrido pela existência biografada. No caso de Immanuel Kant, e especificamente neste ensaio em que discorreremos sobre a razão prática, este esforço é amenizado pela leitura de biografias. Pois ao visitarmos Kant em sua terra natal, em seu cotidiano, encontramos imediatamente uma rotina rica em elementos que nos permitem compreender o rigor de sua obra. A vida de Kant era igualmente regida com o mesmo rigor que encontramos em seus livros. Uma das leituras mais agradáveis neste sentido, que ao tecer aspectos da vida cotidiana de Kant acaba, por certo, tecendo aspectos de sua vida intelectual, é livro do filósofo alemão Ernst Cassirer, *Kants Leben und Lehre*, até hoje não traduzido no Brasil, mas que conta com uma belíssima tradução pelo Fondo de Cultura Económica do México, *Kant, vida y Doctrina*, publicada em 1993.

O início deste ensaio convida o leitor a contemplar a obra de Kant como quem observa, da janela, a rotina tranquila de um vizinho, seguindo sua vida com precisão e integridade. Essa imagem bela destaca o paralelismo entre o rigor moral presente na vida do homem e o mesmo rigor encontrado em cada uma de suas obras, evitando assim qualquer assimetria entre ambas, ao contrário da relação entre a vida e os escritos de alguns de seus leitores, como Arthur Schopenhauer. Schopenhauer recomendava a renúncia da vontade e dos desejos como meio de alcançar a verdadeira essência do mundo, mas levava uma vida de excessos e prazeres, como revela a biografia escrita por Rüdiger Safranski, *Schopenhauer e os anos selvagens da filosofia*.

Após essa breve contemplação da vida de Kant, adentramos em seu escritório de trabalho para explorar dois de seus livros mais importantes. Faremos uma análise comparativa do conceito de liberdade presente na famosa *Crítica da Razão Pura*, escrita em 1781 e revisada em 1787, com a igualmente famosa *Crítica da Razão Prática*, que trata da liberdade prática e moral. Outro caminho interessante, porém deixado para outra ocasião, seria explorar a *Fundamentação da Metafísica dos Costumes*, escrita em 1785 entre as duas Críticas, que aborda a relação entre liberdade, autonomia da vontade e o imperativo categórico. Além disso, consideramos também a análise do conceito de liberdade presente no artigo "Resposta à pergunta O que é Esclarecimento?", publicado em 1784, que traz uma perspectiva simples da liberdade como ausência de censura nos debates públicos, relevante para os tempos atuais. Essas sugestões adicionais ficam em aberto para futuras explorações.

O Relógio de Königsberg

Immanuel Kant é frequentemente lembrado por sua rotina espetacularmente regular, que muitos comparavam à precisão de um relógio suíço. Nasceu em 1724 na cidade de Königsberg, localizada na Prússia Oriental; foi nessa pequena cidade que ele passou toda a sua vida, desde os primeiros dias de infância até o último suspiro em 1804. No entanto, mesmo em uma cidade tão familiar, seus passos não eram confinados apenas aos limites da cidade murada; relatos históricos (trazidos por Cassirer) nos levam a crer que Kant também perambulava pelos arredores, como Rautenburg, Tilsit, Judschen, Gross-Arnsdorf e Saalfeld, locais que coloriram sua juventude e inspiraram sua filosofia.

Königsberg, apelidada de *Montanha do Rei*, não apenas testemunhou a vida de Kant, mas também se tornou palco de suas façanhas intelectuais e contribuições ao pensamento humano. As sete pontes que cruzavam os rios Pregel e suas ilhas circundantes, além de se tornarem um marco arquitetônico, desafiaram a mente de Leonhard Euler em 1736, culminando na famigerada teoria dos grafos.[39] No entanto, o século XX trouxe mudanças abruptas à região, e após a Segunda Guerra Mundial, a antiga Königsberg foi renomeada Kaliningrado, homenageando Mikhail Kalinin, um líder soviético. A Alemanha abdicou do seu direito ao território em seu acordo de unificação de 1990, no *Tratado sobre a Regulamentação Definitiva referente à Alemanha*.

A disciplina impecável de Kant era evidente em sua rotina diária, uma precisão que, segundo a famigerada lenda, muitos da cidade usavam para sincronizar seus próprios relógios. No entanto, essa ordem cuidadosa foi ocasionalmente desafiada por eventos de grande impacto, como a publicação de *O Contrato Social* de Jean-Jacques Rousseau em 1762 e as notícias da Revolução Francesa em 1789. Esses momentos excepcionais quebraram a rotina habitual, mostrando um Kant ávido por conhecimento e engajamento intelectual com o mundo ao seu redor. Ele teria perdido a hora com a leitura entusiasmada do livro de

---

[39] Para conhecer o problema, ver: http://www.inf.ufsc.br/grafos/problema/pontes/grafos.html

Rousseau, e também indo atrás de um informante para ter notícias da Revolução. Conhecemos o valor das lendas, por mais que não possam ser verificadas, elas sempre dizem muitas coisas.

A influência da vida de Kant em sua obra filosófica é inegável, como sugerido pelas palavras de Johann Wolfgang von Goethe, que destacou a necessidade de viver e amar a filosofia para que esta possa verdadeiramente influenciar a vida. Goethe observou a coesão entre a vida e as ideias de Kant, uma severa moderação que exigia uma filosofia compatível com suas inclinações morais inatas:

> O estóico, o platônico, o epicurista, todos têm que dar conta do mundo, cada qual a seu modo; não é outra coisa, com efeito, a missão da vida, da qual ninguém se vê dispensado, qualquer que seja sua escola. Os filósofos, por sua vez, não podem nos oferecer outra coisa a não ser formas de vida. A severa moderação de Kant, por exemplo, reclamava uma filosofia coerente com estas suas inclinações inatas.
> (GOETHE, apud CASSIRER, 1993, p. 15)

Kant nasceu em uma família pobre de onze filhos. Seu pai exercia a profissão de artesão, confeccionando selas de couro, e é descrito pelos biógrafos de Kant como um homem inteligente e honesto, devoto do luteranismo pietista. Ele era notável pelo seu caráter moral íntegro, que repudiava a mentira e exigia a obediência à lei moral. Sua mãe, Ana Regina Reuter, dedicou-se a proporcionar aos seus filhos uma educação sólida baseada em princípios morais e religiosos, exercendo uma grande influência sobre o caráter deles. As irmãs de Kant trabalhavam como empregadas domésticas, e a família vivia de maneira muito modesta. Antes de falecer, quando Kant tinha 13 anos, sua mãe o matriculou no Collegium Fridericianum, cujo diretor, Albert Schultz, era professor de teologia na Universidade de Königsberg, vindo a exercer uma forte influência sobre Kant durante seus anos de faculdade. O pietismo marcou a educação familiar recebida por Kant, e os exemplos dos pais permaneceram vívidos em seu caráter ao longo de sua vida. Na velhice, Kant recordou que, durante sua juventude, nunca ouviu "na casa paterna coisa alguma que não se conformasse com a probidade, a decência, a veracidade" (citado por Cassirer, p. 36). Talvez isso ajude a explicar, ainda que de maneira incompleta, o rigor moral que caracteriza a filosofia de Kant, corroborando as palavras do poeta citado anteriormente, que sugerem uma relação entre a maneira de pensar e o estilo de vida.

Kant recebeu uma excelente educação latina no colégio interno dirigido por Schultz. Quanto aos estudos dos gregos, havia no Collegium Fridericianum apenas o estudo da língua grega para estudar ao *Novo Testamento*, segundo apurou nos documentos da época o próprio Cassirer. Foi o professor Schultz que, após os anos de formação vividos no Collegium Fridericianum, encaminhou o jovem Kant para a Universidade de Königsberg, onde ele estudou Filosofia e Ciências em geral. No entanto, ao se matricular na universidade em setembro de 1740, Kant enfrentava condições materiais de vida marcadas pela pobreza e privações. Sua mãe havia falecido 13 anos antes, em circunstâncias de dificuldade financeira e obscuridade, e seu pai veio a falecer em 1746. Diante dessas circunstâncias, Kant tornou-se professor particular para sustentar-se financeiramente sem precisar abandonar seus estudos. Mas, viu-se obrigado a deixar a universidade, sem ter obtido o título, para se tornar preceptor de algumas famílias abastadas nos arredores de sua cidade natal, entre 1748 e 1754. Nesse período, Kant direcionou seu interesse acadêmico para as descobertas de Leibniz e demonstrou um forte interesse pela geometria de Descartes, a qual sustentava que a matéria e o movimento eram meras modificações dos corpos, ou, mais precisamente, da simples "extensão" (matéria). Em 1747, Kant publicou sua primeira obra, *Ideias sobre a verdadeira avaliação das forças vivas*, na qual tentou conciliar as teses de Descartes e Leibniz sobre a medição da força de um corpo em movimento. Com uma forte inclinação para a matemática, Kant descobriu, a partir dessa inclinação, a física de Isaac Newton e, em 1755, publicou seu segundo livro, intitulado *História universal da natureza e teoria do céu*, no qual propôs uma explicação do mundo fundamentada no mecanicismo newtoniano.

A partir das repercussões das publicações de Kant, a universidade conferiu-lhe o diploma de conclusão de curso. Ao submeter dois escritos a seus tutores - um sobre a natureza do fogo e outro intitulado *Nova explicação dos primeiros princípios do conhecimento metafísico* —, Kant tornou-se o mais novo professor da universidade em sua cidade natal. Nos próximos 14 anos, ocupou o cargo de Livre Docente, cujo pagamento estava diretamente vinculado ao número de alunos matriculados em seus cursos, proporcionando-lhe uma vida mais confortável. Em 1770, com a publicação de sua *Dissertação sobre a forma e os princípios do mundo sensível e do mundo inteligível*, foi promovido a professor titular, ou catedrático, na Universidade de Königsberg. A partir desse momento, passou a lecionar matemática, lógica, metafísica, física, pedagogia, direito natural e geografia, introduzindo esta última disciplina nos currículos universitários. Kant tornou-se um professor prestigiado, recebendo diversos convites para lecionar em outras universidades alemãs, todos os quais foram recusados.

No entanto, a filosofia kantiana alcançou sua maturidade e tomou a forma que conhecemos somente a partir de 1781, com a publicação da primeira edição da *Crítica da Razão Pura*, posteriormente revisada e reeditada seis anos depois. A partir deste livro, considerado por Schopenhauer como o mais importante já escrito na Europa, Kant produziu obras que foram amplamente estudadas pela posteridade, incluindo os *Prolegômenos a toda metafísica futura que possa apresentar-se como ciência* (1783), a *Fundamentação da metafísica dos costumes* (1785), a *Crítica da Razão Prática* (1788) e a *Crítica do Faculdade de Julgar* (1790). Em uma terceira fase de seu pensamento, Kant escreveu ainda *A religião dentro dos limites da simples razão* (1793) e a *Metafísica dos Costumes* (1797). A publicação deste último livro em 1793 colocou Kant em conflito com o governo prussiano, levando à sua censura e à proibição pelo rei Frederico II de lecionar e escrever sobre temas religiosos a partir de 1794. Kant demonstrou obediência e submissão ao novo rei, mas em 1798, após a morte de Frederico II, retomou a abordagem do tema em *O Conflito das Faculdades*.

Kant jamais contraiu matrimônio nem teve filhos, mas desfrutou de uma vida social relativamente intensa, recebendo seus amigos em casa. Apaixonado por bons vinhos - ao contrário da cerveja, que segundo ele, era a causa de muitas doenças alemãs -, evitava discussões filosóficas à mesa, a menos que seus convivas fossem filósofos, mas era versado em uma ampla gama de assuntos. Seu estilo de vida sedentário não o impediu de acompanhar os grandes movimentos culturais de seu tempo. Após as refeições, era comum vê-lo realizando suas caminhadas, um hábito que ecoa a precisão de seu caráter mencionada anteriormente.

É hora de fechar a janela e adentrar ao escritório de trabalhos do senhor Kant. Mas antes, um último olhar através da pena do grande poeta Heinrich Heine (*1797-†1856).

> Não creio que o grande relógio da catedral de Königsberg tenha cumprido sua tarefa com mais regularidade do que seu compatrício Kant. Os vizinhos sabiam ser exatamente três horas e meia quando Immanuel Kant, envergando o seu

fato cinzento e empunhando a sua bengala de Espanha, saía de casa para dirigir-se à pequena avenida ladeada de tílias, que até hoje traz o nome de Avenida do Filósofo. Por ela subia e descia oito vezes por dia, qualquer que fosse a estação do ano; quando fazia mau tempo, via-se o seu criado, o velho Lampe, a seguir-lhe os passos, com ar vigilante e preocupado, sobraçando o guarda-chuvas.

A liberdade do ponto de vista da cosmológico

Na mesa de trabalho, deparamo-nos com uma das leituras mais desafiadoras de Kant, capaz de cansar facilmente o leitor devido à magnitude da tarefa de ler atentamente a *Crítica da Razão Pura*, escrita em 1781 e revisada em 1787, que é a versão encontrada nas edições brasileiras contemporâneas. A edição portuguesa da Fundação Calouste Gulbenkian apresenta ambas as versões, de 1781 e 1787. Felizmente, não nos propomos a examinar a obra em sua totalidade, o que exigiria esforços não condizentes com a produção de um ensaio, mas sim de um extenso livro que demandaria considerável tempo para sua elaboração. Mas vou concentrar nossa atenção em um ponto específico delimitado na Dialética Transcendental, uma passagem necessária para a nossa compreensão da liberdade. Refiro-me à descoberta de Kant das antinomias da razão pura, uma parte talvez única que permanece intocada nas críticas de Hegel, recebendo os mais altos elogios por parte deste, possivelmente seu mais ilustre crítico. No entanto, é necessário situar as antinomias dentro da estrutura da obra de Kant.

A *Crítica da Razão Pura* é simultaneamente um tratado de fundamentação do conhecimento — Kant almeja superar o ceticismo de Hume em relação à possibilidade de fundar a ciência da física newtoniana a partir da categoria de causalidade, vista como modo necessário e universal de conhecimento — e um tratado de ontologia, na medida em que busca estabelecer as regras pelas quais se relacionam o sujeito do conhecimento, a realidade efetiva (coisas em si) e as ideias da razão (mundo, Deus, alma, etc.). O plano ontológico da obra não se delineia como entre os gregos, a exemplo de Aristóteles, como a demarcação de uma ciência primeira, sem um prévio exame dos fundamentos da possibilidade do conhecimento. A ontologia é definida em Kant como o próprio estudo dos conceitos a priori que residem na faculdade do entendimento e têm sua aplicação na experiência. Em Aristóteles, o estudo da ciência primeira (*ontologia*) coincide com um estudo da categoria da substância (*ousia*). Em Kant, as categorias da substância e da causalidade possibilitam a constituição da ciência. A ciência (principalmente a física e a matemática) é possível porque é categorial; já a metafísica, que é ideal e não categorial, não é possível como ciência, sendo a ciência possível, repito, devido às categorias de nossa faculdade de conhecer, o entendimento. Para Kant, as leis da natureza são, na verdade, leis do entendimento. A obra de Kant, enquanto crítica, consiste em uma análise das condições de possibilidade do conhecimento e de seus limites: a faculdade da sensibilidade é a responsável por receber as impressões sensíveis do mundo empírico, situando-as no tempo e no espaço (que são modos de intuição dessa faculdade), enquanto a faculdade do entendimento possui as categorias que organizam essas impressões recebidas na sensibilidade. Não há ciência daquilo que não é dado na faculdade da sensibilidade: a ciência começa com a experiência, mas não se origina nela, uma vez que suas condições de possibilidade são a priori, constituindo estruturas da própria mente do sujeito do conhecimento.

É na Dialética Transcendental que encontramos o ponto de partida para o nosso conceito de liberdade, sob o ponto de vista cosmológico. A definição clássica de antinomia - um conflito entre duas leis - é empregada por Kant no sistema das ideias cosmológicas na Dialética Transcendental, ao tratar de uma antinomia da razão pura, ou seja, um "conflito entre dois juízos dogmáticos, nenhum dos quais pode ser aceito com mais razão do que o outro" (p. 273).[40] Este conflito é descrito como uma antitética da razão pura, e Kant define a antitética como "uma tese ao lado de uma antítese. Portanto, antinomia é descrita nestes termos, uma tese que se choca com sua tese oposta (antítese)". Na Dialética Transcendental, são descritas quatro antinomias, sendo a terceira dedicada a examinar o tema da liberdade e do seu oposto, o da necessidade, no sentido de determinação rigorosa entre uma causa e um efeito, sendo, pois, o contrário da liberdade.

Tese: Existe liberdade no sentido transcendental como possibilidade de um começo absoluto e incausado de uma série de efeitos.

---

[40] As citações referem a edição da Nova Cultura, de 1996, na tradução de Valério Rohden e Udo Moosburger.

Mas deixemos o próprio Kant falar apresentar a tese: "A causalidade segundo leis da natureza não é a única da qual possam ser derivados os fenômenos do mundo em conjunto. Para explicá-los é necessário admitir uma causalidade mediante a liberdade" (p. 294).

Se admitirmos que não existe nenhuma outra causalidade que não seja segundo as leis da natureza, esbarramos no problema do infinito negativo. Explico: se todo evento na natureza tem uma causa, esta causa por sua vez é ela mesma um evento, um acontecido, aplicando sobre este evento a lei da causalidade segundos as leis da natureza, ele tem que ter uma causa, que por sua vez é um acontecido, e assim ad infinito. Mas, se a lei da natureza é exatamente a ideia segundo a qual nada ocorre sem que haja uma causa suficiente determinada a priori, então, conclui Kant que "a proposição segundo a qual toda causalidade é possível somente conforme a lei da natureza contradiz a si mesma em sua ilimitada universalidade, e por isso não pode ser admitida como a única causalidade" (p. 294-95). As consequências desse raciocínio é que tem de ser admitida "uma causalidade pela qual algo acontece sem que a causa disso seja ainda determinada ulteriormente segundo leis necessárias por uma outra causa precedente" (295). Neste caso, o que deve ser portanto admitida é uma espontaneidade absoluta das causas, que dê início a partir de si mesma a uma série de fenômenos na natureza. Ora, uma espontaneidade absoluta é exatamente uma liberdade transcendental.

Portanto, Liberdade é entendida como a possibilidade de dar início a uma série causal no mundo. Por transcendental, Kant entende uma noção pura, ou seja, anterior a toda experiência possível, que é na verdade a condição de possibilidade para a própria experiência. Portanto, segundo esta tese, a liberdade é o ponto de partida que, não estando no mundo dos fenômenos, dá início à série causal infinita. Infinita uma vez que toda proposição segundo a qual todo efeito tem uma causa, remete a esta noção de uma série causal que se estende indeterminadamente. Mas notemos aqui que a Liberdade transcendental não pode estar no mesmo nível da série causal, já que teria assim ela mesma uma causa e, não sendo o caso, ela é descrita como uma causa incausada, uma espécie de primeiro motor, para lembrar os termos de Aristóteles.

Antítese: tudo acontece segundo as leis da natureza. Nas palavras da Crítica: "Não há liberdade alguma, mas tudo no mundo acontece meramente segundo leis da natureza" (pág. 295). Notemos que a antítese será provada negando a tese, apresentando-se como sua refutação, da mesma forma que a tese é apresentada como negação da antítese. De acordo com esta nova posição, devemos considerar as coisas do ponto de vista de uma filosofia da natureza, segundo a qual o mundo deve ser considerado como uma totalidade que existe em si mesma, não havendo espaço para a liberdade, uma vez que tudo nele se explica pelas inexoráveis leis da experiência, a exemplo da mecânica apresentada por Isaac Newton. No âmbito da causalidade dos fenômenos, não há espaço para liberdade: tudo está determinado de acordo com a necessidade rigorosa da causalidade natural. Conclui-se a argumentação com a afirmação absolutamente certa de que afirmar a liberdade é contradizer a lei da causalidade fenomênica da natureza, já demonstrada e validada a priori pela Analítica Transcendental, na primeira parte da Crítica da Razão Pura.

Temos à nossa frente, duas teses demonstradas e provadas racionalmente que se contradizem. Como o nosso filósofo resolve esta contradição entre a liberdade transcendental e a causalidade natural? Não é possível rejeitar a antítese, uma vez que já foi estabelecido na primeira parte da obra a possibilidade do conhecimento dos fenômenos através da validade dada pela categoria de causalidade (propriedade do Entendimento). No entanto, não é possível abrir mão da possibilidade transcendental da liberdade, uma vez que se desvela a própria disposição da faculdade de pensar da razão especulativa. A liberdade cosmológica é uma ideia da razão especulativa que se manifesta naturalmente como ideia transcendental. O que fazer? A liberdade transcendental não pode ser afirmada ao mesmo tempo que causalidade dos fenômenos.

Antes de mais nada, precisamos compreender uma distinção entre dois conceitos no âmbito da Crítica da Razão Pura, sem os quais não compreendemos a reconciliação entre as distintas teses: a diferença entre fenômeno e número. A tarefa da Crítica da Razão Pura foi anunciada na introdução: demonstrar a validade dos juízos sintéticos a priori, isto é, a possibilidade de se fundar a ciência como conhecimento necessário e universal. Uma vez cumprida a tarefa na Analítica, ficou estabelecida a validade da causalidade como categoria de conhecimento que permite a possibilidade da ciência. Assim, devemos considerar os objetos naturais como fenômenos, isto é, como objetos de conhecimento dentro dos limites de representação próprios da mente humana. Por outro lado, é necessário assumir um domínio númeno, que atribui ele mesmo o próprio fundamento inteligível dos fenômenos sensíveis. Definimos fenômeno, a partir das teses de Kant, como a síntese entre a matéria da impressão sensível que é dada na sensibilidade e a sua formatação de acordo com as propriedades categoriais do Entendimento. Assim, quando olho para um objeto do mundo, a exemplo da lousa que está atrás de mim, e à frente de vocês, recebo através do olhar uma impressão provocada no sentido pelo objeto quadro. Esta impressão é a matéria do fenômeno, e ao percebê-lo, eu já o percebo conforme determinadas formas a priori: as formas da sensibilidade, ele está situado no tempo e no espaço: atrás de mim, à frente de vocês, e as categorias do entendimento: a esta impressão categorizo com sendo um quadro (categoria de totalidade, que expressa o modo de quantidade e o julgamento de singularidade), como sendo retangular (categoria de qualidade, limitação), como sendo um objeto que existe no mundo (categoria de existência), etc. Portanto, quer queiramos ou não, fenômeno é exatamente o que percebemos (e o que percebemos é a síntese entre o que é dado na sensibilidade e o que é julgado no entendimento). Se traço uma reta na lousa, percebo que este traço (fenômeno) tem como causa o deslizar o piloto sobre a superfície branca (causalidade). Voltarei a este exemplo adiante.

O *noumenon*, isto é, aquilo que só pode ser pensado (e não intuído), pode ser afirmado sem contrariar a ordem do mundo fenomênico. Ele pertence a uma outra ordem de coisas, aquelas que não podem ser conhecidas pela experiência sensorial, mas podem ser concebidas pela razão em sua capacidade especulativa. Este mundo inteligível, acessível apenas ao pensamento, admite uma condição incondicionada, totalmente separada e independente do mundo da causalidade empírica: é o reino da liberdade transcendental. Trata-se, portanto, de afirmar a liberdade sem comprometer o domínio das leis da natureza.

Vamos examinar de perto uma passagem importante:

> Ora, não é causar-lhe o menor prejuízo admitir, seja de resto por simples ficção, que entre as causas naturais algumas há que tenham um poder puramente inteligível, visto o que o determina à ação não

assentar nunca em condições empíricas, mas em simples princípios do entendimento, de modo que a ação no fenômeno dessas causas está de acordo com todas as leis da causalidade empírica. (*pág.* 317).

Aqui, podemos perceber que o *noumenon*, isto é, aquilo que só pode ser pensado (e não intuído), pode perfeitamente ser afirmado sem contrariar a ordem do mundo fenomênico, uma vez que se encontra em outra ordem de coisas, as coisas que não podem ser conhecidas, porque não podem ser objeto de experiência, mas podem ser pensadas pela razão em sua capacidade especulativa. Este mundo inteligível, que só pode ser pensado pela inteligência, admite uma condição incondicionada, totalmente separada e inteligível. Com efeito, se abstraindo de todos os fenômenos, por exemplo, do conceito de matéria, consideramos o que ela seja em si mesma, de acordo com os conceitos fundamentais da mesma (força e ação recíproca de seus elementos), então, a maneira de agir destas causas naturais que, apesar disso, não podem ser percebidas nos fenômenos, pois não são fenômenos, é inteiramente conforme ao conceito de liberdade. Kant esclarece que a admissão da liberdade transcendental não contradiz a ordem estabelecida pelas leis da natureza, uma vez que esta liberdade opera em um reino distinto, o mundo inteligível, que não está sujeito às limitações do mundo fenomênico. Ele sugere que, ao considerarmos as causas naturais em si mesmas, independentemente dos fenômenos, podemos conceber a possibilidade de algumas dessas causas possuírem um poder que se alinha com o conceito de liberdade. Isso não implica uma negação das leis naturais, mas sim uma ampliação da compreensão da causalidade, admitindo a existência de uma esfera além do alcance da experiência sensorial onde a liberdade é possível.

Com esta passagem citada da p.317, torna-se evidente que é possível considerar a causalidade de duas maneiras: "como inteligível, em relação à sua ação, quando considerada como algo em si, e como sensível, pelos seus efeitos, enquanto fenômeno no mundo sensível". Portanto, a distinção entre *noumenon* e fenômeno nos auxilia a resolver o problema: a tese é concebida no âmbito do *noumenon*, enquanto a antítese reconhece seus limites determinados pela experiência possível, e, portanto, uma causalidade não anula a outra. Encontramos nos *Prolegômenos*[41] uma explicação mais didática por parte de Kant:

> se a necessidade da natureza é simplesmente referida aos fenómenos, e a liberdade apenas às coisas em si, não surge assim nenhuma contradição, quando se admitem ou concedem os dois tipos de causalidade, por difícil ou impossível que seja tornar compreensível a da última espécie (Kant, 1987, p. 132).

Ora, todo esse percurso foi necessário para entrarmos no debate da liberdade do ponto de vista prático. Observemos, antes de abrirmos o próximo livro no escritório do senhor Kant, o seguinte como arremate: se do ponto de vista da natureza todo evento tem uma causa, e esta causa é, por sua vez, um evento que possui atrás de si uma causa, do ponto de vista da liberdade transcendental, trata-se de passar de um âmbito ao outro, ou seja, a liberdade é a possibilidade transcendental, pois encontra-se no mundo noumênico, de dar início a uma série causal no mundo dos fenômenos, como a escolha que fiz, para exemplificar a categoria de causalidade, de fazer um traço sobre o quadro que está atrás de mim. O pincel, o quadro, o traço, são fenômenos do âmbito da experiência, estão inseridos em um mundo determinado por uma série causal necessária, o mundo das leis da física. Mas a minha vontade, que espontaneamente pode ou não empreender o traço sobre a superfície branca, não é ela mesma objeto de experiência, e no entanto, deu início a um fenômeno no mundo fenomênico. Para fechar esta seção, voltemos ao próprio texto de Kant, na mesma referência da última citação:

> A vontade é uma espécie de causalidade dos seres vivos, enquanto racionais, a liberdade seria a propriedade desta causalidade, pela qual ela pode ser eficiente, independentemente de coisas estranhas que a determinem; assim como necessidade natural é a propriedade da causalidade de todos os seres irracionais de serem determinados à atividade pela influência de coisas estranhas.

---

[41] Prolegómenos a toda a metafísica futura: que queira apresentar-se como ciência. Lisboa: Edições 70, 1987.

A liberdade do ponto de vista da moral

No parágrafo que abre o Prefácio da *Crítica da razão prática*[42], Kant afirma que esta obra não se destina a criticar puramente a razão prática, mas sim a "demonstrar que há uma razão prática pura e, a partir disso, criticar toda a sua faculdade prática". Diante dessa tarefa, a pergunta que guia a abertura da obra pode ser formulada, em minhas próprias palavras como leitor de Kant, da seguinte maneira: como a razão prática pode ser um fundamento determinante da vontade humana?

Se entendemos corretamente o propósito e a estrutura da Primeira Crítica, compreendemos que ela estabelece, nas pretensões de Kant, as condições de possibilidade do conhecimento humano, demonstrando que a faculdade de conhecer (o Entendimento) está limitada à experiência sensível, empírica, fenomênica. A Crítica da razão prática é justamente o exame que busca entender quais são os limites das condições empíricas e sua alegação de serem elas a única determinação possível da vontade humana, demonstrando a possibilidade de uma vontade pura, não moldada pela influência do mundo dos fenômenos. Essa tarefa é autônoma em relação à especulação da liberdade transcendental proposta pela ideia da razão na Primeira Crítica, mas considera os resultados do confronto antinômico das duas teses anteriormente expostas. Trata-se de demonstrar que a razão pura prática determina de modo incondicional a vontade, que sempre tem dois modos de condicionamento: ou pela razão, ou pelos motivos sensíveis que se apresentam a ela. Essa tarefa não é a da razão pura, nem a liberdade prática pode ser identificada com a liberdade transcendental, que não tem poder para determinar a vontade.

O que teria efetivamente o poder de determinar e condicionar a vontade humana? Já no Prefácio da Crítica da razão prática, Kant introduz a noção de lei moral como um fato da razão. No entanto, a explicação de Kant parece ser insatisfatória, uma vez que apenas afirma que a "consciência da lei moral é um fato da razão". Kant poderia defender que, sendo um uso prático da razão, não é necessário buscar explicações para o reconhecimento de um fato da razão. Mas, devemos avançar para compreender as implicações desse reconhecimento no conceito prático de

---

[42] Para estes estudos, servi-me da tradução de Artur Mourão, publicado em Lisboa pelas Edições 70, s/d. Indicarei as citações pela numeração marginal.

liberdade. Se isso ainda não fizer sentido para nós, é claro que devemos discutir e buscar esclarecer nossas dúvidas por meio do debate.

Se a lei moral é determinada a priori, ela é universal e diz respeito a uma determinação da vontade. A questão é que nós, seres humanos, estamos no mundo e nossa vontade também é influenciada pelos objetos do mundo. Portanto, a lei moral determina a vontade incondicionalmente apenas quando é ela e somente ela que se apresenta como a condição para a vontade. Será possível que nossa vontade não seja movida pelos objetos do mundo e seja determinada apenas pela lei moral, que ao ser descrita como um fato da razão, pode ser entendida como uma consciência do dever? Vamos observar o que Kant diz:

> (...)a lei tem a forma de um imperativo porque nela, em verdade enquanto ente racional, pode pressupor-se uma vontade pura, mas, enquanto um ente afetado por carências e causas motoras sensíveis, nenhuma vontade santa, isto é, uma vontade que não fosse capaz de nenhuma máxima conflitante com a lei moral. Por conseguinte a lei moral é naquele um imperativo que ordena categoricamente, porque a lei é incondicionada; a relação de uma tal vontade com esta lei é uma dependência sob o nome de obrigação. (*Kpv*, A 57)

O ser humano é, enquanto ente finito, uma espécie de "cidadão de dois mundos", para lembrar a expressão do próprio Kant, uma vez que reside no mundo sensível, material, fenomênico, em que a vontade é constantemente assediada pelos objetos da experiência (não se trata mais de uma experiência de conhecimento, não esse mais o assunto, mas a experiência vivida pelo próprio sujeito psicológico, o sujeito existente) e reside no mundo inteligível da razão, em que há propriamente a lei moral, como princípio universal da própria razão que, uma vez criticada, examinada, a revela como um fato, como um dado da própria razão. Assim, apenas Deus ou os anjos poderiam ter uma vontade santa, isto é, uma vontade que é unicamente determinada pela lei moral. Mas a nós, seres mortais que temos um pé na razão e outro no desejo, resta ainda uma regra prática que é capaz de dar à vontade uma determinação incondicionada: esta regra chama-se imperativo categórico.

A vontade humana não é, pois, inteiramente independente dos fenômenos empíricos, nem inteiramente determinada pela lei moral. Mas do ponto de vista da prática, da ação, a vontade pode vir a ser determinada pela lei moral, o que a torna uma vontade autônoma. Se não é possível livrar-se do mundo empírico na ação, é possível, pela regra prática do imperativo categórico, determinar a vontade de modo autônomo. Vejamos como. Primeiro, é dizer que somente a autonomia da vontade é o princípio de todas as leis morais e dos deveres que estão de acordo com esta lei. A autonomia não é mera independência de influência do mundo material, externo à consciência do sujeito agente, mas é entendida como uma lei da própria razão, nas palavras de Kant: o único princípio da moralidade consiste na independência de toda a matéria da lei (...) e, portanto, ao mesmo tempo na determinação do arbítrio pela simples forma legislativa universal", ou seja, a lei moral. Segue Kant: "aquela independência é liberdade em sentido negativo, porém esta legislação própria da razão pura, e enquanto tal da razão prática, é liberdade em sentido positivo" (KpV A 59). Liberdade em sentido negativo: a independência de determinação das coisas do mundo. Liberdade efetiva é, mais do que isto, a própria vontade determinada pela lei moral, a qual se expressa na autonomia. Ora, a lei moral proporciona na realidade prática, ao condicionar a vontade tornando-a livre, a efetivação de uma ideia do mundo inteligível. Neste sentido, podemos dizer ao reino da natureza, cego pelas leis rígidas e implacáveis da natureza, a liberdade é aí acrescida pela conformação entre o que devo fazer (lei moral) e a vontade que escolhe imprimir em suas ações a marca da moralidade. Mas resta-nos ainda mostrar em que consiste efetivamente o imperativo categórico, que é uma espécie de versão modesta para nós, seres mortais, da lei moral.

No parágrafo sétimo da primeira seção, encontramos a formulação da regra prática (imperativo categórico): "Age de tal modo que a máxima de sua ação possa valer agora e sempre como princípio de uma legislação universal". Trata-se, portanto, de uma máxima, de um princípio prático que tomo como a motivação para a minha ação colocada (a máxima) no tribunal da razão: esta máxima pode ser universalizada? Pode servir como o princípio de uma lei do próprio direito? Ora, se tenho agora fome, e se, desprovido de qualquer vintém, resolvo ir à cantina e fazer um lanchinho frugal, e, ao invés de pagar, premeditadamente saio sem pagar, posso perguntar se o que me motivou a esta ação pode servir como inspiração para regular as ações dos homens na vida política de modo geral. Se a ação é determinada pela fome, não tenho uma ação moral. Se a ação é determinada por um interesse particular, não tenho uma ação moral. A ação somente é moral se a vontade toma como princípio uma máxima que possa ser universalizada. Quando isto ocorre, ao colocar em prática o princípio indeterminado e incondicional que configura a lei moral, eu insiro no reino dos fenômenos a própria ideia de liberdade.

Para encaminhar este ensaio para o seu último largo do jardim, permitam-me retomar uma imagem sugerida por um amigo, o professor Delcides Marques, das páginas de Lutero. Poder-se-ia dizer que a vontade do homem é como um asno: quando a lei moral, que é um fato da razão, nele se coloca amontada e toma-lhe as rédeas, a direção de suas ações é sempre a prática efetiva da liberdade; mas quando qualquer interesse particular e qualquer motivação empírica lhe toma as rédeas, ele vai na direção de satisfazer seus desejos materiais, e suas ações são ou amorais, porque fora do campo da moralidade, ou imorais, porque contrárias às exigências da lei moral que precisa, em todo caso, passar da ideia à ação efetiva através da vontade humana.

Liberdade, debate público e política

O texto "Resposta à Pergunta: O que é Esclarecimento?", publicado por Immanuel Kant em 1784, continua sendo um ponto de referência e ainda é capaz de colocar questões que não superamos. Ao revisitar esse artigo, gostaria de pensar agora a ideia de liberdade de um ponto de vista mais atual, mais provocativo, mais próximo do que o leitor geralmente encontra no mundo da vida, nesses tempos em que desaprendemos a boa arte de conversar sobre política, substituindo-a por algo que considero ainda inominado, próximo do ódio e da intolerância, que beira as questões psicanalíticas. Para iniciar esse final de ensaio, coloco uma questão: o uso persistente do *argumentum ad verecundiam,* ou argumento de autoridade, tanto na academia quanto nos debates públicos pode ser deixado de lado?. Essa prática, quando excessiva, parece reminiscente da educação clerical: impede o exercício da razão livre, essencial para o verdadeiro esclarecimento.

Em nosso cotidiano, o argumento de autoridade se manifesta de várias formas. Alguém pode declarar que Steven Pinker ou que Vladimir Safatle "afirmou que...", e a audiência pode aceitar essa posição não pelas evidências apresentadas, mas pela reputação dos pensadores. No ambiente acadêmico, essa tendência é amplificada. Autores renomados como Judith Butler, Richard Dawkins, Foucault, Yuval Noah Harari e outros frequentemente são citados para sustentar argumentos, muitas vezes sem uma análise crítica adequada de suas ideias. Na redação de artigos científicos, há uma pressão para incluir referências de publicações indexadas, o que pode substituir a construção de uma argumentação sólida por uma dependência excessiva de citações. Esse fenômeno cria uma "cultura da citação" que pode obscurecer o pensamento original e crítico. Não me refiro às análises em profundidade ou nos diálogos que estabelecemos com outros autores, mas no exercício mecânico de evocar um "segundo Reis (2024),..." como se com isso pudéssemos dar assentimento a esse meu xará somente porque é autor de uma publicação.

A questão é complexa e merece atenção. A autoridade tem um papel significativo no desenvolvimento intelectual, mas não é infalível. A tradição crítica nos ensina a questionar mesmo as fontes mais veneradas, promovendo um pensamento independente. É necessário reconhecer a contribuição daqueles que se dedicaram a um campo de estudo, mas não devemos abdicar da responsabilidade de examinar e questionar suas premissas. Confiar cegamente em autoridades acadêmicas, referenciando estudos sem uma análise crítica própria, é renunciar à tarefa de pensar e usar a razão.

O uso da razão privada, especialmente no contexto educacional, pode tomar diferentes direções. Uma postura é incentivar o pensamento crítico e o raciocínio, utilizando métodos como o debate dialético ou o exame de múltiplas perspectivas sobre um tema. Outra postura, menos desejável, é "transmitir" (não sei se isso é mesmo possível) conhecimento de forma dogmática, como na lectio medieval, que ainda encontra eco em métodos contemporâneos.

Embora o argumento de autoridade possa ter seu valor na interpretação de textos clássicos, nosso uso educacional e acadêmico muitas vezes o distorce, transformando-o em uma ferramenta de perpetuação de dogmas. A própria filosofia de Kant, de quem nos ocupamos, não é um corpo de conhecimentos estático, mas um processo contínuo de questionamento e reflexão. Ou um motivo, uma motivação para o exercício de pensar...

O Esclarecimento (ou *Iluminismo*), tal como foi desenvolvido no século XVIII, ainda é relevante. Nossa prática educacional frequentemente é mais dogmática do que crítica, falhando em promover a emancipação intelectual. O esclarecimento implica sair da menoridade intelectual e questionar as bases do conhecimento que nos são apresentadas. Termos como "psicologia científica" ou "política científica" muitas vezes carecem de uma base empírica sólida e são usados retoricamente para conferir uma autoridade não merecida a certas ideias.

Para que a ciência promova o verdadeiro esclarecimento, deve exercer o uso público da razão, revisando criticamente seus próprios métodos e dogmas. É fundamental que a educação e o debate público fomentem uma cultura de debate e pensamento crítico (pensamento em que se examina o que pretende conhecer), permitindo que cada indivíduo participe ativamente da construção do conhecimento. O esclarecimento não é um estado alcançado, mas um processo contínuo de questionamento e reflexão. Por isso, não me refiro a ele como um evento histórico, mas como o convite ao exercício de pensar, constantemente posto.

No mundo contemporâneo, a liberdade deve ser entendida como a capacidade de participar plenamente no debate público e na construção democrática. A liberdade de expressão é vital, mas deve ser acompanhada pela responsabilidade de se engajar criticamente com as informações e ideias. Em uma sociedade democrática, a liberdade envolve não apenas a ausência de coerção, mas também a garantia de que todos possam exercer sua voz no espaço público de maneira significativa.

A liberdade autêntica implica promover a inclusão e a igualdade de oportunidades, permitindo que todos os cidadãos contribuam para o debate público. Isso reforça a cidadania e a justiça social, fortalecendo a democracia. A educação deve, portanto, fomentar a capacidade crítica e a participação ativa, promovendo uma sociedade esclarecida e democrática. A liberdade, assim concebida, é um pilar essencial para uma sociedade que valoriza o debate público e a razão crítica. Eu poderia examinar e apresentar ao leitor o texto de Kant, *O que é esclarecimento?*, mas de que valeria essa contradição flagrante, se podemos ao menos pensar que livre, bem livre, é aquele que se coloca em atividade na construção do seu próprio mundo? E não vivemos senão em comunidade, em um mundo político, portanto.

DÉCIMO JARDIM
O espírito livre, a ilusão da livre vontade e os sentidos da liberdade em Nietzsche

> *Porque o homem de senso (...) não deverá se esforçar para agradar seus companheiros de escravidão.*
> Platão, Fedro 274a

Início de conversa

O leitor que me acompanhou até aqui terá passado algum tempo refletindo sobre as ideias da morte e, agora, sobre a liberdade. A liberdade humana, longe de ser um interesse exclusivo da filosofia, ocupa um lugar central devido à sua natureza ainda não resolvida. Desde Homero até os dias atuais, quase três mil anos se passaram. Dedicar uma hora para meditar sobre esse problema, de Sófocles a Kant, significa atravessar pontos essenciais que têm ocupado muitas mentes ao longo dos milênios. A liberdade continuará sendo um tema em discussão ao longo deste século XXI, que estamos apenas começando com nossas próprias trajetórias de vida. Se examinarmos nossas conversas diárias, encontraremos vários sentidos nos quais a palavra liberdade é usada. Nos ensaios anteriores, mencionamos diversos tipos ou conceitos de liberdade, como liberdade política, pertencimento a um grupo, liberdade religiosa, liberdade de vontade, autodeterminação, espontaneidade, entre outros. Essas variações tipológicas ou conceituais têm um papel significativo na compreensão dentro da cultura ocidental da prática e concepção da democracia.

Neste ensaio específico, a liberdade será tratada principalmente como um impulso da polêmica filosófica em torno da noção de vontade, livre-arbítrio, responsabilidade, autodeterminação e, sobretudo, a noção de causa sui, capaz de determinar a si mesmo no jogo livre de nossa própria racionalidade. A liberdade será tematizada como um conceito longe de ser incontroverso. Afirmar a liberdade como um conceito controverso é, no mínimo, recusar a aceitação da liberdade de vontade como autoconcepção do homem no pensamento ocidental.

Não é preciso ser profeta para prever que os ditadores e fascistas do futuro, observados a partir de 2024, usarão a palavra "liberdade" repetidamente em seus discursos, como se fossem os guardiões do que estão destinados a destruir. O presente político já está repleto de tais discursos, e as gerações futuras continuarão a replicá-los, enquanto o cidadão, absorvido pelo trabalho, pobreza e distrações forçadas, não encontrará meios de pensar por si próprio. Assim, tomará o conceito de liberdade como absoluto, sem compreendê-lo e sem admitir sua própria ignorância e mediocridade. Mas esse é um assunto para um próximo projeto.

Para discutir o conceito de liberdade, que estudamos ao longo de uma vasta tradição, e criticamente compreendê-lo como controverso, convidemos Friedrich Nietzsche, uma vez mais. Mas por que estender este convite exatamente Nietzsche, se ele nem é reconhecido por suas contribuições sobre esse difícil conceito? Porque esse filósofo colocou a própria história do pensamento ocidental sob suspeita. E suspeitar é, afinal de contas, perceber o risco do próprio dogmatismo. Nietzsche também se ocupou com a questão da liberdade humana, afinal de contas, embora esse tema não seja comumente estudado em sua obra com a mesma seriedade que seus intérpretes dedicam a outros conceitos mais famosos, como a *morte de Deus*, o *amor fati*, o *eterno retorno*, o ressentimento, a genealogia dos valores morais, o *Übermensch*, o *niilismo* e a *vontade de poder*. A liberdade, embora menos destacada, aparece em sua obra de forma dispersa e não desenvolve um conceito suficientemente rico. Aliás, os grandes temas de Nietzsche não estão desenvolvidos de forma suficientemente rica em sua obra (excetuando o tema do ressentimento e da genealogia dos valores). Ele quase nada fala sobre o seu *Übermensch,* diz quase nada sobre a sua versão da noção estoica de *amor faiti*. Mas a liberdade é discutida em vários pontos de sua obra.

Para uma leitura atenta, devemos usar nossa peneira de garimpo para buscar os diamantes em meio às outras pedras. Destacarei alguns pontos específicos que darão um caminho seguro ao nosso ensaio. Ocupar-nos-emos principalmente com seu primeiro livro aforismático, Humano, Demasiado Humano, para compreender a significação de espírito livre, recorrendo a outros textos quando necessário, como *O Andarilho e sua Sombra* e *Além do Bem e do Mal*. Sugiro ao leitor interessado uma leitura minuciosa dos aforismos de *Além do Bem e do Mal* (§19, §21 e §36), bem como seu conceito de vontade de poder para confrontá-lo com a ideia de livre-arbítrio. Concentraremos nossa análise em *Humano, Demasiado Humano*, para não nos estendermos demais.

Antes de abrir o livro, falemos brevemente sobre a trajetória de Nietzsche, que, mesmo sendo um filósofo popular, merece uma apresentação. Permitam-me contar sua história, ao menos até o momento em que seus livros começam a nos ocupar.

Friedrich Wilhelm Nietzsche nasceu na Prússia, na pequena aldeia de Röcken, em 15 de outubro de 1844. Seu pai, Karl-Ludwig Nietzsche, pastor luterano, registrou o nome do filho em homenagem ao rei da Prússia, cujo aniversário coincidia com o nascimento do filósofo. Nietzsche teve um irmão, Joseph, e uma irmã, Elisabeth. Ele sempre recordaria de seu pai, de quem herdou os dons musicais e a introspecção.

Em 1848, Karl-Ludwig sofreu um acidente, uma queda na escada, que desencadeou uma doença fatal. Já esataria a doença ali, adormecida, oculta, e a queda teria sido o gatilho. Pouco tempo depois, o irmão de Nietzsche também faleceu. A família então se mudou para Naumburg, uma cidade movimentada. Esse choque afetou profundamente Nietzsche, como ele relatou diversas vezes em sua autobiografia aos 15 anos.

Os eventos trágicos da infância e adolescência de Nietzsche tiveram um impacto significativo em sua filosofia. Nietzsche inicialmente teria seguido os caminhos da teologia, teria seguido a escolha de uma formação para ser pastor luterano, mas o seu espírito científico o levou para a filolofia clássica, que é sua área de formação acadêmica. Ao descobrir a obra de Schopenhauer, sua trajetória mudou para a filosofia. Em 1869, foi convidado a ocupar a cadeira de filologia clássica na Universidade da Basiléia, na Suíça, onde lecionou por 10 anos até se aposentar devido à saúde frágil.

O primeiro livro de Nietzsche, *O Nascimento da Tragédia*, publicado em 1872, critica Sócrates e privilegia o teatro trágico em detrimento do racionalismo socrático. Nietzsche via na arte trágica um caminho para um conhecimento profundo do mundo e da natureza humana. No parágrafo 340 de *A Gaia Ciência*, ele critica as últimas palavras de Sócrates, interpretando-as como uma vingança contra a vida.

Nietzsche acreditava que a filosofia kantiana, ao delimitar o conhecimento, abria espaço para que a arte ocupasse um lugar privilegiado em relação à ciência. Ele via na música de Richard Wagner um renascimento da cultura trágica. A partir de *Aurora*, Nietzsche concentrou sua investigação na moral e na ação humana sob a luz do poder, desenvolvendo o conceito de vontade de poder.

Após *Aurora*, suas obras continuaram a explorar a filosofia como valor, culminando em *Assim Falou Zaratustra*, onde apresenta a transvaloração de todos os valores. A liberdade, em sua obra, é também objeto de uma transvaloração. Suas últimas obras incluem, dentre as mais importantes, *Além do Bem e do Mal*, *Para a Genealogia da Moral* e *O Anticristo*.

Em 1889, Nietzsche sofreu um colapso nervoso que o deixou entregue a um estado de demência até sua morte em 1900. Sua obra influenciou profundamente o pensamento do século XX, impactando figuras como Freud, Sartre, Heidegger, Foucault e muitos outros.

Humano, tudo demasiado humano

No capítulo §14 de *Humano, Demasiado Humano* [*Menschliches, Allzumenschliches*], Nietzsche critica o conceito de liberdade de vontade.

Embora sua visão sobre a morte voluntária possa ser interpretada como uma atualização da posição estoica, sua posição sobre a liberdade é mais perturbadora. *Humano, Demasiado Humano* parece ser um lugar privilegiado para iniciar a análise desta questão. Publicado em 1878, o livro é dedicado à memória de Voltaire, em ocasião do centenário de sua morte. O livro contém nove capítulos e um epílogo, composto por um poema. Em 1886, a segunda edição do livro foi lançada, com o acréscimo de um *Prefácio*, além de *Opiniões e Sentenças Diversas* (escrito de 1879) e *O Andarilho e sua Sombra* (1880), que passam a compor *Humano, Demasiado Humano* em dois volumes.

    O livro traz diversas inovações, inclusive o uso do aforismo como meio de expressão. O aforismo é característico de uma filosofia marcada pelo perspectivismo, um modo de recusa do conceito e da ideia de sistema. Entre as novidades, destaca-se a maneira como Nietzsche passa a perceber a filosofia. Ele distingue a filosofia metafísica tradicional, com suas pretensões de universalidade, de uma filosofia histórica, que não deve ser pensada à parte da ciência natural. Nietzsche compara explicações metafísicas à ideia de milagre, considerando-as exageros da concepção popular e erros da razão. A filosofia concebida por Nietzsche aproxima-se do método das ciências, utilizando a psicologia e a química como modelos, além da fisiologia e da medicina, que possuem uma longa história indispensável.

    A ciência natural é fundamental para a crítica de Nietzsche à liberdade. O erro dos filósofos, segundo ele, é pensar ahistoricamente. Uma filosofia construída historicamente baseia-se na ideia de que tudo se tornou, não havendo fatos eternos. No aforismo 29 de *Humano, Demasiado Humano*, Nietzsche já nega o conceito de incondicionado, afirmando as condições históricas de tudo aquilo que veio a ser. A linguagem da metafísica tradicional é poderosa e influente, moldando profundamente o pensamento ocidental ao longo dos séculos e influenciando decisivamente a moral, a cultura e a religião. Este é o primeiro ponto de revisão na filosofia de Nietzsche a partir de *Humano, Demasiado Humano*: ele reconhece as dificuldades que surgem do hábito incorporado mediante suas exigências de um novo modo de pensar. Seu combate à metafísica alcança clareza invejável no segundo capítulo do livro, "Contribuição à história dos sentimentos morais". Na seção 39, intitulada "A fábula da liberdade inteligível", Nietzsche dirige sua crítica a Kant e Schopenhauer, mas também à expressão "liberdade inteligível" já presente em Platão.

O livre arbítrio como erro da razão

A seção 39 inicia com a promessa de desvendar a história dos "sentimentos em virtude dos quais tornamos alguém responsável por seus atos", apresentando suas etapas principais. A primeira etapa antecipa uma lógica de criação que será desenvolvida por Nietzsche de forma mais convincente em seu livro "Para a Genealogia da Moral", escrito nove anos mais tarde. Trata-se de um jogo de criação de valores no qual rotulamos como bom ou mau as ações considerando suas consequências úteis ou prejudiciais. "Chamamos as ações isoladas de boas ou más, sem qualquer consideração por seus motivos", mas apenas conforme seus efeitos para nós. Contudo, historicamente, ocorre um movimento de esquecimento, e passamos a pensar que esses valores são inerentes às próprias ações. Assim, em um movimento de transferência do lugar do valor, acreditamos que o próprio homem é bom ou mau, como se o valor da ação brotasse de seu próprio ser. Podemos rememorar essa história assim: "tornamos o homem responsável pelos seus efeitos, depois pelas suas ações, pelos seus motivos, e finalmente por seu próprio ser." Mas Nietzsche considera que o homem não pode ser responsável pelos seus atos, nem pelos efeitos destes, nem pelos motivos, nem pelo que ele é. E o que é alguém? O homem é seu próprio devir, ou seja, as consequências necessárias daquilo que ele é: a sua própria história. "Com isso chegamos ao conhecimento de que a história dos sentimentos morais é a história de um erro, o erro da responsabilidade, que se baseia no erro do livre-arbítrio."

O passo seguinte da argumentação de Nietzsche é expor o raciocínio de Schopenhauer que procura deduzir o livre-arbítrio a partir do sentimento de culpa para refutá-lo. Segundo Nietzsche, Schopenhauer raciocinou assim: "Desde que certas ações acarretam mal-estar ('consciência de culpa'), deve existir responsabilidade, pois não haveria razão para esse mal-estar se não apenas todo agir do homem ocorresse por necessidade (...) mas se o próprio homem adquirisse o seu inteiro ser pela mesma necessidade." Em termos simples: se há culpa, há livre-arbítrio, pois o próprio sentimento demonstra a ausência de uma necessidade condicionante. O sentimento de culpa revela que poderia ter sido de outro modo. Mais do que isso, ou seja, mais do que liberdade do arbítrio, liberdade presente nas ações, a presença do sentimento de culpa revela, na verdade, segundo Schopenhauer, a liberdade no que toca ao próprio ser do homem. Ou seja, o homem é livre, não apenas em suas escolhas ou ações (que são decorrências de sua condição), mas em sua própria natureza. Ora, na visão de Nietzsche, toda ação decorre de uma necessidade, e mesmo se disséssemos que o homem se torna o que ele quer, Nietzsche ainda diria: é da vontade que decorre a necessidade de tornar-se o que se quer: "a vontade precede sua existência". Portanto, o sentimento de culpa não decorre de uma avaliação racional, mas de um erro, de uma ilusão: o pressuposto de que não tinha de ser como foi. Mas por que o sentimento de culpa, então? Nietzsche responde: "porque o homem se considera livre, não porque é livre, ele sofre arrependimento e remorso". E arremata de tal modo que nos faz lembrar sua "Genealogia da Moral": a culpa "é algo bastante variável, ligado à evolução dos costumes e da cultura, só existe num período relativamente breve da história do mundo".

Como podemos ver, Nietzsche ataca o cerne do problema da liberdade: a noção de livre-arbítrio. E precisamos observar melhor sua posição. Ainda no capítulo II de "Humano, Demasiado Humano", encontramos, na seção 99, o prosseguimento da argumentação. O livre-arbítrio, vale observar, é a base de nossa cultura, de nossa ética e de nosso direito. Não há como sustentar o código penal sem essa pressuposição. Como punir o malfeitor se não podemos lhe atribuir a livre escolha e a responsabilidade de seus atos? São questões que surgem para nós a partir do que encontramos em Nietzsche. Vejamos o aforismo 99: "Todas as 'más' ações são motivadas pelo impulso de conservação ou, mais exatamente, pelo propósito individual de buscar o prazer e evitar o desprazer; são, assim, motivadas, mas não são más". Nietzsche conduz nosso raciocínio ao estado de natureza: não diríamos que é má a conduta de um homem ou de um macaco que desejava apanhar uma fruta de atacar outro ser que tivesse o mesmo desejo. E mesmo nós, em regiões inóspitas, mataríamos o que nos ameaçasse. A crença no livre-arbítrio, não há dúvidas, é o esteio da criação de nossa cultura e, assim, Nietzsche procura enxergar aí precisamente o ódio, o desejo de vingança, a perfídia e toda forma de ressentimento que marcam nossas sociedades. Diz ele: "As más ações que atualmente mais nos indignam baseiam-se no erro de [imaginar] que o homem que as comete tem livre-arbítrio, ou seja, de que dependeria de seu bel-prazer não nos fazer esse mal." O que ele quer dizer é que existe uma má vontade para com os homens porque os pressupomos livres, ao passo que não julgamos uma ação animal como má precisamente por não atribuirmos ao animal tal pressuposição.

Sem livre arbítrio, a que domínio pertencemos?

Imagino que esta visão de mundo nos acarrete perguntas sobre a função do Estado, já que lembrei o código penal, e o lugar do direito em nossa sociedade. O que Nietzsche opera é um revirar as perspectivas. O Estado existe para a nossa proteção, mas não apenas para isso: ele existe para a preservação da espécie, e opera retirando cada um do isolamento e os reunindo em comunidade. O Estado coage, e essa coação, diz Nietzsche antes de Freud, "se torna costume, mais tarde obediência livre, e finalmente quase instinto: então, como tudo o que há muito tempo é habitual e natural, acha-se ligado ao prazer – e se chama virtude." Condenamos o criminoso não porque pressupomos nele o livre-arbítrio, mas porque ele ameaça o bem-estar da comunidade, que é condição de preservação do homem que, isoladamente, não sobreviveria. Se com minha mão mato uma muriçoca que está sobre a minha mesa, o faço intencionalmente, devido a seu zumbido, que já antecipo em minha orelha, e pela ameaça de sugar meu sangue. Ou seja, eu a mato para evitar o desprazer. Assim também, "condenamos o criminoso intencionalmente e o fazemos sofrer, para proteger a nós e à sociedade". No primeiro caso, sou eu, individualmente, que esmago o inseto; no segundo caso, é o Estado que pune e faz sofrer intencionalmente o criminoso. "Toda moral" afirma Nietzsche, "admite ações intencionalmente prejudiciais em caso de legítima defesa: isto é, quando se trata da autoconservação!"

Mas falta um elemento fundamental na análise de Nietzsche: o elemento da vontade, uma vez que é a própria vontade que determina a ação e preexiste em relação a ela. Toda a questão é saber se esta vontade é livre ou se a liberdade aí pressuposta é ilusória. Se me lembro bem, na primeira preleção afirmei que na história da filosofia o conceito de liberdade sempre aparece com o seu oposto, o de necessidade, que expressa a ideia de determinismo. Cabe, portanto, perguntar se sem o livre-arbítrio, não cairíamos precisamente neste conceito oposto.

Permitam-me citar o aforismo 106, ainda no capítulo II, dada a sua clareza, beleza e sobriedade na escrita:

> Junto à cachoeira. — À vista de uma cachoeira, acreditamos ver nas inúmeras curvas, serpenteios, quebras de ondas, o arbítrio da vontade e do gosto; mas tudo é necessário, cada movimento é matematicamente calculável . Assim também com as ações humanas; deveríamos poder calcular previamente cada ação isolada, se fôssemos oniscientes, e do mesmo modo cada avanço do conhecimento, cada erro, cada maldade. É certo que mesmo aquele que age se prende à ilusão do livre-arbítrio; se num instante a roda do mundo parasse, e existisse uma inteligência oniciente, calculadora, a fim de aproveitar essa pausa, ela poderia relatar o futuro de cada ser até as mais remotas eras vindouras, indicando cada trilha por onde essa roda passará. A ilusão acerca de si mesmo daquele que age, a suposição do livre-arbítrio, é parte desse mecanismo que seria calculado.

Notem que Nietzsche coloca a própria ilusão do livre-arbítrio como uma necessidade. Em diversas passagens de sua obra, como já acontece em *Verdade e Mentira no sentido Extra-moral*, escrito cinco anos antes, a ilusão e a mentira são mecanismos de sobrevivência e meios de se tolerar a existência, tornando-a mais agradável. Este aforismo 106 de *Humano, Demasiado Humano*, remete a uma imagem que mencionei em outra preleção, infelizmente apenas oralmente: o demônio de Laplace, que apresenta uma visão determinista do universo.[43]

Penso que este revirar as perspectivas, como me referi ainda há pouco, também se aplica aqui a respeito das relações entre o homem e a

---

[43] Veja-se os verbetes "Laplace" e "determinismo" no *Dicionário de filosofia*, de Ferrater Mora. A ideia de Laplace é de que qualquer estado de um sistema mecânico pode ser previsto com total exatidão se as condições iniciais são conhecidas. A grande contribuição de Laplace à história da matemática está precisamente no desenvolvimento da teoria da probabilidade, sobretudo pela criação de sua equação que ficou conhecida como "equação de Laplace". Pode parecer estranho colocar lado a lado probabilidade e determinismo, mas a questão se explica assim: o conhecimento parcial das condições iniciais de um sistema obriga-nos ao cálculo da probabilidade.

natureza. No escrito de 1880 incorporado a "Humano, Demasiado Humano", intitulado "*O Andarilho e sua Sombra*", encontramos uma passagem notável sobre o fanatismo turco. Trata-se do aforismo 61, em que Nietzsche aceita a presença da moira, do fado, ou seja, do destino, como marca da condição humana: "você mesmo, pobre amedrontado, é a incoercível Moira que reina até sobre os deuses, para o que der e vier; você é a benção ou a maldição, e, de todo modo, o grilhão em que jaz atado o que é mais forte." O medo do destino e as tolices humanas, diz Nietzsche, e mesmo suas sabedorias, e também o medo do destino é, segundo ele, também destino. Mas o medo que temos deste pensamento, desta "teoria da não-liberdade da vontade", é o medo do "fanatismo turco": as pessoas pensam com esta teoria, associada a este fanatismo, que elas ficam resignadas, débeis, "de mãos atadas ante o futuro". O homem é assim, parte da natureza, uma peça de sua engrenagem, e não é, para Nietzsche, o possuidor de uma segunda natureza, esta noção tão cara à tradição que ele coloca sob suspeição. É notável que Nietzsche nada fale aqui da predestinação presente em algumas doutrinas cristãs, como a calvinista, com exceção a uma única passagem, o aforismo 85, que menciona a ideia de que a danação se acha eternamente aplicada a um sem-número de indivíduos, atribuindo esta ideia a Paulo (e teria sido retomada por Calvino), para logo em seguida troçar de seu arqui-inimigo: este pensamento concebe que "céu e terra e humanidade devem existir para – satisfazer a vaidade do Senhor! Que cruel e insaciável vaidade deve ter cintilado na lama daquele que concebeu ou reconcebeu algo assim! – ou seja, Paulo continuou Saulo, afinal – o perseguidor de Deus". Mas seja como for, esta ideia não é desenvolvida à luz da teoria da não-liberdade da vontade, talvez porque Nietzsche aqui não leve a sério Paulo, ou talvez saiba, como Delcides Marques, que esta ideia não está sequer em Paulo. Mas parece, em todo caso, incompreensível um comentário mais alongado sobre Calvino por parte de Nietzsche. Seu alvo é o Islã. Abrindo o Alcorão, na surata 9, versículo 51, leio: "Dize: Jamais nos ocorrerá o que

Allah não nos tiver predestinado! Ele é o nosso Protetor. Que os crentes confiem em Allah!"[44]

Uma outra tradição, a budista, que traz a noção de karma é muito mal conhecida por Nietzsche, e não há qualquer menção a esta noção.

Mas não deixemos a lembrança do aforismo 61 perder suas nuances. Observem que Nietzsche disse: você mesmo, pobre amedrontado, é a incoercível Moira que reina até sobre os deuses, para o que der e vier. Ou seja, o destino não é atribuído a Deus, Allah ou aos deuses. Você mesmo é a incoercível Moira. Não se trata de um determinismo religioso, não se trata de uma predestinação. Embora eu tenha evocado a palavra determinismo, é preciso notar que Nietzsche não a usa, ao menos não em *Humano, Demasiado Humano*. E não me lembro de tê-la lido em suas outras obras, embora, é claro, não se possa confiar na memória. Mas em *Humano, Demasiado Humano*, nenhuma vez!

Não penso que Nietzsche possa ser descrito como determinista, apesar de tudo que falamos até aqui. O homem é determinado como moira (fatum, fado, destino) e fica claro que a ideia de destino é abrangente, e poderíamos dizer, abraça o ser humano. Não há aqui, contudo, aquele dualismo que está presente na Dialética transcendental, quando Kant fala de uma causalidade natural e uma causalidade da liberdade. Em certo sentido, o homem está completamente na natureza, ou poderíamos dizer, há apenas, para Nietzsche, um tipo de causalidade: o homem e sua vontade pertencem à natureza.

Até aqui, vimos que para Nietzsche o homem sente-se livre, quando não o é. Mas em que sentido há a negação da liberdade? Em *Humano, Demasiado Humano*, fica patente, no capítulo sobre a história dos sentimentos morais, que Nietzsche se refere à liberdade como conceito moral, que é descrito como uma farsa ou como uma ilusão. Em todo caso,

---
[44] *Alcorão Sagrado*, tradução de Samir El Hayek, 1ª ed. São Paulo: Folha de S. Paulo, 2010. A passagem citada está na página 129.

permanece a liberdade como sentimento de liberdade. E aqui me parece que há um ponto interessante para ser meditado. E conto com vocês para me ajudarem, já que escolhi, uma vez mais, ter diante de mim apenas o texto de Nietzsche, abrindo mão de uma pesquisa bibliográfica em seus intérpretes. Por mais que haja a recusa do conceito moral de liberdade, o sentimento de liberdade permanece como uma necessidade para a própria vida do homem. O conceito moral é uma espécie de sedução da linguagem, como é dito em *O Andarilho e sua Sombra*, aforismo 11: "A crença no livre-arbítrio (...) tem na linguagem seu persistente evangelista e advogado."

Que a liberdade em sentido moral, ou seja, que o conceito de responsabilidade, seja um erro, as passagens de "Humano, Demasiado Humano" que citei podem ser lidas com mais argúcia para um clareamento quanto a posição de Nietzsche. Interessa-me investigar melhor esta noção positiva de sentimento de liberdade. Nietzsche não oferece uma explicação da origem deste sentimento. Ao invés, procura mostrar como a história procurou transformar este sentimento no conceito de responsabilidade, referindo-se à prática comum e moralmente avaliativa que estabelece para as ações louvor, recompensa, censura, punição, etc., donde se deriva o conceito de responsabilidade humana. No âmbito da justiça, a liberdade e a responsabilidade são precondições que justificam a gratificação e a criminalização de nossos atos. Mas a análise de Nietzsche permanece insatisfatória neste aspecto. É no viés religioso que sua análise se torna um pouco mais aprofundada.[45]

A liberdade de vontade como truque sacerdotal

A vida religiosa aparece em várias seções de *Humano, Demasiado Humano*, a fim de examinar os conceitos religiosos, como pecado,

---

[45] Claro está que no âmbito da *Genealogia* (1887) estas análises tornar-se-ão mais bem fundamentadas.

pecaminosidade e a impecabilidade do homem. O ponto crucial na conexão entre liberdade humana e punição é agora estabelecido para Nietzsche, na seguinte ideia: a liberdade humana foi criada especificamente para ser capaz de atrair e punir as pessoas. O fato de o sacerdote ter se tornado juiz e criador de valores revelaria a ideia de que os supostos valores eternos perseguem esta intenção muito específica, embora de maneira discreta, subterrânea. A arte da religião desenhou na natureza do homem a ideia de maldade e de pecaminosidade. Mas ao falar de religião, Nietzsche tem em mente tão somente o cristianismo. Na seção 78, "A doença de crer na doença", de *O Andarilho e sua Sombra*, lemos: "Foi o cristianismo que pintou o Demônio na parede do mundo; foi o cristianismo que trouxe o pecado ao mundo." E isto com o motivo de oferecer os seus remédios. Com a modernidade, Nietzsche pensa que a crença em tais remédios foi abalada, "mas ainda existe a crença na doença que ensinou e difundiu". Ou seja, a ideia de liberdade é arquitetada para fundamentar a ideia de pecado. Se relembrarmos o raciocínio de Schopenhauer, apresentado por Nietzsche, podemos dizer que é exatamente da ideia de culpa que se deduziu a ideia de liberdade. Donde se pode afirmar que mesmo Schopenhauer teria caído nesta armadilha.

Caberia aqui uma investigação aprofundada de como Nietzsche percebe a origem do pecado dentro do cristianismo, quando procura mostrar que estas noções, vingança de Deus, pecado original, misericórdia, perigo da condenação eterna, mandamento de Deus, e consequentemente a sua violação, estão associadas à ideia de liberdade como pressuposto. E esta discussão remete à preleção sobre Agostinho. Se comparássemos a imagem que Nietzsche constrói dos gregos (associada à saúde) com a do cristianismo agostiniano (associada à doença), teríamos uma boa dissertação sobre invenções psicológicas do trabalho do cristianismo e suas estratégias de poder, segundo a ótica de nosso filósofo.

Mas voltemos ao ponto que creditei um valor para nossas preleções: se liberdade humana é um erro, qual o valor do sentimento de liberdade? De onde vem este pensamento de que somos livres? Até aqui, Nietzsche acusa os sacerdotes cristãos de terem interpretado este sentimento de liberdade como uma responsabilidade real, tomada por sua vez como instrumento para a doutrina do pecado: "Os homens foram considerados livres para se poder julgá-los e castigá-los, para se poder declará-los culpados." (*Crepúsculo dos Ídolos*, "O erro do livre arbítrio", VI, §7)

A visão naturalista de *Humano, Demasiado Humano* não atribui a origem do sentimento de liberdade ao cristianismo. A leitura psicológica de Nietzsche indica que há uma certa fantasia na interpretação dos motivos das ações e de nossas experiências, este motivo é a premissa necessária para se tornar cristão e sentir a necessidade da salvação. O problema para Nietzsche não está ligado a figura de Jesus ou aos Evangelhos, mas sim aos sacerdotes e aos teólogos. Esta psicologia da culpa associa liberdade, responsabilidade a noção de pecado e de poder (os juízes) e dominação: o cristianismo é a metafísica do carrasco, diz Nietzsche.

A liberdade como esperança

O filósofo histórico de *Humano, Demasiado Humano* não distingue a história humana da história da natureza. A ideia segundo a qual o homem pertence inteiramente à natureza retira de cena aquela ideia kantiana de pensar a liberdade como o princípio incondicionado de começar uma nova série. O sentimento de liberdade é intrínseco ao homem como ser natural, uma estratégia de sobrevivência da espécie. Este é certamente um ponto obscuro nas páginas de Nietzsche, que se dedica mais a estudar como o sentido de responsabilidade e a ideia moral de liberdade são derivados deste sentimento. Dentro da história natural esboçada na obra de Nietzsche, o sentimento de liberdade é uma espécie de falácia original presente no homem como ser orgânico, uma ilusão relevante que surge inevitavelmente. Temos, portanto, no pensamento de Nietzsche, estas duas leituras do problema da liberdade, claramente distintos: a liberdade moralmente constituída, resultante (como pressuposto) da ideia de pecado original do homem, donde decorre a noção de punição, de dívida e culpa. Tal liberdade é um erro, um engano. E a outra leitura , desta vez, naturalista, é que existe necessariamente no homem esta ilusão de liberdade, este sentimento.

    Mas, onde está a liberdade que adjetiva os espíritos livres, a quem é destinado o livro dedicado a Voltaire? Está na recusa do peso das tradições: sua conduta no mundo não está ancorada a nenhuma convicção advinda do poder do argumento de autoridade. Mais que isto, a liberdade do espírito livre está na imprevisibilidade de sua conduta. Na radical recusa da ideia de responsabilidade e de culpa, consequência da doutrina da não-liberdade da vontade. A liberdade do espírito livre, até onde consigo ver, está na determinação do comportamento não-conforme os erros da moralidade que se baseia ideia de responsabilidade. Ele se desapega do convencional, se liberta da tradição. Nietzsche fala em um romper com a tradição, em uma violação da moral existente e de um comportamento não-conforme.

    Mas surge aqui uma dificuldade: se a ideia de responsabilidade é inteiramente recusada (no direito penal, o criminoso não é bandido culpado) da mesma forma o espírito livre não seria responsável por sua liberdade. Como lidar com estas dificuldades? Evocando a ideia de destino, de sorte ou má sorte, para ler a condição humana? Há passagens em que Nietzsche fala de uma liberdade positiva, a exemplo de *Além do Bem e do Mal*, aforismo 62. Ao colocar o homem na natureza, como uma espécie de animais espertos, ele nos diz que "o homem é o animal ainda não determinado". O que o leva a uma necessidade de auto-determinação. Parece contraditório falar agora nesta necessidade de auto-determinação, mas se olharmos bem, a ideia do sentimento de liberdade como sendo natural na espécie humana, vem exatamente de sua incompletude, deste seu "ainda estar por fazer". E se o homem é um animal histórico, sem nenhuma essência eterna, incompleto, ele vai se constituindo a partir de seus impulsos, de sua vontade de poder, de dominação, e assim constitui ele mesmo um eterno devir, um eterno vir a ser, um ser que se transforma essencialmente.

Ora, o que é a liberdade para Nietzsche? Que ela seja um sentimento, e não uma condição existencial, não traz muita diferença, a não ser marcadamente com a ideia de uma liberdade moral. Em *Crepúsculo dos Ídolos* (IX, 38), encontramos neste derradeiro momento da vida intelectual de Nietzsche, um aforismo intitulado "Meu conceito de liberdade", em que lemos:

> Pois o que é liberdade? Ter a vontade da responsabilidade por si próprio. (...) Tornar-se mais indiferente à labuta, dureza, privação, até mesmo à vida. (...) Liberdade significa que os instintos viris, que se deleitam na guerra e na vitória, predominam sobre outros instintos. (...) O ser humano *que se tornou livre*, e tanto mais ainda o *espírito* que se tornou livre, pisoteia a desprezível espécie de bem-estar com que sonham pequenos lojistas, cristãos, ingleses e outros democratas. Como se mede a liberdade, tanto em indivíduos quanto em povos? Conforme a resistência que tem de ser vencida, conforme o esforço que custa ficar em cima. [Por fim, entendo a liberdade] como algo que se tem e *não* se tem, que se *quer,* que se *conquista*.

A liberdade do "espírito livre" não necessariamente contradiz a negação da liberdade de vontade. Embora possa parecer paradoxal que um livro dedicado aos espíritos livres negue a liberdade humana, é fundamental compreender que, para Nietzsche, o erro, a ilusão e até mesmo a mentira não são necessariamente negativos. Mesmo a religião, embora seja negada em termos teológicos, é reconhecida pragmaticamente por Nietzsche, como visto no aforismo 472, devido à sua capacidade única de gerar valores que nem a política nem a ciência conseguem alcançar.

Além de reconhecer o erro na concepção da liberdade moral e valorizar a ilusão, é importante considerar um último ponto para mitigar as aparentes contradições nos elementos da filosofia nietzscheana que discutimos.

O aforismo 107, que encerra o capítulo II de *Humano, Demasiado Humano*, intitulado "Irresponsabilidade e Inocência", apresenta uma metáfora que gostaria de retomar para concluir nossa análise sobre a liberdade. Ao negar a responsabilidade e a culpabilidade, igualmente se nega o mérito e a autoridade do agente. Nietzsche argumenta que todas as avaliações e aversões em relação a uma ação são o resultado de um sentimento mais profundo, não devendo ser alvo de louvor ou censura moral. Segundo o filósofo, seria absurdo "louvar e censurar a natureza e a necessidade". Este afeto avaliativo opera de maneira similar à apreciação de uma obra de arte: admiramos suas qualidades intrínsecas, como força, beleza e plenitude, sem atribuir mérito ao objeto, pois são características de uma natureza própria que nos agrada ou desagrada. Vejamos o trecho mais significativo do texto:

> A borboleta quer romper seu casulo, ela o golpeia, ela o despedaça: então é cegada e confundida pela luz desconhecida, pelo reino da liberdade. Nos homens que são capazes dessa tristeza — poucos o serão! — será feita a primeira experiência para saber se a humanidade pode se transformar, de moral em sábia . (...) Tudo é necessidade — assim diz o novo conhecimento: e ele próprio é necessidade. Tudo é inocência: e o conhecimento é a via para compreender essa inocência. ? (MAI/HHI, § 107).

Esse processo de transformação, como a metamorfose de uma larva em borboleta, marca a transição de um tipo de liberdade para outro, de uma moral para uma sabedoria. Essa transição é viabilizada pela negação da liberdade moral. No entanto, ao negar a liberdade como conceito fundador da espécie humana, não estaria Nietzsche, essencialmente, dissolvendo tudo o que entendemos por humano até aqui? Essa reflexão poderia se conectar à ideia do *Übermensch*, apresentada em *Assim Falou Zaratustra*, e penso em desenvolvê-la em um ensaio futuro.

Os espíritos livres, como mencionado anteriormente, são aqueles que rompem com a longa tradição de pensamento fundamentada na ideia da liberdade humana. Uma das primeiras consequências desse espírito livre é a libertação da noção de culpa, por meio da irresponsabilidade e da inocência. Essa libertação representa uma espécie de boa nova, onde a crítica à liberdade de vontade liberta o homem da necessidade de salvação, reconhecida como uma falsa necessidade. Um conceito que complementaria essa noção de liberdade pensada positivamente, segundo Nietzsche, é o imperativo presente em sua obra final, *Ecce Homo*: o homem deve tornar-se aquilo que ele é.

Ao aproximar a ideia de que o homem é um animal guiado por seus instintos à concepção desenvolvida na "Genealogia da Moral", onde a cultura moral do Ocidente domesticou esse animal, retirando as rédeas de seu destino dos instintos e de sua própria natureza, podemos obter uma compreensão mais clara do problema. Ser livre, para Nietzsche, é reconhecer a própria necessidade, libertando-se da submissão à história cultural e reconhecendo a própria cultura como uma ilusão necessária, imposta por sua própria natureza.

Atualmente, não compartilhamos simpatia pela negação nietzschiana da liberdade e da responsabilidade, nem pelas consequências de suas ideias nas práticas humanas. No entanto, é fascinante e inspirador perceber que Nietzsche mesmo é um projeto de filosofia transformado em axiologia. Através dele, aprendemos que os valores também têm uma história humana, o que nos abre para a esperança: a possibilidade de criar valores diferentes, de inventar novos modos de ser. A história da liberdade, portanto, é a história da criação de valores, sejam eles ilusórios ou não. Diante disso, a pergunta que sempre nos cabe é: a ideia de liberdade é vantajosa, enriquecedora para a vida? Essa é a essência da esperança: assim como um verdadeiro corsário, Nietzsche nos convida a caçar os homens não para escravizá-los, mas para conduzi-los a uma liberdade possível.

TERCEIRA PARTE
Religião e ética

DÉCIMO PRIMEIRO JARDIM
O filósofo, o outro e a Pandemia: exercícios de tragosofia.[46]

Introdução como Agradecimento

A filosofia é antes de mais nada, um exercício vital no qual se constroem pensamentos e formas de vida que são, num só golpe, práticas e contemplativas. A prática do filósofo é, por certo, a atividade de pensar e neste sentido, devemos discutir constantemente o que é objeto de pensamento filosófico. "Pensar é agradecer"[47] na medida em que este exercício é sempre aprendido dentro de uma tradição. Portanto, pensar não é um ato originário que surge a partir de si, mas é sempre relacional, pois pensar é pensar alguma coisa a partir de certas condições. Pensar é uma espécie de pôr em movimento formas vitais que se desenvolvem em exercício. Mas ao se desenvolver em formas autênticas, este exercício conduz a determinadas cisões que colocarei em exame para considerar questões fundamentais neste momento em que, não apenas as forças democráticas e republicanas de nossa vida política estão sob ameaça constante, mas o nosso próprio modo de viver está sob reavaliação, devido à pandemia do novo Coronavirus Disease 2019 (COVID-19).

O caminho a ser percorrido, neste momento, exige que coloquemos sob o exercício da crítica o nosso próprio modo de vida que sofre, não há dúvidas, modificações que persistirão ainda por um bom tempo. Este momento é assim oportuno para uma série de discussões que

---

[46] Publicado originalmente na revista Seminário de Visu, v. 8, n. 2 (2020), com o título: Exercícios de Tragosophia em tempos de Pandemia: o bode, a ovelha e o lugar da inventividade na prática do filósofo.
[47] HEIDEGGER, "A essência da linguagem" in. *O caminho da linguagem*. Tradução de Marcia de Sá Cavalcante Schuback. Petrópolis: Vozes, o Francisco, 2003. Cf. Página 216.

evocam a habilidade de pensar. A ideia mesma de crise está associada a ideia de crítica, ambas as palavras possuem a mesma raiz: o verbo grego *krinō*. A *krisis* é a ação de distinguir, de decidir e de tomar decisões e a ideia mesma de crítica envolve a noção de distinguir, examinar e questionar.[48] Não há crise sem a capacidade de colocar em questão as coisas que estão aí. Neste sentido, quando as forças não-humanas modificam o estado de coisas humanas, as mudanças maiores, a crise ela mesma, é resultado de escolhas e decisões que tomamos diante de tais forças. Não há pandemia sem que se considere a presença do vírus como conveniência de mudanças necessárias para lidar com o seu próprio agente causador, sobretudo quando não se tem a ciência necessária para produzir técnicas de superar o estado de coisas proposto pelo vírus. Assim, quando a razão humana propõe o "isolamento social" como mecanismo mais eficaz de não contaminação, os efeitos das mudanças no modo de vida que resultam na crise estão diretamente ligados à tomada de decisões humanas e menos ligadas ao próprio agente natural. A crise não é, portanto, produto do vírus, mas da necessidade de modificar o modo de vida para lidar com o vírus.

Isto posto, o itinerário ensaio que se desenha à nossa frente pode ser descrito da seguinte maneira: primeiro, proponho um olhar para o atual momento da humanidade, submetida a uma pandemia devastadora dos modos de vida social, econômica, política, etc., que praticávamos até aqui, para então me voltar para a ocupação da filosofia, o que equivale a perguntar pela prática e pelo ofício do filósofo quando o estado de coisas se encontra em crise. Uma volta aos estoicos será inevitável. Em seguida, o que será colocado em exame é a própria ideia de encontro, entendendo

---

[48] Dicionário grego-português (DGP): volume I / [coordenação Daisi Malhadas, Maria Celeste Consolin Dezotti, Maria Helena de Moura Neves], Cotia: São Paulo, 2006, página 94.

esta ideia tal como foi praticada pelos gregos no sentido de *Sympósium*, esta palavra grega que os tradutores de Platão traduzem por Banquete, e que exige o diálogo vivo como prática filosófica. Vencida esta etapa, caberá examinar a ideia de necessidade da filosofia, expressa em momentos de crise sob a necessidade de se examinar, em verdade, as rupturas entre o eu e o outro sob a violência ou incapacidade de afirmação de um nós diante da pluralidade de elementos identitários. Por fim, o presente ensaio colocará sob exame a noção de tragosofia (que até o presente momento carece de esclarecimentos e desenvolvimentos) para apontar alguns princípios fundamentais e possíveis para a prática filosófica no mundo em crise e no mundo pós-pandêmico. A exigência tragosófica é precisamente a exigência de tornar a filosofia viva, cultivada a partir do solo em que se pisa, por exemplo, levando- se em conta as forças sertânicas que abrigam o filósofo do Nordeste brasileiro. Estas mesmas exigências impelem a reflexão filosófica a tomar como objeto o próprio tempo pandêmico.

O impacto do Coronavírus nos sistemas de saúde mundiais, quando ainda não há medicações eficazes e muito menos vacinas, tem exigido medidas que restringem as relações sociais efetivas e promovem modificações e o uso mais presente de tecnologias de comunicação. A pandemia do Coronavírus mostra diferentes realidades dentro de um mesmo país que resultam em variações no índice de mortalidade pela Severe Acute Respiratory Syndrome Coronavirus 2, devido à presença ou ausência de leitos hospitalares, respiradores e outros suprimentos demandados.[49] Esta evidência mostra que as técnicas humanas podem reduzir a mortalidade da doença e que, em determinados momentos

---

[49] [41] FERGUSON, N., Laydon, D., Nedjati Gilani, G., Imai, N., Ainslie, K., Baguelin, M., ... Ghani, A. (2020). Report 9: impact of non-pharmaceutical interventions (NPIs) to reduce COVID19 mortality and healthcare demand. http://dx.doi.org/10.25561/77482.

oportunos, a ausência de tais técnicas conduz à morte inelutavelmente. Portanto, o vírus e sua mortalidade não têm ligações apenas com questões biológicas e tecnológicas, envolve diretamente decisões políticas e visões de mundo sociais, que demandam investimento em tecnologias hospitalares e igualmente em tecnologias sociais. Tanto a filosofia quanto as ciências humanas são fundamentais no enfrentamento da pandemia, exatamente porque as decisões políticas demandam certos esclarecimentos que não passam pela pesquisa de laboratório, mas envolvem diretamente modos de vida que são, neste momento, alterados.

O ensaio que aqui se desenvolve como exercício de pensamento envolve questões que passam longe de propor soluções sociais e políticas, mas inscreve a necessidade de uma meditação acerca do sentido do modo de vida que conduz a uma necessidade da filosofia em tempos de crise. Esta necessidade evoca, ela mesma, questões sociais e políticas, que são, portanto, consequências do exercício de pensar a própria maneira de viver o tempo presente e que exige de si reflexões sobre modificações possíveis e necessárias.

Pandemia e a persistência dos estoicos

A primeira exigência da pandemia, antes de chegar ao domínio da vida doméstica, é a sabedoria de tomar decisões do ponto de vista médico e político. Médico porque é preciso compreender a dimensão da doença, e político porque as decisões afetam diretamente a vida das pessoas. Mas esta primeira exigência de sabedoria em tomar decisões afere uma vontade política e uma capacidade médica. Do ponto de vista político, é um teste de tolerância ideológica e de resistência à ignorância brutal do uso da força no momento em que se exige a audição de pontos de vistas distintos. Esta mesma necessidade de audição é posta para a medicina, que é, em verdade, uma técnica, uma arte: a medicina precisa ouvir a ciência. Mas, claro, a pandemia promove modificações em todos os domínios da atividade humana. Do ponto de vista religioso, a pandemia provocada pelo COVID-19 evoca antigos sentimentos de fé que, em muitas pessoas, desenvolve-se pela real aproximação da morte possível e antecipada. Portanto, a pandemia coloca a todos questões profundas para a existência humana, na medida em que as pessoas são afetadas pela realidade que persiste. Até mesmo os negacionistas movimentam-se em torno do que pretendem negar.

 A organização da vida cotidiana, em níveis planetários, sofre modificações que conduzem a revisões no modo de vida e que estimulam tomadas de opinião: possivelmente, para as gerações atuais, a necessidade de assumir um posicionamento acerca de questões das quais não se tem conhecimento, muitas, em verdade, que exigem conhecimentos especializados (acerca de prescrição de medicamentos e protocolos clínicos), nunca foi tão persistente. Com as escolas fechadas, a vida doméstica ganha outros contornos com a presença dos estudantes, das mais diversas faixas etárias. Tomar decisões sobre reabertura do comércio em tempo desconexo da reabertura das escolas traz questões difíceis, que exigem tomadas de opiniões. Em verdade, nada do que aprendemos até aqui dá conta da reestruturação da vida cotidiana. Alimentar-se e manter-se saudável é essencial em tempos de pandemia, mas o tempo gasto com o trabalho, remoto ou presencial, mostra que pouco sabemos acerca da nossa própria vida cotidiana e doméstica, por mais que estejamos nela. As reações individuais e coletivas são diversas, mas mostram que muitas emoções estão em jogo quando decisões difíceis precisam ser tomadas e opiniões assumidas, sobretudo quando discursos antagônicos se mostram na vida política.

Quando os governos dão ouvidos à razão científica mais esclarecida, que reconhece a deficiência tecnológica para lidar com a pandemia, a técnica recomendável exige a um só tempo distanciamento e solidariedade. Ser solidário é assumir a si mesmo como um elemento fundamental no jogo da transmissão do vírus. É esta ação individual que requer o exercício do conjunto humano. Schopenhauer compreendia as interações comunitárias como um difícil exercício de encontrar a distância correta, como acontece com o dilema do porco-espinho, que precisa se aproximar de seus outros para aquecer-se do frio, mas não pode se aproximar demais para não se ferir e ferir com seus espinhos. Os porcos-espinhos, nesta fábula contada pelo filósofo alemão, indo de um lado para o outro, e sofrendo o mal do frio e o mal do espinho, encontraram, enfim, "a distância média na qual puderam resistir melhor."[50] É este distanciamento ideal que se impõe como imperativo na reabertura da vida no mundo pós-pandêmico. E este aspecto social, político em sentido próprio, exige, repito, que cada ação individual coloque a si própria como objeto de reflexão e objeto de questão. Permitam-me as palavras de Schopenhauer, em outra obra, para que possamos pensar uma questão que exige reflexões para a vida cotidiana:

É preciso viver com apropriado conhecimento sobre o curso das coisas no mundo. Todas as vezes que alguém perde o controle, ou sucumbe aos golpes da infelicidade, ou se entrega à cólera, ou se desencoraja, mostra justamente que concebe as coisas de maneira diferente do que esperava, logo que estava errado e não conhecia o mundo nem a vida, não sabia como a natureza inanimada, pelo acaso,

---

[50] SCHOPENHAUER, Arthur. Parerga und Paralipomena. Zurique: Haffmans, 2 vols, 1988. Páginas 559-560.

assim como a natureza animada, por intenções opostas e também por crueldade, cruza a cada passo a vontade individual.[51]

Schopenhauer, com estas palavras da seção 16 de seu livro capital, O mundo como vontade e representação, evoca a própria filosofia como um modo de vida, tipicamente como faziam as escolas gregas da era do helenismo. É esta questão que gostaria de colocar na mesa de discussões. Qual é o objetivo da filosofia? Ora, a resposta destas escolas, a exemplo do estoicismo, é muito clara: responder à pergunta fundamental: como devo viver? Ora, a filosofia somente pôde se voltar para a vida neste período e poderá fazê-lo em qualquer tempo, porque viver expõe o ser vivente a uma série de problemas persistentes. Não são apenas as questões matemáticas, cósmicas e ontológicas que colocam problemas para a ocupação filosófica, como pode pensar o leitor da história da filosofia. Paixões, medo, doenças, morte, a busca pelo poder, as traições, os governos injustos, a vida sexual, tudo isto perturba o pensamento e impele a uma reflexão filosófica constante pela serenidade da vida. A filosofia tornou-se neste período pós-Aristóteles e pré-Agostinho, uma forma de vida terapêutica que se dedicou a combater e a reduzir os males da vida, sem nenhuma pretensão de removê-los. Era a isto que chamavam *amor fati*.

A filosofia antiga foi assim marcada pelo exercício espiritual, ou seja, uma atividade prática que não fazia a cisão entre as atividades intelectuais e vida cotidiana, de modo a transformar no filósofo e em sua existência, o modo de viver e enxergar as coisas. Submetido às condições impostas pela crise da pandemia, e, repito, compreendo a crise como a

---

[51] SCHOPENHAUER, Arthur. O mundo como vontade e como representação, tradução, apresentação, notas e índices de Jair Barboza. -São Paulo: Editora UNESP, 2005. Página 144.

resposta humana ao vírus, somos levados a compreender na importância do estoicismo a filosofia como exercício vital. No caso dos estoicos, construiu-se uma filosofia da aceitação precisamente porque o conhecimento do curso do mundo, para lembrar a citação de Schopenhauer, importa mais do que a construção de teorias. Este princípio da aceitação, longe de ser uma resignação, é uma atividade diante do destino. Epicteto disse: Há coisas que dependem de nós e há coisas que não dependem de nós. A observância da resposta ao vírus, dentro das técnicas atuais, promove uma crise profunda que deve ser observada: distanciar-se do outro, cumprir regras de higiene, cuidar de si, tudo isto tem como resultado um cuidado do outro, que é mínimo, mas cuja extensão pode ser ampliada. O que não depende de nós, são ao mesmo tempo o vírus que se impõe violentamente e a ignorância dos governos que não promovem planos de superação da crise, mas lutam para a defesa idiossincrática que resulta numa luta contra as próprias instituições que compõem a República.

Os estoicos enfrentariam a atual pandemia, ou suportariam a crise contra o vírus, a partir das quatro virtudes que julgavam essenciais. Quando me refiro aos estoicos procuro suprimir as peculiaridades de cada escola propriamente para enxergar os seus pontos em comum, pois são muitas as diferenças. Antes de falar destas quatro virtudes, as exigências de rigor impõem que eu justifique melhor estas supressões necessárias à sua definição. Além disso, seria pedante pressupor que o leitor tenha a obrigação de conhecer estas escolas. Permitam-me, antes, portanto, apenas algumas considerações gerais e didáticas.

O chamado estoicismo antigo deu início à escola estoica entre os gregos, com Zenão de Cítio, seu "fundador". Esta escola teve figuras importantes, como Aríston de Quíos, Crisipo e Cleanto, entre outros filósofos diversos. Este período se estende até o século III ou II a. C., a depender do modo como se lê as obras de Boeto (ou Boezo) de Sídon, que se conta também entre os peripatéticos e de Arquimedo de Tarso.

Por que esta escola filosófica ficou conhecida por estoicismo? A Stoá é um elemento arquitetônico formado por um corredor e colunas, presente de modo usual na entrada de prédios públicos, na Antiguidade greco-romana. Havia, assim, muitas *stoai* nas cidades gregas. Stoá pode ser traduzido por Pórtico, ou mesmo Hall ou Colunata. O nome da escola filosófica veio devido ao Pórtico ou Stoá de Peisianax (em grego: Στοά Πεισιανάκτειος; Stoá Peisianákteios), que foi uma antiga edificação na Agorá (Αγορά, praça pública) de Atenas, construída durante o século V a.C.. Este pórtico fica no lado norte da Agorá, e era o lugar onde Zenão de Cítio realizava suas reuniões regulares e suas palestras, por volta do ano 300 a.C. Estrangeiro em Atenas, Zenão era impedido de comprar uma casa ou um prédio para construir sua escola. Em torno dele, juntaram-se muitos discípulos e outros filósofos e por se reunirem na Stoá foram chamados Στωϊκός, stoikós, ou numa tradução para o nosso português, "filósofos do pórtico."

Ficou conhecido na História da Filosofia como estoicismo médio as escolas dos pensadores Panécio e Possidônio, sobretudo. Panécio foi mestre da escola de Stoá, e mitigou a prevalência da virtude para a felicidade: também meios materiais moderados, a saúde e os deveres são fundamentais para uma vida feliz. Possidônio deu continuidade ao trabalho de Panécio, sucedendo-o na direção da escola. Algumas outras figuras têm mais importância histórica que filosófica, como é o caso de Hecatue de Rodes, discípulo de Panécio, que ao se interessar menos pelas questões da lógica e da física (própria do estoicismo antigo), voltou-se para questões morais e exercerá forte influência no terceiro período do estoicismo.

Por fim, o estoicismo novo. Os principais pensadores: Sêneca (que se matou sob as ordens de Nero no ano 65 da era cristã), Caio Musônio Rufo (25-95 d.C.), Epiteto (50-135 d.C.) que foi aluno de Musônio Rufo, Hiérocles (100-150 d.C.), de quem se descobriu em 1901 um papiro intitulado Elementos de Ética e, por fim, Marco Aurélio (121-180 d.C.), o imperador-filósofo de Roma, tido como um governante muito bem-sucedido, justo e culto, que nos deixou diversas obras. Houve, é claro, muitos outros nomes, mas cito apenas aqueles que tive o prazer de estudar por conta própria após os meus anos de formação e que recomendo ao leitor. Os estoicos não interessam aos professores de filosofia, de modo geral, e os alunos saem dos cursos de graduação sem examinar suas obras.

Os estoicos possuem, em seus diversos períodos e sob a diversidade de seus representantes, diferenças fundamentais. Mas é possível, didaticamente, suplantar as diferenças e compreender seus interesses comuns: física, lógica e ética. Tanto a física quanto a lógica são exercitadas na compreensão diária do mundo, embora seja possível reconstruir teoricamente as contribuições dos estoicos dentro destas disciplinas. A este respeito, remeto o amigo leitor ao livro bastante acessível de Pierre Hadot.[52]

A ética estoica é fundada em uma ideia muito esquecida nas éticas contemporâneas, mas fundamental para as éticas antigas: a noção de

---

[52] [44] HADOT, Pierre, O que é filosofia antiga? São Paulo: Loyola, 1999. Ver página 189 ss.

virtude. Hoje fala-se mais em deveres do que em virtudes.[53] Os estoicos apregoavam a equivalência da existência com a realidade, ou seja, a equivalência da vida com a natureza, visto que a realidade é a expressão mais exaltada da razão e a natureza, ao seu julgamento, é racional. Assim, o imperativo ético é viver na radical aceitação do destino, no combate contra as forças da paixão que produzem a intranquilidade. Adequar-se ao destino, aceitá-lo, é aceitar a racionalidade do mundo e a presença da justiça como força racional na existência do mundo. O mal é o resultado deste desvio, desta não adequação, é, portanto, oriundo dos vícios, da ausência das virtudes, do entregar-se às paixões sem ter em mãos o seu controle, do que decorre o desequilíbrio e a destruição moral de si mesmo. Diferentemente do que poderia parecer, os estoicos construíram uma profunda crítica política e social e, portanto, suas doutrinas não caminham para uma resignação diante dos vícios da sociedade. A equivalência das atitudes ao real é um equilíbrio com o que é racional, e as sociedades, sobretudo a sociedade romana daquela época, é marcada pela corrupção e pelos vícios. Os estoicos do chamado novo estoicismo, os estoicos romanos, propuseram reformas sociais e políticas fundadas em ideias de cosmopolitismo e de sabedoria prática. No fundo, o estoicismo estabeleceu-se, entre os romanos, como ética, como uma concepção de vida que para além da compreensão teórica e expressão retórica se firmou como atitude diante da vida e diante da morte. Mas estas propostas éticas partem de homens como Sêneca ou Marco Aurélio, que são políticos, no sentido republicano. Não é verdade que o projeto estoico se reduz a elevar o homem à condição de sábio, na verdade, este é um ponto essencial, mas igualmente essencial, e não posso deixar de dizê-lo, é o caráter público da ética estoica, sobretudo com os pensadores romanos,

---

[53] Cf. REIS, Alexandre H. Os Jardins da Academia, Curitiba: editora Appris, 2018, páginas 121-128.

que viveram a política e exerceram cargos públicos. A atitude diante da morte e o que esta atitude pode representar de sabedoria e o resistir diante das tormentas da vida são ensinamentos públicos, que devem se estender até o homem comum.

As ideias de Sêneca, de Cícero e de Marco Aurélio, sobretudo, têm se mantido populares ainda hoje, em pleno início da década de 2020, quando pandemias abatem as sociedades mundiais, como mostra o vasto interesse editorial e comercial de seus livros. Notem que os governantes devem praticar a virtude, o seu exemplo, ou seja, o exercício público da virtude, deve educar os cidadãos. Sob o governo que o Brasil possui hoje, seria necessário inverter a ideia: podemos aprender eticamente com o presidente da República, com seus ministros e suas equipes não se espelhando em seus vícios, que são praticados publicamente.

As ideias de uma atitude virtuosa diante dos mares revoltos da vida faziam parte do imaginário da nobreza romana, e elas provavelmente mostram a coragem e as escolhas de muitos personagens da política romana diante da morte. Como mostrei em outro lugar, o ideal ético do estoicismo pode ser compreendido na postura serena de encarar o abismo (REIS, 2020, cap. 1). Voltemos agora, à questão que me interessa: as quatro virtudes estoicas que podem nos ajudar diante da pandemia e da crise atual.

A primeira virtude é a sabedoria, que implica correlacionar os acontecimentos provindos da natureza com a razão. Implica, do ponto de vista do exercício prático, em acolher os acontecimentos com calma e serenidade. Considerando que a razão é natural e a natureza é racional, as técnicas que promovem a crise, como a quarentena, o distanciamento social, a higiene necessária e até mesmo o lockdown, quando imposto pelas condições já em termos de desastre, devem ser aceitas tanto pela força necessária de resposta que dão ao vírus, quanto pela independência da presença do vírus em relação a nossa vontade individual. A razão estoica compreendeu, na prática da sabedoria, que em situações com esta não é sábio procurar um responsável, culpá-lo e amaldiçoá-lo, como as acusações do ministro das relações exteriores da nossa República. Psicologicamente, este tipo de reação implica na expressão do pânico.

A segunda virtude estoica que deve ser lembrada é precisamente a justiça. A justiça foi elevada, por exemplo na Ética de Aristóteles (2001, livro V) como a mais importante das virtudes, sem a qual sequer outras virtudes são possíveis, precisamente porque é a própria justiça que define a virtude como justa medida. Na atividade prática dos estoicos, em tempos de crise, a virtude da justiça deve ser praticada na interação com as outras pessoas, no encontro do distanciamento ideal, como os porcos-espinhos de Schopenhauer. A terceira virtude é a moderação. Desacostumado a ficar consigo mesma, a pessoa descobre o quão difícil é ficar a sós, ficar consigo, ou com o outro que habita a mesma casa. E diante disso, lança-se para fora em um uso abusivo de redes sociais ou, quando tem condições, lança-se às compras desnecessárias, virtuais ou presenciais, que dão vasão a este desejo de sair de si. A virtude da moderação é, portanto, necessária para moderar os prazeres, isso vale para a comida e a bebida e outras substâncias. Esses excessos, se não estavam presentes antes da quarentena, revelam o pânico de ceder aos impulsos e ao seu império. A moderação dos prazeres é a virtude que encontramos também, e com a mesma relevância, em diversas outras escolas gregas, entre os platônicos, os aristotélicos, os epicuristas, etc.

A quarta virtude estoica necessária para sobreviver à pandemia é a coragem. Tomar decisões que implicam em efeitos desagradáveis, respeitar o bem comum e a presença do outro, implicam coragem, esta virtude necessária e condição de possibilidade para a mudança de hábitos. Se juntarmos essas quatro virtudes teremos diante de nós uma determinação no modo de vida que implica precisamente no que estas escolas antigas chamaram de felicidade. A felicidade, vale lembrar, é uma atividade, um exercício da virtude, que permite um distanciamento do que promove os sofrimentos, como o destempero e os vícios.

Aí estão, neste breve retorno às escolas do helenismo, privilegiando o estoicismo, as raízes da filosofia pensada como modo de vida. É precisamente este tipo de compreensão filosófica que revela a força de suas reflexões para momentos de crise que imperam nossa vontade sob os atuais revezes. Estamos testemunhando, com o nosso sofrimento e sobretudo com o modo como lidamos com esse sofrimento, modificações profundas no modo de nossa existência coletiva: globalização, ultraliberalismo e baixa prioridade nos assuntos públicos, individualismo, tudo isto sairá profundamente alterado desta pandemia. Como serão estas alterações é difícil prever, porque existem forças reativas na vida política que impelem a conservações de elementos que deveriam ser revistos, quando pensamos no bem comum e na vida comum das Repúblicas.

Dizendo de modo mais radical, mas este modo fará parte da minha análise e proposta de uma tragosofia, mais adiante, deveríamos aproveitar este momento para destruir diversas condições de vida para dar lugar ao princípio da inventividade que, do ponto de vista ético e político, isto é, aliado ao princípio da solidariedade, poderia fazer parir novos mundos. Ora, se estamos afundados no caos, econômico, humanitário, social, não seria desejável que, ao sair da pandemia, pudéssemos viver uma realidade mais ajustada à natureza de nossa racionalidade? Existe, no entanto, como acabo de dizer, forças reativas que nos colocam sob um forte risco de encontrar na saída do túnel, senão o mesmo mundo de antes, um mundo ainda pior, porque as condições materiais de todos nós estarão, por certo, em piores condições.

Crises recentes, provocadas como reações as epidemias por SARS e por H1N1, não foram capazes de trazer para os costumes, melhores adaptações às necessidades de higiene, equipamentos de proteção hospitalar ou investimentos proporcionais aos estragos em saúde pública. O que sabíamos depois da SARS e da H1N1? O que sabíamos ao lembrar da devastadora gripe espanhola? Sabíamos que enquanto sociedade, não tínhamos condições de enfrentamento de novas epidemias. Mas este saber não se converteu em uma preparação para o inesperado. Se o COVID-19 trará modificações estruturais no modo de governar o país e nas nossas próprias vidas, por nós mesmos, é muito incerto diante da ignorância que se impõem por forças políticas que, ao ascenderem ao poder lançando-se sob as molas do ódio à esquerda, conseguiram destruir a própria direita em nosso jogo democrático.

Mas, o que realmente importa, do ponto de vista filosófico, é aprender com a pandemia a lidar consigo mesmo. No século XVII, um filósofo francês escrevia, no artigo XXI, 2:

> Quando me pus, algumas vezes, a considerar as diversas agitações dos homens e os perigos e as penas a que se expõem, na corte, na guerra, de onde nascem tantas querelas, paixões, empresas ousadas e muitas vezes más, eu disse muitas vezes que toda a infelicidade dos homens provém de uma só coisa, que é não saberem ficar em repouso num quarto.[54]

---

[54] PASCAL, B. *Pensamentos* (Pensées). Milliet, Sérgio (trad. e org.) & Des Granges, Ch. M. (introdução e notas) Rio de Janeiro : Tecnoprint Gráfica S.A. 1966.

Viajar, entregar-se ao trabalho, encontrar os amigos, as redes sociais, dedicar-se aos negócios, os bares, as férias, sair da direita para a esquerda, todas estas ocupações são uma espécie de distanciamento de si mesmo. A quarentena imposta pela crise, compreendida por sua vez como resposta ao vírus, não nos revela precisamente o que Pascal observou nas sociedades de sua época? A crise permite-nos ao menos formular a pergunta sobre o que é essencial em nosso modo de vida. A ideia mesma de crise (krisis), repito, é a ação de distinguir, decidir e tomar decisões, a crítica, por seu turno, envolve esta mesma capacidade de distinção, exame e questionamento. As redes sociais revelam ao menos dois tipos de dependência: o olhar para o outro e o olhar do outro. Sair de si mesmo, e olhar para a vida alheia, pode revelar uma ausência de qualidade da vida de si, que importa tomar como oportunidade para dedicar-se a melhorar o próprio modo de vida. Por outro lado, quando se espera o olhar do outro, nas redes sociais, espera-se, em verdade, cobrir a própria vaidade que revela a ausência de coragem de cultivar a si próprio. É preciso coragem para produzir cisões necessárias a um aperfeiçoamento de si.

O encontro como elemento vital da atividade filosófica

Quando uma forma particular de filosofia surge, ela não nasce senão da originalidade viva do espírito que nela estabeleceu, através de suas experiências, as condições possíveis de seu vir a ser. Mas, segundo penso, é preciso acrescentar um outro elemento sem o qual a filosofia não é possível: uma forma particular de cisão sem a qual teríamos apenas a ideia de continuidade. A ideia mesma de um ensaio evidencia a necessidade do exercício no qual o pensamento se desenvolve e através do qual encontra força argumentativa para estabelecer seus pontos de apoio e combater suas imperfeições. O ensaio é sempre uma preparação e como tal, estabelece a esperança de um dia deixar de sê-lo ao encontrar uma forma mais amadurecida de se mostrar e de se reestabelecer. Portanto, formas particulares de filosofia estão sempre vinculadas a formas específicas de vida que encontram em si mesmas a matéria do pensamento e, ao desenvolverem-se na linguagem e como linguagem, combatem o que foi aprendido e apreendido na tradição, daí a noção de cisão necessária para o estabelecimento de si e através da qual deve proceder. Esta é uma primeira forma de cisão que considero afirmativa de si, mas há uma segunda noção da qual falarei mais adiante, uma cisão negativa, que submeterei à análise.

As relações entre o pensamento e o modo de vida ocuparam as filosofias gregas de modo geral, como vimos a pouco no caso dos estoicos. Através de Xenofontes[55] e de Platão,[56] apreendemos que Sócrates, ao dedicar-se a modo peculiar de exercitar a filosofia esforçou-se por compreendê-la de um modo absolutamente prático no qual a originalidade viva do espírito não se afastasse do exercício da virtude até o ponto de cisão que desse autonomia às formas puras de pensamento. Tomo por formas puras de pensamento a independência do uso do entendimento em relação ao mundo da experiência, mais ou menos ao modo dos filósofos racionalistas modernos. Uma das ideias fundamentais do exercício filosófico levado a cabo por Sócrates, como modo de vida, é a prática do encontro. Depois que Platão e Aristóteles desenvolveram suas obras, tanto as suas escolas, o Liceu e a Academia (com a exceção das gestões de diretores que privilegiaram a matemática), quanto as escolas

---

[55] XENOFONTES. Apologia de Sócrates. São Paulo: Abril Cultural, 1999 (Coleção Os Pensadores).
[56] PLATO, Apology of Socrates and Crito, texto grego e notas de Louis Dyer, Boston, Published by Ginn & Company, 1902. O livro está disponível em https://tinyurl.com/y9byfdb4.

que nasceram no período do helenismo, mantiveram o ideal socrático de desenvolver a filosofia como um modo de vida. Para somar ao que já disse acerca do estoicismo, evoco as palavras de Plutarco:

> A maior parte das pessoas imagina que a filosofia consiste em discutir do alto de uma tribuna e dar cursos sobre textos. Mas o que escapa totalmente a essas pessoas é a filosofia ininterrupta que se vê exercer a cada dia de uma maneira perfeitamente igual a si mesma.[57]

A filosofia é um exercício que se desenvolve no cotidiano. Nas salas de aula, no exercício de leitura e exame das obras, travamos contato com produtos que muitas vezes são frutos destes exercícios. Neste sentido, é possível repensar as direções que temos dado à filosofia em nossa vida intelectual. Uma destas formas de trazer a filosofia para a prática da vida cotidiana está precisamente na ideia de encontro, sobre a qual são necessárias algumas explicações.

Já há alguns anos, vem se desenvolvendo no interior do Nordeste um simpósio de filosofia intitulado Sertão Filosófico, cuja terceira edição ocorreu na cidade de Ouricuri, sob o tema "Filosofia sem fronteiras." Pretendo falar da ideia de encontro partindo deste encontro. Este simpósio possui ao menos dois significados fundamentais: primeiro, permite o encontro daqueles que se dedicam à filosofia no sertão do nosso Nordeste; e todo encontro de filósofos possui o gesto fundamental da filosofia: o exercício da amizade, que vem a ser a crítica no sentido antigo de exame de nossa própria tarefa. Filosofar exige o encontro: é preciso colocar-se diante do outro, expor o pensamento ao

---

[57] PLUTARCO, "Si la politique est l'affaire des Vieillards" in. Œuvres Morales, Tomo XI, 1re partie Traités 49-51 edição e tradução para o francês de Marcel Cuvigny, Paris: Belles-Lettres, 1984.

outro e ouvir-lhe de bom grado o que nossa própria consciência não é capaz de dizer a si mesma. Portanto, este primeiro significado representa aquela prática do *sympósium* dos antigos, que é preciso resgatar. Talvez eu não consiga expressar de modo fundamental, mas sabemos que em nossos tempos atuais, quando a própria política invade o espaço doméstico e divide famílias inteiras, na polarização aparente de opiniões opostas, existe um trabalho de negação do outro, de esquecimento do outro, ou de redução do outro a uma aparente diferença que só pode ser afirmada no desaparecimento do trabalho do espírito. Em tempos assim, estranhos, perdemos a capacidade de ver no outro, no diferente, traços de identidade que nos permitem a síntese do nós. O uso das redes sociais, em tempos de pandemia, parece conduzir as pessoas a um exercício de combate do outro, de combate do ponto de vista do outro e até mesmo, como expõe constantemente o entorno da família que hoje governa o país, a redução do outro à ideia de inimigo.

Estou insistindo neste primeiro significado fundamental do Terceiro Encontro do Sertão Filosófico para chamar a atenção para este ponto: há hoje uma necessidade da filosofia. E entendo que esta necessidade da filosofia esteja evidentemente na reconstrução do outro. Historicamente, esta categoria do outro é uma conquista relativamente recente. Mesmo o amor (*eros*) em Platão[58] é apenas um "intermediário dinâmico" (*metaksý*) que conduz a alma na ascensão para a contemplação da Ideia do Belo. E mesmo a rejeição de Aristóteles do idealismo platônico, não desprende o amigo, ou a amizade perfeita, de uma subordinação às exigências da contemplação: na ética de Aristóteles,[59] no logos da vida teorética, o amigo vê o amigo "como um outro eu." Toda a concepção clássica de vida contemplativa, *biós theorētikós*,

---

[58] PLATÃO, *O banquete,* Bauru/SP: Edipro, 2013.
[59] ARISTÓTELES, *Ética a Nicômacoss,* Brasília: UnB, 2001, cf. 1170b.

fortemente presente também nos jardins do estoicismo, atenua a necessidade do outro: daí a ideia do universalismo do logos; as exigências do ócio (*skolē*) e da tranquilidade (*hēsychia*) e o imperativo estoico do aperfeiçoamento individual. Por isso, o estoicismo é uma filosofia ideal para o enfrentamento do isolamento social necessário para a manutenção da crise atual. Lembrando que a crise, resultado de nossas escolhas, é a resposta que conseguimos dar à pandemia provocada pelo COVID-19. A solidão é tipicamente uma marca do ideal de sabedoria. No fim da Antiguidade, a solidão do sábio encontra expressão na fuga para o Uno de Plotino, uma espécie de expressão mística do logos grego. Na atualidade, já é muito se despedir das redes sociais.

Do ponto de vista filosófico, a grande contribuição do cristianismo foi precisamente a introdução da categoria do outro na expressão do próximo (*plēsíon*), conforme pode ser verificado em Lucas X, 25-27. Portanto, na Antiguidade o outro é introduzido sob a ideia de reconhecimento e de amor. Na antropologia filosófica caberá a Tomás de Aquino colocar o problema do outro como um dos seus temas centrais, além de Pascal e São Francisco de Sales. Mas de algum modo, no racionalismo moderno, sobretudo a partir de Descartes a noção de sujeito e de autonomia novamente jogam o outro no esquecimento. Caberá a Hegel fazer reaparecer o outro na linha da dialética das alienações: a consciência será consciência-de-si somente se passar pelo momento do reconhecimento (*Anerkennung*) do outro. Há dois momentos fundamentais na Fenomenologia do Espírito: a dialética do senhor e do escravo e a dialética da cultura e da linguagem, capítulos IV e VI, respectivamente.

Para não me estender muito nas reflexões desta ideia, segundo a qual há hoje uma necessidade da filosofia que se manifesta na necessidade de reconstrução do outro, permitam-me, rapidamente lembrar um filósofo não muito estudado em nossos cursos de filosofia, mas que talvez tenha aprofundado mais que qualquer outro, essa ideia de encontro ao examinar o fenômeno do diálogo e da relação pessoal do eu com o outro: refiro-me ao vienense Martin Buber (1878-1965), e aqui sugiro duas obras fundamentais: Eu e Tu, um ensaio escrito em 1923 sobre o problema da existência, publicado em português pela editora Moraes e pela Centauro e o livro Sobre Comunidade, traduzido nos anos 80 pela Perspectiva. Eis uma de suas questões que nos fazem pensar, e que aqui procuro sintetizar com a seguinte pergunta: a cisão entre pessoa e coisa não conduz o mundo dos objetos a um destino avesso à comunidade das pessoas, de tal modo que a reunião ou comunhão do nós não se torna uma "diversão mística" que nos retira de um empenho histórico? Buber constrói uma filosofia do diálogo, mas não se trata de um diálogo entre dois falantes tão somente. Ele evoca para esse logo de diá-logo, não aquele logos grego que conhecemos bem em nossas formações de graduação, mas sobretudo a noção de ação. Judeu que era, Buber compreende logos como palavra, como linguagem, e diferentemente de um aspecto intelectual, a palavra coloca o homem em comunicação, de tal modo que a função propriamente humana é sempre uma relação: a relação com o isto ou aquilo, ou seja, com o mundo dos objetos, e a relação com o tu, que estrutura o mundo da participação pessoal. Não vivemos apenas na relação com o tu, e é preciso, segundo Buber, que o filósofo esteja aberto para pensar a relação com o isto, de modo a pensar a si mesmo como aberto. Claro que o isto não se refere apenas ao mundo dos objetos materiais não- humanos. A própria ideia de outro implica a ideia de isto, ou seja, que eu também seja tomado por objeto, por alteridade. Neste jogo dialógico, a vocação humana se revela no próprio fenômeno do diálogo.

A cisão entre pessoa e coisa corre o risco de tornar o mundo das coisas contrário ao destino dos homens, ou seja, ele, o mundo das coisas, pode tornar-se guia das ações humanas, o que pode ser hoje mais facilmente compreendido do que na primeira metade do século passado. As coisas guiam os homens. E esta cisão corre também o risco de tornar a comunhão dos homens uma reunião a- histórica, ou seja, um encontro de filósofos no sertão deve implicar a situação das coisas que nos circundam: exige consciência histórica, mesmo que façamos o exercício de suspender o juízo, momentaneamente.

Em tempos de quarentena, como este enfrentamento que a humanidade experimenta neste início dos anos de 2020, torna-se oportuno repensar o valor da comunidade. Na ausência das relações com o outro, na ausência do encontro efetivo das consciências que vivenciam o isolamento social, é a própria ideia de comunidade que pode ser reavaliada. Martin Buber concebe a comunidade num sentido oposto ao atual estado de coisas, quando aquilo que talvez possamos definir como bolsonarismo, isto é, a supressão das diferenças, torna-se uma realidade persistente. A comunidade é a vida liberta de limites e conceitos de tal forma que não há distinções entre comunidade e vida. Viver é viver a comunidade. Permitam-me dar a palavra ao próprio Buber:

> Toda vida nasce de comunidades e aspira a comunidades. Ela é fim e fonte de vida. Vida e comunidade são os dois lados de um mesmo ser.[60]

---

[60] BUBER, M. *Sobre comunidade*. São Paulo: Perspectiva, 1987. (Coleção Debates). FRIEDMAN, M. Martin Buber: *The life of dialogue*. London: Routledge and Kegan Paul Limited, 1955. Pag. 34.

E aqui chego ao fim deste primeiro aspecto fundamental que faço questão de ressaltar: é em uma reunião de amigos para um debate, um reconhecimento, um *sympósium*, que a filosofia é exercitada em sua prática fundamental. Trata-se, portanto de uma prática, de um exercício para o qual estamos não apenas dispostos, mas estamos fundamentalmente destinados. Por destino, entendo aqui um caminho que se impõe a cada um de nós, em nossas mais variadas experiências, e o qual não podemos simplesmente não percorrer. Não podemos escolher outra vocação, mesmo que tenhamos outros empregos. Viver a filosofia no sertão é vivê-la envolvido pelo próprio contexto em que é exercitada. Mesmo em tempos de quarentena: pois aqui, na escrita, na leitura, também estamos afinal, reunidos e em *sympósium*.

Mas eu dizia: o encontro possui dois significados fundamentais. Além do exercício filosófico da amizade, do encontro, da crítica, existe a questão que nos traz até aqui. Este aqui não se refere apenas ao encontro efetivo, como o que ocorreu em Ouricuri, em outubro de 2019, ou o que ocorreu em outubro de 2020, em Uberlândia, já de modo remoto, devido à pandemia. Aqui é quando a leitura e a escrita se encontram. Aqui é este agora, e este agora é esta reunião entre o leitor e o texto escrito. O Encontro em si mesmo é fundamental, mas o que podemos fazer quando nos reunimos? O que nos reúne aqui neste momento? Não é apenas a necessidade da filosofia, a necessidade da reconstrução do outro, é sobretudo o exercício da liberdade de pensar. Um encontro de filósofos no sertão pernambucano quando uma certa política desabilita a filosofia e as ciências humanas por não "gerarem valor agregado às suas atividades" é exatamente isso: o reconhecimento da necessidade da liberdade de pensar. A liberdade é o próprio valor fundamental e o próprio fundamento da atividade humana: não é a filosofia que é atacada pelos governos não-democráticos, é a própria liberdade. Sei que se trata de um conceito polissêmico, mas não vou evocar este ou aquele significado de liberdade: pensem, neste momento, nos diversos sentidos da palavra liberdade e em suas variadas ressonâncias. As liberdades, permitam-me, portanto, o plural, dão a este Encontro, este agora, entre mim e o leitor, o seu segundo significado fundamental. E a minha contribuição com este ensaio vai desaguar exatamente em uma determinada concepção de liberdade que, segundo penso, é não apenas possível, mas necessária no momento histórico que estamos a viver.

Na aurora de nossa Modernidade, quando a ciência experimental vislumbrou a si mesma em desenvolvimento, quando a técnica se pretendeu unida à ciência, e lá se vão exatos 400 anos da primeira edição do *Novo Organum*, de Francis Bacon, quando, pois, a Modernidade amanheceu, a razão instrumental e a inteligência humana pretenderam ocupar o lugar da própria razão, que levou inelutavelmente a uma cisão profunda entre ciência e filosofia. É da própria cisão que nasce a necessidade da filosofia. Quando temos discursos opostos que se fixam em si mesmos, pretendendo ser a própria razão, temos, em verdade, uma falsa razão que precisa ser combatida através de uma análise que suplante a fixidez de tal oposição e que seja capaz de se desenvolver em novas sínteses. Hegel, percebeu bem esta cisão, quando escreveu:

> A necessidade da filosofia surge quando o poder de unificação desaparece da vida dos homens e os opostos perderam a sua relação viva e ação recíproca, adquirindo autonomia. A necessidade (Bedürfniss) é uma contingência, mas é necessário (notwendig) suprassumir, na cisão dada, a contraposição da subjetividade e da objetividade tornadas fixas, e apreender (begreifen) o ser-tornado (Gewordensein) do mundo intelectual e real como um devir, e o seu ser como produtos, como um produzir.[61]

---

[61] HEGEL, G. W. F. Jenaer kritische Schriften (I), D*ifferenz des Fichteschen und Schellingschen Systems der Philosophie*, Felix Maneiner Verlag, Hamburg, 1979, p. 14.

A cisão pode ser percebida facilmente na cultura, e promove rupturas e a perda da capacidade de uma visão englobante. Que se tome por exemplo a divisão de ministérios em setores que isolam seu objeto, como ocorre com o meio ambiente, até o nível de separá-lo de sua própria efetividade, como se pudesse ser tomado pelo interesse de um determinado grupo que tem pretensões de explorá-lo, mesmo que isso custe a sua própria existência. No display em acrílico da mesa do Ministério do Meio Ambiente lê-se: "Sales" e não me refiro ao nome do ministro (em abril de 2021) que se escreve com dois L's.[62]

Mas estas cisões estão presentes também na vida cotidiana: elas expressam a incapacidade de ver qualquer possibilidade de reconciliação. Portanto, a ideia de cisão, expressa em sua negatividade, indica a impossibilidade de uma visão que englobe, que adiciona à contradição o impulso necessário para superá-la.

Mas há, em sentido positivo, cisões necessárias, rupturas importantes. Volto, inelutavelmente, à máxima de Heidegger, pensar é agradecer. Devo, portanto, propor-me a pensar o significado do que seria uma tragosofia. E eu agradeço, não somente à tradição, porque se podemos criticar a tradição é exatamente porque ela nos ensinou a crítica, mas agradeço a generosidade do amigo leitor por promover este encontro. A leitura é um encontro, e o encontro já supera inicialmente cisões que devem ser ultrapassadas. Esta generosidade expressa não somente a disposição para o exercício da filosofia, mas de modo especial, expressa as

---

[62] O trocadilho feito pelo autor é uma brincadeira com o nome do então ministro do Meio Ambiente, Ricardo Salles [que era a favor de afrouxar a legislação ambiental para a especulação imobiliária e para o avanço da fronteira agrícola, inclusive com o trabalho de remover reservas ambientais para o agronegócio, no governo Bolsonaro], com a palavra inglesa *Sales* que significa "vendas" [N.E.].

virtudes que podemos pensar e praticar durante a pandemia do COVID-19.

Exercícios de Tragosofia: algumas proposições ou provocações

É comum o proceder a partir da definição quando se encara o desafio de compreender um determinado conceito ou uma determinada noção com a qual se vai trabalhar. Mas não esperem neste momento uma definição de tragosofia. A definição pouco importa: uma compreensão que caiba no espaço do conceito deixa de fora o mundo da vida, e é exatamente este um dos pontos que devemos reestabelecer quando paramos, em quarentena, para exercitar a filosofia: alargar a filosofia até que englobe a existência do filósofo. Neste sentido, a filosofia não pode ser entendida como exercício intelectual, tão somente. E a literatura está aí para nos ensinar a pensar também o homem dentro de suas experiências e de suas possibilidades. Quantas vezes, ao ler um romance, uma novela, um conto, não nos apropriamos das experiências dos personagens... e quantas vezes, ao ler as obras de nossos filósofos, não deixamos de fora as nossas próprias experiências.

Para iniciar, permitam-me proceder como Martin Buber, a quem cito uma vez mais:

> Tomo a quem me ouve pela mão e o encaminho à janela. Abro a janela e aponto para o que está lá fora. Não tenho nenhuma doutrina, mas mantenho uma conversação.[63]

---

[63] BUBER Martin. Replies to my Critics. In: SCHILPP, P. A.; FRIEDMAN, M. (Orgs). The Philosophy of Martin Buber. La Salle/Ill.: Open Court, 1991. (The Library of Living Philosophers, v.12), p. 693.

A região do sertão nordestino engloba muitas cidades, além de Petrolina e Juazeiro nas quais, em tempos não pandêmicos, transito diariamente. Esta região engloba Ouricuri, em que ocorreu o Terceiro Encontro do Sertão Filosófico. Cidade que conheço bem até os sertões da Quixaba, em Parnamirim, o pequeno vilarejo de onde vem a família de Dona Espedita, mãe de minha esposa. Gostaria de transportar a imaginação do amigo leitor para o interior deste sertão. Abro em comunidade com o leitor, portanto, a janela de nosso sertão para ver ali fora, na caatinga selvagem, o animal exótico que de tão familiar parece nativo dessas terras: o bode, este animal simbólico que atravessa a história de tantos povos desde épocas muito remotas. O bode caminha livremente às margens das rodovias, ignorando as cercas humanas, exigindo a atenção dos motoristas. Quando nos aventuramos a adentrar a caatinga, na profundidade em que esperamos encontrar animais selvagens (quem sabe avistar uma suçuarana!), lá ouvimos o berro do animal. Ele está em todo lugar. No prato diário do sertanejo, nos cordéis, na literatura, nas canções e nas festas populares. Mas é precisamente o bode que estava na origem das tragédias gregas, não nos esqueçamos! E no Livro de Levítico encontramos igualmente o animal que é ali sacrificado na epifania!

Mas não quero ir longe. E nem poderia, para colocar o outro em risco e pôr-me em risco, servindo-me de elo na corrente do Covid-19. Olhemos a janela de nosso sertão: o bode não obedece às ordens do pastor. O sertanejo chama as ovelhas, que vêm dóceis ao seu encontro. Por sorte, adaptaram-se ao calor e não têm tanta lã a lhes cobrir o corpo, como no sul. Mas o sertanejo tem de ir até onde o bode está. Ele não atende ao chamado. Aprendi a admirar as cercas de gravetos trançados na vertical, a que alguns sertanejos chamam de faxina. São cercas tradicionais, que mal permitem a passagem do ar, tão rentes estão dispostos os gravetos. Mas o sertanejo sabe que o bode não cumprirá o acordo territorial, que é próprio dos humanos. Que cerca dá conta de conter o bode? Este animal simbólico habituou-se a voltar no finzinho da tarde ao seu lugar de repouso, junto à tapera do sertanejo, mas isso depois de errar livremente pela caatinga.

Há diferenças fundamentais entre o bode e a ovelha das quais podemos tirar algumas lições para pensar o mundo pós-pandêmico. Se ainda formos capazes de virtudes, podemos redesenhar um mundo novo, ao menos em nossas vidas particulares, das quais emanam forças poderosas para a vida social. Que diferenças são essas?

O bode desobedece. E haverá forças reativas que não medirão esforços para impor o mundo pré-pandêmico. A ovelha atende ao chamado. E seguirá as vozes do poder que impõe as regras da ignorância, sobretudo aquela prática bolsonarista de reduzir a diferença à inimizade. O bode sobressalta-se diante das amarras. A ovelha aquieta-se. O bode é o animal da rebeldia. A ovelha da submissão. O bode predomina no Antigo Testamento. A ovelha, no Novo. Por que motivos ele foi deixado de lado diante do Bom Pastor? O bode vai aonde quer ir. A ovelha segue as ordens do pastor. O bode é resistência. A ovelha complacência. É o bode que liga o sertão dos cordelistas à Grécia dos tragediógrafos. Este é um ponto que deve ainda ser meditado, que merece uma atenção especial.

Entre os gregos, o bode é o animal amigo das crianças. Ele aparece em um vaso ático que representa a festa de Cóes, pertencente ao Walters Art Gallery, em Baltimore. Este jarro representa as crianças depois da morte. Brincam alegremente com o animal: uma vai montada no bode enquanto outra lhe oferece um cacho de uvas. É já uma representação própria do culto de Dioniso. Este jarro aparece nos estudos de Carl Kerényi[64] sobre Dioniso quando o estudioso evidencia uma série de elementos a partir das escavações da ilha de Creta para mostrar que inicialmente não se sacrificava um bode ao deus do teatro, mas sim touros nas Grandes Dionisíacas, permanecendo o bode como o elemento das festas dionisíacas mais próximo do humano. O poeta ditirâmbico do qual nasce o poeta trágico canta a alegria de viver e a primavera a partir da liberdade do bode, este símbolo da alegria, da fertilidade e da plenitude da existência. A palavra que dará nome ao novo gênero poético, marcado pelo drama, pela representação das ações, que aparece no final do século VI e predomina ao longo de todo o século V a.C., é precisamente tragédia, ou seja, uma ode (*oédia*) ao bode (*tragos*). Notem que a palavra tragédia significa literalmente uma ode, ou um hino, um canto, concernente ao bode, o animal que representa Dioniso.

A partir destas primeiras observações, chego à primeira proposição de nosso exercício de tragosofia. Ela diz respeito a uma certa desobediência que penso ser necessária à liberdade de pensar. Permitam-me deixá-la clara.

Todos nós, que estudamos, pesquisamos, vivemos e lecionamos a filosofia escolhemos uns cinco ou seis pensadores com os quais trabalhamos e dos quais esforçamo-nos para compreender em profundidade seus escritos. De modo mais aprofundado, geralmente, não dominamos mais do que isto, uns cinco ou seis autores. Dentre estes, um em especial guia o nosso trabalho, via de regra. Assim, esforçamo-nos para escrever um trabalho de final de curso, uma dissertação de mestrado ou uma tese de doutorado acerca de um pensador, com o qual estamos dispostos a trabalhar. Eu por exemplo, para não citar experiência alheia,

---

[64] KERÉNYI, Karl. Dioniso, imagem arquetípica da vida indestrutível, página 274, da editora Odysseus.

realizei uma série de trabalhos sobre Nietzsche na graduação em filosofia na UFMG, quando participei do programa do MEC, o PET, Programa de Educação Tutorial, que na minha época chamava-se Programa Especial de Treinamento e era vinculado a CAPES. Entre o segundo período do meu curso e o oitavo, escrevi cinco comunicações sobre Nietzsche, e um projeto de mestrado, que foi desenvolvido logo após a graduação. Ao terminar o mestrado, eu já estava com o projeto de doutorado estruturado abordando novamente a obra de Nietzsche. Geralmente, este é o destino do estudante que vai para a pós-graduação: ele torna-se especialista em um pensador. Mas não podemos esperar muito: a obra de um filósofo é geralmente tão densa e complexa, que é preciso dedicar toda uma vida a sua compreensão, quando se busca profundidade. Uma vida dedicada a estudar o pensamento de um filósofo! Nada contra, é esse o nosso destino. E é aqui que elaboro a primeira proposição da tragosofia: é preciso não entrar em discórdia com o filósofo que aprendemos a amar, mas é preciso se preparar para a discórdia do mestre que assumimos como guia. Neste sentido, a sabedoria do bode é exatamente não seguir as ordens do pastor. Estudar Nietzsche durante muitos anos me ensinou a deixar Nietzsche de lado: não fui fazer o doutorado em filosofia na UFMG logo após terminar o mestrado, quando eu já tinha o projeto pronto, revisado, criticado, e definido junto a minha orientadora. Ao invés, fui dedicar-me a arte de lecionar, fui viver, escrever, ler literatura, ler os filósofos que havia deixado para trás, a exemplo dos estoicos. Mais tarde, quando fiz meu doutorado, treze anos depois de terminar o mestrado, Nietzsche ocupou metade de um capítulo acerca do Esclarecimento, e ele me serviu mais como objeto de pensamento do que objeto a ser fidedignamente examinado em uma exegese filosófica. Em meus escritos, no entanto, Nietzsche é sempre um companheiro de viagem, alguém que sempre ouço com suspeita, um amigo com quem diálogo. Em meu segundo doutorado, no departamento de filosofia da UFRGS, dediquei meus estudos sobre um objeto, sobre um problema, *a morte voluntária* tornada, em nossa cultura, *suicídio*, e desta vez, o meu diálogo foi com uma bibliografia muito variada, mas há sempre alguém no centro da conversa, e desta vez, a minha principal conversa foi com Santo Agostinho, o que teria deixado Nietzsche muito irritado, certamente.

A primeira proposição da tragosofia é, portanto, a necessidade de um parricídio. É preciso que o filósofo aprenda a pensar, não apenas a ler, interpretar, construir longos comentários exegéticos. A sabedoria sertaneja nos mostra que errar pela caatinga selvagem não significa estar perdido ou "ariado": mesmo o mais arisco dos bodes sempre volta para repousar próximo da casa. O bode mantém a amizade com o sertanejo: ele não lhe obedece exatamente para manter-se amigo. A ovelha não é amiga, ela é ingênua. Neste sentido, a postura que devemos assumir com nossos mestres, nossos guias, deve ser guiada por um esforço de compreensão, de entendimento, mas esta primeira postura deve ser suplantada pela independência no pensamento, e para que isto ocorra, é preciso ter a ousadia de pensar por si mesmo, de arriscar fazer filosofia e o mais fundamental: a ousadia de vivê-la. E neste sentido, precisamos do mundo, da cultura e principalmente, não precisamos de uma identidade filosófica com a marca d´água de um grande mestre. Durante a quarentena, podemos parar, examinar, e colocar a nós mesmos em questão. Duvidar de si, duvidar de tudo que cresceu e serviu de nutrição em pasto alheio, depois, é claro, de experimentar profundamente deste pasto.

A segunda proposição que gostaria de levar ao amigo leitor refere-se a uma abertura necessária para o mundo. Neste sentido, é preciso que tenhamos senso histórico e que, assim como o bode, mantenhamo-nos abertos para o mundo. Entrar no mundo da filosofia nos coloca sob muitos riscos. Referi-me há pouco a este risco de perder a si mesmo na imensidão da obra de um pensador ou uma pensadora que aprendemos a amar. Dar assentimento a um pensador ou a uma pensadora que se torna nosso mestre ou mestra é um exercício necessário, mas arriscado: somos conduzidos a pensar como ele ou ela e a perder a nossa inventividade. Somos levados a pensar que o filósofo ou a filósofa é tão grande e nós, seus leitores ou exegetas, tão pequenos, que nos acomodamos neste lugar. Além deste risco primeiro, existe um segundo risco, o de nos apartarmos do mundo da vida, do mundo da cidade e de seus problemas: de nos tornarmos animais fechados em apriscos que nos protegem da agitação do cotidiano. A sabedoria do bode nos ensina a coragem: é preciso abrir-se ao mundo, é preciso admitir a existência do mundo, onde está presente o outro, esta categoria que corre novamente o risco de desaparecer em nosso mundo. A quarentena é um momento de aprofundar a si mesmo, suportar-se no quarto, e preparar a saída, o encontro, e a vivência da comunidade.

Tragosofia: prestemos atenção ao que a palavra nos diz: ela se deixa traduzir por *sabedoria do bode*, exige que nós *assassinemos o nosso a priori*, como diz o poeta e filósofo trágico, Luiz Cláudio da Cruz (que assina o livro Marimagístico, da editora Literato com o pseudônimo Devir). Foi este filósofo-poeta que sugeriu a expressão *tragosofia* ainda em nossos anos de formação, no curso de filosofia da UFMG, entre 1997 e o ano 2000. E este a priori pode ser entendido tanto no sentido da filosofia transcendental de Kant, ou seja, como elementos próprios da mente que antecedem a experiência e lhe dão a configuração que conhecemos, ou pode ser entendido no sentido de nossa formação filosófica, de todo o conhecimento que aprendemos em nossa trajetória de estudos e que podem nos levar a dois caminhos possíveis: ou o que aprendemos ao estudar filosofia nos ajuda a pensar filosoficamente nossa existência e o mundo, com seus elementos políticos, jurídicos, costumeiros, econômicos, etc., ou o que aprendemos ao estudar filosofia nos rouba completamente a espontaneidade de pensar até o ponto de extinguirmos completamente a nossa inventividade.

O que resta após o assassinato do *a priori*? "Assassinei meu a priori e mergulhei no abismo", diz o poeta Devir.[65] E é precisamente este abismo a possibilidade da inventividade!

Talvez o mais trágico problema da filosofia esteja na dificuldade que nós, filósofos, temos em conciliar as demandas intelectuais e as demandas afetivas de nossa vida cotidiana, onde muito é exigido de nós, que neste espaço somos amigos, pais, filhos, professores, alunos, vizinhos, consumidores, empregados e também somos responsáveis pela nossa liberdade. A pandemia pelo COVID- 19 é um espelho no qual é possível ver a si mesmo, desde que não se perca o olhar nos vícios das redes sociais: no olhar o outro e no desejo do olhar do outro, de modo persistente. É aí, até onde consigo ver, que a filosofia fracassa, ao recusar como objeto de filosofia também as contradições da vida cotidiana, que são, afinal de contas, a base de nossa existência. O filósofo deve transfigurar as coisas, o mundo do isto, para lembrar novamente a expressão de Martin Buber, em um mundo pleno de sentido, de tal modo que haja prazer em viver quando a penumbra da vida nos convida a uma saída racional. Quando a solidão e o isolamento nos convidam ao desespero, ao pânico, e à voluntariedade da morte, devemos não apenas tomar a obra dos filósofos e dos pensadores como objeto de exame, devemos ter a coragem de transformar o cotidiano em objeto de filosofia. No mundo pós-pandêmico, a vida cotidiana estará mais presente, e a presença sempre foi um dos temas mais persistentes da reflexão filosófica.

---

[65] DEVIR [Luiz Cláudio da Cruz]. Marimagístico. Belo Horizonte: Literato, 2017.

Estes exercícios de tragosofia devem ser compreendidos pelo amigo leitor apenas como um convite a uma crítica de si mesmos, pois nossos mestres sempre estarão incumbidos de nos apresentar as críticas da cultura, da economia, da política, dos costumes, da religião, ou mesmo a crítica do eu, essa noção que elevada ao nível de categoria torna-se tão vazia que não merece senão o que damos a ela: um exame intelectual. A tragosofia talvez seja mais pertinente aos poetas, aos músicos e aos literatos, pois eles ainda preservam a inventividade ou mesmo fazem da inventividade o seu ofício. Mas não se trata de nós e eles! Espero que a filosofia possa se tornar para nós, que habitamos o sertão e podemos pensar o sertão, exatamente um exercício de tragosofia, e assim também nós, filósofos, estaremos juntos aos poetas e escritores exercitando a inventividade, esta qualidade necessária e que certamente está presente nos grandes filósofos que escolhemos seguir. Se assim conseguirmos, a filosofia trágica ou a tragosofia nada mais será que uma postura inventiva de confrontar nossos mestres, ou ao menos de não ser ovelha diante daqueles que têm nos ensinado a arte de pensar.

O outro, ou para recuperar a noção antiga de próximo, é hoje mais objeto de ódio do que a possibilidade do reconhecimento. Mas independente de nossa posição política, outro é o diferente diante do qual é possível a afirmação de si. Carecemos deste reconhecimento. E existem inimigos da filosofia que pretendem destruir o reconhecimento da diferença. Os governos preferem os decretos aos projetos de lei, exatamente para evitar a figura do outro que exige diálogo e debate. A política voltou a ser a arte de fazer combater amigos e inimigos, como preconizou Carl Schmitt, em seu famigerado escrito de 1932: "Pois bem, a distinção política específica, aquela a que podem reconduzir-se todas as ações e motivos políticos, é a distinção entre amigo e inimigo."[66] À parte toda a força teórica das análises de Schmitt, sabemos que a sua posição contrária às democracias lhe assegurará uma cadeira como ministro na Alemanha de Hitler.

A filosofia é resistência, e nós, filósofos a exercitá-la no sertão nordestino, devemos deixar claro que o exercício de pensar livremente é o maior valor agregado que a educação pode produzir: um valor que não se submete à própria necessidade de subsistência; que não se submete à arte da técnica, nem pode ser vendido ou comprado como mercadoria, em cursos online ofertados pela internet. E penso que nós, pensadores do sertão, estamos com a faca e o queijo na mão para exercitar a inventividade e liberdade próprias da tragosofia, num mundo que deseja apenas ovelhas para governar. No mundo pós-pandêmico, estaremos novamente em encontros presenciais. E ao amigo leitor, lembro com Guimarães Rosa (ver a edição do Grande Sertão de 2019, Cia das Letras, p. 260), que o sertão não é uma região geográfica, que não deva lhe causar estranhamento, caso não esteja no sertão... "O sertão é o sozinho! (...) o sertão é dentro da gente!"

---

[66] SCHMITT, Carl, *El concepto de lo político*, Madrid: Alianza Editorial, 2006. Página 56.

DÉCIMO SEGUNDO JARDIM
Pascal fideísta? Ensaio sobre a Experiência de Crer em Deus

Apresentação

Foi apenas no século XIX que a palavra *epistemologia* começou a circular, sendo muito difícil localizá-la em tempos anteriores. De origem grega, ela engloba uma reflexão sobre o conhecimento e, a partir daí, sobre as crenças que se fundamentam na razão. Na tradição francesa, a epistemologia tem um sentido mais restrito: refere-se a uma filosofia das ciências sob uma perspectiva histórica. Durante meus anos de formação, minha experiência com essa disciplina assemelhou-se tanto a um exame da filosofia das ciências quanto da história das ciências. Autores como Bachelard, estudado na graduação (UFMG), e certamente também Georges Canguilhem e Michael Foucault, que li posteriormente, direcionam suas compreensões para uma visão desse tipo. Diante desse contexto, chama a atenção a ideia de uma epistemologia das crenças religiosas, ou mais precisamente, como é o caso deste ensaio, de uma epistemologia da religião.

Tradicionalmente, tanto no senso comum quanto na visão mais especializada, científica ou filosófica, tende-se a aceitar com ressalvas o propósito de relacionar a epistemologia com a crença religiosa. É comum a visão de que, por princípio, a crença não é racional e, portanto, não se enquadra dentro de uma ciência do conhecimento, mas pertence a um domínio separado. Essa visão tradicional considera as crenças religiosas problemáticas, pois não as situa dentro do quadro do conhecimento. Ora, parece-me claro que a própria distinção da qual emerge o sentimento de estranhamento é uma questão epistemológica. Considerar crença e conhecimento como distintos, como regiões diversas, é propriamente uma questão tradicionalmente epistemológica. Se digo que o livro de William Alston está aberto sobre a minha mesa, ao lado do computador, faço essa afirmação como um saber e não como uma crença. Se digo, por outro lado, que acredito que a janela do quarto esteja fechada, expresso uma crença. Resta saber se essa é uma boa distinção. Quando sei algo, não estou mais acreditando, mas sim conhecendo algo, e se acredito que algo é assim, não posso dizer que sei que é assim, mas faço uma aposta com base em algum conhecimento que tenho. De modo geral, a reflexão epistemológica insiste nessas diferenças, que afirmam uma incompatibilidade entre conhecer e crer.

A pergunta que me assaltou durante a leitura dos livros de William Alston, de Richard Swinburne e de John Mackie, pode ser expressa de maneira muito simples: uma crença não seria uma forma de saber? Aquele que acredita, mesmo que sem razões explicativas, não está seguro de saber exatamente no que acredita? E por último, é possível o fideísmo? Ao reconhecer os limites da razão humana diante da tarefa de conhecer Deus, Pascal, por exemplo, foi um fideísta? Este breve ensaio procura apresentar minhas impressões diante dessas questões suscitadas em minha consciência durante as aulas e leituras desses filósofos mencionados acima, que se dedicam à epistemologia da religião. Depois de expor alguns problemas nesses autores, gostaria de concentrar minhas reflexões, ao final, sobre os pensamentos de Pascal, especialmente diante de algumas posições que me incomodaram na leitura apresentada por John Mackie, em seu *The Miracle of Theism*. Não se trata, contudo, de um comentário sobre essas obras, mas de um percurso mais reflexivo sobre questões que surgiram a partir dessas leituras. Por esse motivo, escolhi a forma de ensaio para percorrer esses caminhos, pois o ensaio permite posições provisórias e uma certa distância de um dogmatismo que seria, no meu caso, totalmente prematuro e prejudicial, considerando minha inclinação reservada em investigar esse terreno em minha trajetória.

Pequeno panorama da argumentação em torno da existência de Deus

Argumentos a favor e contra a existência de Deus têm sido debatidos ao longo da história intelectual do Ocidente. Na linguagem filosófica, esses argumentos geralmente se enquadram nas subdisciplinas da epistemologia (teoria do conhecimento) e ontologia (natureza do ser), mas também na axiologia, já que atributos e valores como perfeição e bondade estão frequentemente ligados à noção de Deus. A história da filosofia pode ser abordada de várias perspectivas, e a existência de Deus, especialmente o Deus judaico-cristão, é um dos grandes temas ao longo desse percurso. O interesse na divindade tem sido constante na comunidade filosófica, em diferentes tradições, línguas e épocas, desde a Antiguidade Clássica. Mesmo nas bibliografias mais contemporâneas, como aquelas examinadas em disciplinas de Epistemologia da Religião, a questão da existência de Deus continua a despertar intenso interesse, permanecendo não apenas como um campo de estudo, mas também como uma arena de controvérsia e oposição, como expressou o jovem Schelling.[67]

Platão e Aristóteles apresentaram em seus escritos, exotéricos e esotéricos, respectivamente, demonstrações argumentativas para afirmar a existência de uma causa primeira na qual todas as demais encontram seu fundamento, conhecido como argumento cosmológico. Santo Anselmo, por sua vez, desenvolveu um argumento ontológico em favor da existência de Deus, posteriormente retomado por Descartes e criticado por Kant, que refutou a ideia de que a existência seja um predicado. O argumento ontológico postula que Deus é tão perfeito, *ens perfectissimum*, que a existência deve ser incluída em sua perfeição. Em outras palavras, se ser é melhor do que não ser, então como poderia Deus, que é perfeito, não existir? Portanto, a existência é um predicado de Deus. Essa é a essência da questão levantada por Anselmo, que defende a complementaridade entre crença e razão:

> Agradeço-te, Senhor Bom, agradeço-te, porque aquilo em que creio pelo teu dom, agora compreendo pela Tua iluminação, de tal modo que mesmo se não quisesse crer que existes, não poderia não o compreender.[68]

Diversos argumentos para demonstrar a existência de Deus fazem parte da filosofia moderna. Talvez de modo mais influente, podemos lembrar as demonstrações da existência de Deus na Terceira

---

[67] O conflito no espírito humano, e posteriormente, no terreno filosófico, afirma Schelling, é resultado do "exílio a partir do Absoluto," *Heraustretren aus dem Absoluten*. Schelling Philosophische Briefe über Degmatismus und Kriticismus, 3ª carta, p´. 60. In. Historisch- Kritische Ausgabe. Baumgarten, H. Jacobs, W.; Krings, H. (ed.). Stuttgart: Fromann-Holzboog,1992, (Reihe I, Werke 3).

[68] Citado por John Mackie, *The Miracle of Theism*, p. 49.

meditação de Descartes, ou na primeira parte da Ética de Spinoza. Na comunidade filosófica, certamente essas passagens são sempre lembradas. Mas existem algumas ideias que têm um alcance ainda maior, inclusive para o público em geral. O filósofo inglês William Paley introduziu a analogia do relojoeiro em sua obra *Natural Theology*, que se tornou bastante popular e ainda hoje é muito citada:[69] trata-se de argumentar, por analogia, que assim como para um mecanismo suficientemente complexo como um relógio é necessário um relojoeiro, um criador, portanto, também para um ser muito mais complexo como o ser humano, ou a vida biológica em geral, é necessário também supor um criador, um *designer*.

De certo modo, todos esses argumentos da tradição filosófica, como o argumento cosmológico[70], ontológico e axiológico, são deixados de lado diante de novas questões que começaram a surgir no final do século XIX e ao longo do século XX, especialmente a partir dos anos 1960, e continuam relevantes nos dias atuais. Notavelmente, destaca-se a análise histórica que emergiu com o desenvolvimento da filologia, da pesquisa histórica crítica e da arqueologia no século XIX, quando a questão do Jesus histórico foi introduzida no debate teológico. Como já observei em outro lugar:

> Nos estudos de religião, do ponto de vista de uma análise histórica e crítica, é possível apontar para uma distinção entre os pensadores que tomam a religião como realidade *a priori* e os que a tomam como fenômeno *a posteriori*. Ou, dizendo de outro modo, os que tomam a religião sob o prisma dogmático e os que a tomam do ponto de vista histórico-crítico. Esta distinção é possível se observarmos o debate em torno da teologia estabelecido no século XIX, sobretudo quando alguns filósofos e teólogos levantaram a polêmica em torno do Jesus histórico, desafiando a teologia ortodoxa que defendia a infalibilidade e a inerência dos textos bíblicos, fundamentada numa leitura imanente destes textos sob uma rubrica metafísica e racionalista, como é o caso de Christian Hermann Weisse. Efetivamente, o tema do Jesus histórico

---

[69] Richard Dawkins, por exemplo, em *The Blind Watchmaker*, examina essa analogia.
[70] Eu mencionei há pouco Platão e Aristóteles, mas é claro que Tomás de Aquino se torna, a partir de sua época, a grande referência.

> não é anterior ao historicismo do século XIX, quando se colocaram algumas questões: quem realmente foi Jesus, tomado como pessoa de carne e nosso, na história? O que pode o historiador dizer a este respeito? Como muito bem observou o celebre historiador das religiões, James M. Robinson, até os tempos modernos, as pessoas só poderiam saber sobre Jesus através de sua experiência religiosa na igreja, codificada nos credos e doutrinas sobre o Cristo.[71]

Esta é uma questão que não é debatida ou considerada no livro de John Mackie, que, até onde, penso, mereceria uma análise. Ler o texto bíblico a partir de uma perspectiva histórica introduz argumentos racionais ou científicos de uma nova ordem para a questão em torno de uma argumentação favorável ou desfavorável à existência da divindade e de determinados dogmas, em especial, da fé cristã. A partir da introdução da questão histórica acerca do problema Jesus, a argumentação teológica volta-se para afirmar uma nova separação entre fé e razão, ou entre fé e ciência, ou ainda entre fé e história: se a questão do homem Jesus agora é colocada, então ela é distinta da fé no Cristo Salvador, e não abala minimamente a crença do fideísta no milagre e na salvação pela Palavra. Toda a tradição analisada por Mackie, como eu disse, está presente em nossos anos de formação: trata-se de uma tradição filosófica importante, mas as contribuições à uma teologia crítica levadas a cabo por Schleiermacher, Harnack ou Renan, mereceriam uma análise cuidadosa.

Por outro lado, junto à rejeição dos argumentos racionais e morais da tradição, é introduzida neste período (final do XIX aos nossos dias), a questão da experiência de Deus e da fundamentação da crença em Deus. Mas o argumento ontológico não desaparece totalmente, na verdade, ele é refeito a partir da filosofia contemporânea, como é o caso de Alvin Plantinga, que introduz a noção de *propriedades mundo-indexadas* (*world-indexed properties*), que pode ser refeita ou demonstrada rapidamente a partir de um exemplo. Eu estou a escrever este ensaio com o meu corpo, que tem determinadas propriedades, como a minha altura de 1,73m. Ora, eu o faço no mundo real (M_0). Portanto, escrever o ensaio a partir de um corpo que tem essa altura é uma propriedade acidental, pois eu poderia ter

---

[71] REIS, Alexandre H. *Nietzsche, filósofo da religião*. Outramargem: revista de filosofia, Belo Horizonte, n. 2, 1º semestre de 2015.

crescido um pouco mais e medir 1,74m (M$_1$); ou um pouco menos, 1,69m (M$_2$), ou poderia ter 1,76m (M$_3$). Mas enquanto imagino outros mundos possíveis, em todos eles, eu permaneço a escrever em minha mesa, com os meus 1,73m (M$_0$), em Petrolina, Pernambuco. Mesmo que minha altura seja distinta em M$_1$, M$_2$ ou M$_3$, eu permaneço com 1,73 no mundo real (M$_0$), a partir do qual estou a imaginar outros mundos possíveis. Ter 1,73m é, portanto, um mundo-indexado, pois ocorre em todos os mundos nos quais estou presente: para os 1,76 em M$_3$, permaneço tendo 1,73 em M$_0$. Assim, mesmo que tenha alturas distintas em mundos distintos, permaneço tendo esta altura no mundo real, e ela é, pois, uma propriedade essencial (e não acidental) do meu corpo. A distinção introduzida por Plantinga deve ser bem compreendida: ter esta altura não é uma propriedade-indexada, mas ter esta altura em M$_0$ é propriamente uma propriedade-indexada.

O que tudo isso tem a ver com a prova da existência de Deus? Existência não é uma propriedade, nisso Plantinga está de acordo com Kant, mas é especificamente uma condição a partir da qual se pode ter propriedades. Eu posso imaginar infinitos mundos possíveis, e posso imaginar um mundo em que exista um ser perfeito maximamente, que tenha os atributos dos sistemas teístas, um ser onipotente, onisciente e que tenha perfeição moral. Posso imaginar um ser maximamente excelente que existe em um mundo possível e em todos os mundos possíveis. A grandeza máxima da essência desse ser perfeito é propriamente a sua excelência máxima no mundo real (M$_0$) e em todos os demais mundos possíveis. O que se segue a este argumento são os postulados daí tirados por Plantinga que pretendem estabelecer um raciocínio para justificar uma posição teísta. Se esta estratégia é boa logicamente, isto não implica ser uma estratégia interessante para justificar uma crença de um ponto de vista amplo, que seja estabelecido para além da lógica modal. De certo modo, as estratégias introduzidas por William Alston, em seu Percebendo Deus, parecem seguir outro caminho, embora não totalmente distinto.

Feitas essas observações gerais sobre a importância dada pela tradição filosófica a uma argumentação em torno da existência de Deus, passo agora, a caminhar pelos limites da estratégia argumentativa.

Argumentos e existência

A avaliação que Mackie faz dos argumentos de Descartes acerca da existência de Deus parece revelar que, embora isso seja válido para esse caso particular, parece ser válido de modo geral, estendendo esta observação até aos filósofos da Idade Média, ao menos, que argumentos lógicos podem estar a uma distância fundamental entre nossa capacidade racional de compreendê-los e a base de nossos sentimentos, os quais podem permanecer inalterados diante de uma prova lógica. Dizer que Deus existe porque me concebo como um ser imperfeito, e que, portanto, deve haver um ser perfeito para que eu tenha tal concepção a meu respeito, pode realmente convencer alguém da existência de Deus? Por outro lado, dizer que Deus não existe pressupõe a afirmação da existência de Deus, pois se não conceber alguma existência prévia para uma posterior negação, estaria negando o nada, e sabemos que logicamente, negar o nada incorre em uma dupla negação que gera necessariamente uma afirmação. Tão certo quanto -1 x -1 = 1, multiplicar uma negação duas vezes incorre em uma reversão do sinal: afirmar que nada não existe implica em afirmar que existe algo diferente de nada. Ora, se Deus não existe, ele é igual a nada; portanto, dizer que Deus, que é igual a nada, não existe, é dizer que o nada não existe, e isso revela uma contradição performativa. Esses raciocínios são retomados por Mackie em suas análises dos argumentos para uma prova ontológica da existência de Deus, quando discute com René Descartes e com Immanuel Kant. Durante a leitura destes e de outros argumentos lógicos, podemos nos perguntar qual é o poder de persuasão de tais argumentos atualmente, sobretudo para quem crê ou quem não crê na existência de Deus.

Por certo, a capacidade de raciocínio lógico e as provas ontológicas podem possuir um poder de persuasão para quem os leva a bom termo. Pode ser que, na análise da questão, eu me convença da existência de Deus evocando a ideia de perfeição. Se aceitar que Deus é perfeito, eu deveria estar convencido de que existe, pois não existir poderia certamente ser concebido como uma característica de sua imperfectibilidade (novamente o argumento ontológico). A questão que coloco como central neste pequeno escrito, tendo como pano de fundo as discussões de uma epistemologia da religião em diálogo com os livros de Mackie e de William Alston, é precisamente essa: pode a via racional convencer alguém da existência de Deus? Nomear a crença aceita na comunidade de prática doxástica socialmente estabelecida, para referir-se à crença na divindade, permanece ainda dentro de um campo de racionalidade. E mesmo a ideia de uma percepção mística cristã engajada [72] racionalmente permanece ainda dentro do campo de convencimento intelectual. Estas vias da razão são verdadeiramente convincentes?

Desde os tempos dos gregos, quando o Ocidente começou a desenvolver uma visão filosófica do mundo, e especialmente quando essa visão se voltou para o próprio ser humano, sua natureza e condição, reconhecemos que a racionalidade é apenas uma faculdade entre outras. A vontade, o desejo e as paixões em geral são forças poderosas que dificilmente podem ser facilmente controladas. Aristóteles, em sua "*Ética a Nicômacoss*", que representa um amadurecimento de todo o pensamento ético que o precedeu, observou que é necessário tempo e experiência para lidar com as paixões (Livro I, cap. 2). No diálogo "Alcibíades", Platão também advertiu sobre as dificuldades de governar as próprias paixões, condição necessária para governar os outros. Além disso, é importante lembrar que o tempo de amadurecimento previsto para formar um filósofo seria a permanência nos estudos acadêmicos por pelo menos 32 anos.[73]

Com essas observações, podemos reconhecer ao longo de nossas vidas dedicadas aos estudos da Filosofia o risco de nos distanciarmos da racionalidade filosófica teórica e escolar, e dos problemas efetivos que enfrentamos no mundo da vida. Além de ler Mackie, William Alston e Swinburne nesse momento, deparo-me com as questões domésticas, as dificuldades do trabalho remoto (escrevo em meio à pandemia do virus SARS-CoV-2), o entendimento que meus alunos têm de minhas aulas, responsabilidade da educação ética, intelectual e cultural de minhas filhas, as contas a pagar, as questões idiossincráticas. Um filósofo não apenas se dedica aos estudos filosóficos, mas também é desafiado pelo mundo e pela existência de forma prática e fundamental. Se essa é a realidade, como nossa experiência imediata sugere, os argumentos para convencer sobre questões tão complexas quanto a existência de Deus não podem se

---

[72] ALSTON, William, *Percebendo Deus*, pág. 297.
[73] Os estudos na Academia, deveriam se iniciar aos 18 anos e se estender até os 50 anos: cf. A REPÙBLICA: 559/540d. Examino estas fontes e esta questão no meu livro, *Os Jardins da Academia*, Appris, 2018.

basear apenas nas faculdades intelectuais, pois o mundo exige uma integração da prática filosófica com a vida cotidiana. Certamente, a retórica de um pastor ou de um jovem espiritualista tem mais poder de persuasão do que os argumentos filosóficos tradicionais.

Feitas essas observações, passemos a uma análise dos argumentos de Pascal, revisitados por Mackie em seu livro, para depois avaliar as vantagens desses argumentos diante de um enfrentamento lógico e ontológico das provas da existência de Deus. Minha intenção é examinar minimamente os argumentos de Pascal, mas principalmente ir além deles e apresentar ao final deste ensaio algumas ideias sobre a posição do autor dos *Pensées* em relação ao racionalismo e ao fideísmo.

A aposta de Pascal não é uma demonstração puramente lógica e racional; ela representa o uso prático da razão, não o uso teórico. Para usar o vocabulário kantiano, trata-se do uso prático-teórico, ou seja, uma expressão prática da razão teórica. Apostar na existência de Deus é agir no mundo, é modificar nosso modo de vida, e não simplesmente calcular probabilidades para resolver uma questão que a teoria, ou o uso teórico da razão, parece não conseguir abordar completamente.

As apostas de Pascal

Convencionou-se chamar a meditação de Pascal sobre as possibilidades de crer ou não em Deus e suas consequências práticas de *aposta de Pascal*. Essas considerações foram apresentadas na seção 233/343 do livro *Pensées*, intitulada "Infinito-nada".[74] Na verdade, as diversas maneiras de crer, ou apostar, expostas por Pascal, elaboram uma confluência extraordinária de muitos modos de pensar as principais questões que ocupam os estudiosos da epistemologia da Religião nos dias de hoje. Esta justificação do teísmo e teoria da probabilidade e decisão lembram posições atuais, como o pragmatismo e o voluntarismo, que só ganharam corpo e sustentação filosófica em nossos tempos contemporâneos.

---

[74] Para este trabalho, utilizei a edição francesa disponível na Biblioteca Nacional da Franca (https://gallica.bnf.fr): LES-PENSEES DIS PASCAL, PARIS, P. LETHIELLEUX, LIBRAIRE-ÉDITEU, s/d. E também consultei a versão inglesa disponível aqui: http://www.dominiopublico.gov.br/pesquisa/DetalheObraForm.do?select_action=&co_obra=370 2 (acessado entre os dias 23 e 26 de novembro de 2021).

O livro de Mackie rememora uma considerável História da Filosofia a partir do problema da argumentação em torno da existência de Deus. Pascal é antecedido pelo argumento ontológico de Anselmo e pelas cinco vias de Tomás de Aquino, e é contemporâneo de Descartes, que apresenta argumentos ontológicos e cosmológicos destinados a dar provas da existência de Deus. Escolhi comentar a contribuição de Pascal porque não há aqui uma posição dogmática: para se aceitar aqueles argumentos dos filósofos deve-se de antemão estar convencido da existência de Deus. Seria, no entanto, Pascal um fideísta? A aposta não pressupõe também a existência divina? Em determinadas passagens, Mackie parece indicar essa compreensão: a aposta, como razão prática, é levada a cabo diante da impossibilidade de a razão decidir se Deus existe ou não existe. A aposta, no fundo, pressupõe a fé na existência de Deus. Assumirei, sem nenhuma pretensão, uma posição modesta diante dos problemas da epistemologia da religião e questões levantadas por filósofos cujos trabalhos tenho estudado. Refiro-me tanto à experiência mística quanto a outras formas de vivência religiosa que vão além dos argumentos tradicionais e das posições epistemológicas mais recentes discutidas por autores como William Alston ou Swinburne.

O retorno a Pascal é proposital: ele antecipa, até onde consigo ver, estas questões centrais sobre o valor da experiência e impossibilidade de uma demonstração racional, teórica, acerca da existência de Deus. Por via racional, e esta é a posição de Pascal, não há como saber "onde ele [Deus] está", nem a razão é capaz de dar as razões para se demonstrar a existência ou inexistência divina. É precisamente por não termos a capacidade de saber se Deus existe ou não, que devemos apostar em uma ou em outra possibilidade: este modo de proceder leva em conta os resultados relevantes de uma tal aposta. Deus é ou não é. Para onde devo me inclinar? De acordo com Pascal, ao apostar, coloco na mesa duas coisas que posso perder: a vontade e a razão, ou dizendo de outro modo, a felicidade e o conhecimento; e tenho neste jogo, duas coisas das quais posso escapar: o erro e a miséria. A razão impõe neste caso que se escolha uma possibilidade ou outra, ou existe um Deus ou não existe. Se eu aposto na existência de Deus, e ele existe, eu ganho tudo que está sobre a mesa; se aposto assim e ele não existe, eu não tenho nada a perder. Portanto, se se vence, ganha-se tudo; se se perde a aposta, perde-se nada. Então, o melhor é apostar que Deus é. Este é o primeiro raciocínio de Pascal. Acontece que, se o apostador for um ateu, ou seja, se de antemão o apostador considerar seriamente como zero a possibilidade de Deus existir, ele simplesmente não poderia racionalmente apostar em Deus. De certo modo, ao arrematar a primeira aposta, Pascal parece considerar alguma possível objeção ao seu argumento, quando diz acerca dessa primeira aposta: ...Isso é admirável! Sim, tenho de apostar; mas talvez eu aposte demais nisso.[75]

O argumento das expectativas generalizadas

Vamos considerar uma situação hipotética em que existe uma eternidade de vida e felicidade ao lado de Deus após a morte. Nesse cenário, se houvesse infinitas oportunidades de fazer uma aposta, só poderíamos escolher entre acreditar ou não na existência divina. O prêmio potencial da aposta em Deus seria uma felicidade infinita. Mas e as possíveis consequências dos outros resultados? Mais tarde, Pascal menciona o "inferno" em suas Pensées, que pode ser interpretado como uma condenação. Mesmo assim, podemos considerar essa condenação como finita, especialmente se levarmos em conta o conceito cristão de compaixão divina.

A abordagem de Pascal leva o argumento da aposta a uma questão de esperar pelos resultados: há uma chance de ganhar contra um número finito de chances de perder. Vejamos a pena de Pascal:

> Existe uma infinidade entre a certeza de ganhar e a certeza de perder. Mas, a incerteza de ganhar é proporcional à certeza da aposta, de acordo com a proporção das probabilidades de ganho e de perda. Daí vem que, havendo tantas probabilidades de um lado como do outro, a aposta deve ser igual; e, então, a certeza da aposta é igual à incerteza do ganho; bem longe está de ser infinitamente distante. E, assim, a nossa proposição é de uma força infinita, quando há o finito que arriscar num jogo em que há tantas probabilidades de ganho como de perda, e o infinito que ganhar. Isso é demonstrativo; e, se os homens são capazes de algumas verdades, essa é uma delas.[76]

---

[75] "That is very fine. Yes, I must wager; but I may perhaps wager too much." Folha 45 da ediçãode 1910 (pdf sem paginação).
[76] Folha 46 da edição de 1910

O destaque do pensamento de Pascal é notável: na aposta, o que está em risco e pode ser perdido é uma vida finita, enquanto o que se pode ganhar é uma vida infinita. A essência da aposta reside precisamente aqui: a incerteza de ganhar é ponderada em relação ao potencial de ganho e perda. Este é o cerne das teorias modernas da utilidade, onde Pascal desempenha um papel histórico significativo.

Para entender completamente a aposta de Pascal, vamos nos concentrar na seção 233 de sua obra *Pensées*. Lá, a aposta é baseada em três premissas: primeiro, uma matriz de decisão das recompensas; segundo, a probabilidade da existência de Deus; e terceiro, o ápice de uma tomada de decisão racional. Para não prolongar excessivamente, vou comentar um problema que considero relevante ao abordar a matriz de decisão e, em seguida, discutir o problema central deste ensaio: a questão do fideísmo. Minha intenção não é expor exaustivamente o pensamento de Pascal, mas sim oferecer algumas reflexões de forma modesta, mas que provoque o nosso raciocínio.

A matriz de decisão

Uma primeira observação é que existem diferentes matrizes para diferentes pessoas. O argumento de Pascal assume uma matriz universal que poderia ser aplicada a todas as pessoas, pelo menos a todos os apostadores. As recompensas que são verdadeiramente importantes podem ser muito diferentes de acordo com pontos de vista diversos. Entre os calvinistas, por exemplo, existe a ideia da predestinação,[77] e neste caso, independentemente do uso da aposta, haveria um ganho infinito em qualquer cenário. Também Swinburne observou que talvez a perspectiva de salvação esteja mais próxima de uns do que de outros, já de antemão.[78] Se supormos que uma mesma matriz de decisão seja dada a todos, os valores empenhados pelo apostador, em todo caso, podem desafiar a própria matriz. Primeiro, a utilidade da salvação não pode ser considerada uma utilidade infinita.

---

[77] Ver John Mackie, The Miracle of Theism, p. 201.
[78] Swinburne, "The Christian Wager", Studii religioase, 1969: 217–28.

Não parece fazer sentido falar em utilidade infinita, como se poderia supor em uma vida beatífica infinita no pós-túmulo.

Mas o que significa apostar em Deus? O que precisamente está envolvido nessa aposta? Alguns autores afirmam que a aposta de pascal pressupõe a existência de Deus,[79] e o próprio Mackie observa que, se para Pascal a razão teórica é neutra diante da possibilidade de dar provas da existência ou inexistência de Deus, a própria razão prática também o é, "e devemos, portanto, fazer o melhor que pudermos com a razão especulativa."[80] Mas parece-me que Pascal esteja mais próximo de Kierkegaard do que supõe Mackie: o homem deseja, quer a fé, mas não encontra o caminho. Esse desejo profundo permanece esquecido no barulho da agitação da vida moderna e é mais comumente encontrado na tradição das pessoas simples ao longo de nossas tradições.

Acreditar em Deus é muito provavelmente, segundo sou levado a crer, uma forma de apostar em Deus. Quando fazemos uma aposta, não é apenas com a expectativa do prêmio, mas é baseada em algum pressuposto, algum conhecimento, por mais precário que seja. Em seus "Pensamentos", Pascal sugere um caminho: frequentar missas, receber a bênção da água sagrada e outras práticas podem abrir o coração para uma aceitação de Deus.[81] Todas essas técnicas pressupõem algum tipo de conhecimento, alguma experiência que tenha funcionado. Um verdadeiro seguidor de Pascal, não apenas um estudante de filosofia interessado em seu pensamento intelectual, mas alguém que se encantou com seu Memorial, do qual falarei adiante, poderia seguir esses esforços já apresentando uma pureza de coração na qual Deus pode se revelar completamente. Ou o próprio esforço pode representar

---

[79] Cf. QUINN, Philip L., 1994. " Moral Objections to the Paschal Desert ", em Jordan 1994b, 61- 81.
[80] John Mackie, op. cit. Pág. 201.
[81] "Vous voulez aller à la foi, et vous n'en savez pas le chemin; vous voulez vous guérir de l'infidélité, et vous endemandez les remèdes. Apprenez-les de ceux qui ont été' liés comme vouset qui parient maintenant tout leur bien; ce sont gens qui savent ce chemin que vous voudriez suivre, et guéris d'un mal dont vous voulez guérir. Suivez la manière par où ils ont commencé : c'est em faisant tout comme s'ils croyaient, en prenant de l'eau; bénite, en faisant dire des messes, etc. Naturellement même cela vous fera croire et vous abêtira." LES-PENSEES DIS PASCAL, página 17.

uma forma genuína de pensamento, livre das categorias filosóficas engendradas pela crítica, mas pensando de uma maneira mais livre e abrangente.

A aposta de Pascal ainda tem alguma influência nos dias de hoje? Será que a demonstração das consequências práticas e de seus pressupostos ainda pode ser usada, como era o caso, em prol da apologética cristã? Dentro de um debate sobre a epistemologia da religião, adotando uma ideia de epistemologia mais ampla do que a admitida pelos neopositivistas, à maneira da epistemologia voltada para a história das ciências (Bachelard e Canguilhem), poderíamos pensar em seu impacto em diferentes linhas de pensamento relacionadas à teoria da decisão, questões de probabilidade, estudos de psicologia da religião e pesquisas sobre a genealogia da moral cristã.

Alguns posicionamentos finais: à guisa de conclusão

Vimos, ao longo da construção destas páginas e de nossa discussão sobre epistemologia da religião, que os argumentos tradicionais ou os novos argumentos que buscam justificar a crença na existência da divindade e a percepção de Deus encontram um limite. Existe, portanto, a experiência de Deus, vivida ou testemunhada, e também existe a experiência supostamente mística que pode resultar em autoengano. Se tal experiência é realmente possível, qual é a importância de toda a construção filosófica que busca legitimá-la? Quais são as relações entre a fé e a razão? Vários autores modernos foram classificados como fideístas, como o próprio Pascal. Se Pascal se intitularia fideísta, caso tivesse acesso a essa denominação, que, até onde sei, é posterior à sua época, é uma questão difícil para a qual não consigo antecipar uma resposta. No entanto, diante de todas as discussões levantadas neste ensaio, que ecoam os debates travados pelos filósofos da epistemologia da religião, gostaria de tentar responder a esta questão: o filósofo francês, que afirmou que a razão é impotente para decidir sobre a existência ou não de Deus, e tentou uma estratégia racional prática, intitulada de aposta, em favor de uma apologética cristã, foi um fideísta?

Considero que não é inteiramente um equívoco de nossa parte, ao ler os filósofos modernos séculos após suas reflexões, entender que Pascal assumiu uma posição de vínculo entre razão e fé. Não há, é claro, uma afirmação explícita como aquelas que encontramos em filósofos medievais, como Anselmo, na citação que fiz tomando-a emprestada do livro de Mackie. Utilizo o termo fideísmo em seu sentido comum: como a ideia segundo a qual nossa fé está fundamentada em alguma crença e não necessariamente em um conjunto de argumentos racionais capazes de demonstrar as razões de crer. Para esclarecer essa ideia, permita-me lembrar a definição de Richard Popkin, para quem o fideísta "[é cético] em relação à possibilidade de obtermos conhecimento por meios racionais sem possuirmos alguma forma de verdade básica, conhecida pela fé (isto é, uma verdade que não se baseie em nenhum tipo de evidência racional)"[82] Parece-me, de algum modo, que a epistemologia da religião não deixa de lado esta questão, mas autores como Alston ou Plantinga buscam precisamente uma argumentação convincente, a partir da filosofia contemporânea, para se distanciarem de qualquer fideísmo. Afirmar que a razão é incapaz de assumir uma posição diante da questão da existência de Deus coloca Pascal como um fideísta? Parece-me que esta definição é demasiado ampla e poderia nos levar mais próximo de uma incompreensão de Pascal do que propriamente colocá-lo mais próximo de suas questões mais próprias.

A questão diante da qual gostaria de tomar alguma posição é precisamente esta, e a repito: as razões filosóficas, sejam as tradicionais ou as contemporâneas, são boas razões para apoiarmos nossas crenças pessoais na existência da divindade? Razões encontram sempre objeções e, portanto, exigem o exercício filosófico da argumentação. Pensar a fé como algo que está para além da razão é efetivamente considerar racionalmente a própria ideia de limite, de fronteira, o que demanda uma reflexão filosófica da qual aquele que pensa não poderia escapar. Tentar demonstrar a validade da religião ou da crença religiosa por meio de razões que são efetivamente humanas é, propriamente, um exercício racional que parece conduzir a uma aporia inevitável. Trilhar o

---

[82] POPKIN, Richard. História do ceticismo - de Erasmo à Spinoza. Rio de Janeiro: Livraria Francisco Alves editora, 2000. página 20.

caminho da fé sem praticar o exercício filosófico de justificá-la não anula o caminho que vai da fé à razão, mas significa, de algum modo, não exigir para a crença pessoal o papel demonstrativo que cabe à razão, mesmo no exercício do negativo, isto é, mesmo diante da necessidade de desconstruir os obstáculos para uma entrega necessária para o exercício da fé.

Penso, pois, que de algum modo, as justificativas apresentadas por William Alston para uma experiência de Deus, baseadas numa epistemologia da percepção sensorial capaz de distinguir uma experiência genuína de Deus de uma experiência espúria, não se diferem, quanto à finalidade, das razões apresentadas por Descartes na Terceira Meditação. Trata-se de convencer o leitor, ao menos, de que é possível justificar racionalmente a crença em Deus. Claro que existem diferenças fundamentais entre estes dois pensadores: não se trata para Alston de demonstrar um sistema de Deus em sentido forte capaz de convencer os seus leitores: o problema é outro. Trata-se antes de submeter a percepção de Deus, mesmo a percepção indireta, a um exame de conhecimento. Mas assim como Descartes, o exercício da razão assume a confiança de que esta seja uma tarefa possível.

Pascal não defende uma fé cega diante da impotência da razão. Em nosso cotidiano, e escrevo este ensaio no Nordeste brasileiro, em que há diversas expressões religiosas populares, podemos entender como uma fé cega uma crença sem nenhuma justificação, uma crença que não exige qualquer demonstração. Parece-me, refletindo sobre seus pensamentos, que Pascal assume uma posição intermediária entre o fideísta e o racionalista que submete Deus ou a experiência de Deus a uma demonstração possível. Para situar Pascal entre o fideísta e o racionalista, recorro ao fragmento A. P. R. (149/430) em que o autor constrói uma prosopopeia na qual o próprio Deus assume a primeira pessoa e se torna, na escrita, aquele que fala. Ao tomar a palavra, Deus diz: "Eu não vos peço uma fé cega". O que isso quer dizer? O fragmento é longo e muito rico: ele quer dizer, portanto, que alguma prova, Deus (na concepção de Pascal), exige para o exercício da fé, para aceitar a verdadeira religião. Mais adiante, no mesmo fragmento, encontramos a expressão "provas convincentes":

> E para conciliar essas contradições, pretendo fazer você ver claramente, por meio de provas convincentes, aqueles sinais divinos em mim, que podem te convencer do que eu sou, e podem ganhar autoridade para mim por maravilhas e provas que você não pode rejeitar; para que você possa então acreditar sem ... as coisas queeu te ensino, já que você não encontrará outro fundamento para rejeitá-los.[83]

Não se trata, evidentemente, de provas demonstrativas que conduzem a uma conclusão inevitável. Existe, para Pascal, um limite para a razão humana: ela não se estende até uma compreensão do infinito, até uma compreensão de Deus. Trata-se de um Deus absconditus, de um Deus escondido, que se esconde, que se mostra à meia luz e que não se revela completamente, mas que é suficientemente iluminado para quem o deseja ver e suficientemente escuro para quem não o procura. Quem o busca "com todo o seu coração" o encontra, mas mantém-se escondido daqueles que "Dele fogem com todo o seu coração". Deus é, na visão de Pascal, visível para quem o busca com toda a sinceridade de seus sentimentos e invisível para quem, do mesmo modo, não o procura.

Ora, se Deus é *absconditus*, ele não pode ser demonstrado pela razão humana, daí a ideia de limite, de fronteira do conhecimento e da linguagem dos homens. Chego, assim, ao ponto que desejei alcançar: a consideração fideísta, tomando aquela definição de Popkin, não nos ajuda a compreender uma posição tão complexa quanto a de Pascal. Podemos falar, segundo penso, em um lugar intermediário, entre uma fé cega, entre um salto por sobre o abismo, sem ter visão da outra margem, e uma epistemologia, para usar nosso termo contemporâneo, que submeta a seu exame a crença ou a experiência religiosa. A posição intermediária não é inteiramente positiva ao ponto de demonstrar as razões da crença ou as razões para se crer, nem é inteiramente incapaz para retirar os obstáculos diante da fé.

Por volta das 22:30 da noite do dia 23 de novembro de 1654, Pascal teve uma experiência religiosa, ou para usar a expressão de Alston, uma percepção mística, ou alguma coisa que certamente não

---

[83] A. P. R. (149/430).

somos capazes de dizer com precisão. Esta experiência religiosa ou mística foi muito marcante para Pascal: fruto dela, encontra-se registrado no que hoje chamamos de Memorial, e que possui duas versões. Naquela noite, Pascal relata ter sido invadido por um fogo que o queimava prazerosamente por dentro e teria permanecido naquele estado por cerca de duas horas. Ele relata numa espécie de poema de poucas palavras o que ali experimentou, e a leitura deste documento vale mais do que qualquer exegese possível que pudesse fazer nesta conclusão. Logo depois desse acontecimento e em razão dessa experiência, Pascal faz um retiro espiritual no monastério de Port-Royal-des-Champs, em janeiro de 1655. Após esse retiro, Pascal se submete à direção espiritual do Senhor de Sacy, com quem tem diversas conversas e reflexões de profundidade ímpar, e que foram anotadas pelo secretário do seu mestre espiritual, chamado Nicolà Fontaine, e que foram traduzidas há alguns anos para o português e publicadas pela editora Alameda.

Diante da impossibilidade de a razão descrever Deus ou fundar propriamente a fé nesse Deus, resta, pois, ao exercício filosófico, descrever o que é propriamente o humano. Este é, certamente, o projeto do livro Pensées: construir uma apologia da religião cristã. Esta espécie de antropologia filosófica que são Os Pensamentos é dividida em duas partes: a primeira, como é dito no fragmento 6/60, tem como finalidade tratar e descrever a miséria do homem sem Deus. A segunda parte dos Pensamentos tem como finalidade descrever a felicidade do homem com Deus.[84]

A posição de Pascal acerca do problema de a razão humana dar conta da existência ou da experiência de Deus pode ser compreendida no fragmento 131/434, quando assume uma posição que confronta o dogmatismo. Mas nenhum outro é tão explícito quanto o fragmento 691/432: "O pirronismo é a verdade." Ora, aqui a posição de Pascal apresenta o ceticismo como uma ferramenta necessária para desconstruir qualquer proposta de fundamentar o conhecimento

---

[84] 1ª Parte. Miséria do homem sem Deus. / 2ª Parte. Felicidade do homem com Deus. / De outromodo / 1ª Parte. Que a natureza está corrompida, [como se vê provado] pela natureza mesma. 2ª Parte. Que existe um Reparador, [como se vê provado] pelas Escrituras.

humano puramente na via racional. No importante fragmento 131/434, Pascal afirma que a condição humana é marcada por contrariedades, como pode ser reconhecido na história da filosofia, entre o estoicismo (Epiteto) e o ceticismo (Montaigne). Os estoicos acertaram quanto ao nosso dever: devemos seguir Deus. Mas os estoicos não reconheceram nossa fraqueza humana, ao considerar a possibilidade de realização dessa tarefa. O ceticismo acerta maravilhosamente diante da nossa fraqueza e incapacidade para o conhecimento de Deus, mas erra miseravelmente diante da nossa tarefa moral, e conduz a uma indolência. Estas contrariedades, esse desejo de felicidade que nunca é satisfeito, esse desejo de verdade que não é saciado, marcam a condição humana.

Mas Pascal permanece agostiniano: diante dessas filosofias parciais, existe somente uma posição capaz de explicar em sua totalidade a condição humana, reconhecendo-a miserável ao mesmo tempo em que reconhece que existe uma natureza para além dos limites humanos. A verdadeira religião é aquela capaz de explicar a nossa condição humana. Se Pascal considera o cristianismo a verdadeira religião porque consegue compreender as contrariedades do humano (a sua condição miserável após a queda), então ele não é um partidário do fideísmo, pois reconhece no cristianismo uma antropologia possível, isto é, uma ciência do humano capaz de revelar os seus limites ao mesmo tempo em que aponta para o seu ultrapassamento. Mas, por outro lado, Pascal não segue a via de seu contemporâneo e conterrâneo, René Descartes, ao ponto de fornecer as provas de uma demonstração da existência de Deus, pois tal tarefa é simplesmente impossível para a razão humana.

A experiência compartilhada, vivida e testemunhada, que Alston pretende apresentar como o verdadeiro fundamento ou alicerce da crença cristã, não encontraria em Pascal, provavelmente, um opositor. Mas a questão que permanece para mim, e a qual deixo deliberadamente aberta, é se estas experiências, místicas ou religiosas, podem ser compartilhadas. Talvez o fato de o manuscrito do Memorial ter sido guardado escondido num forro do próprio casaco de Pascal, tendo sido encontrado somente após a sua morte, revele, afinal, esta dificuldade de compartilhar experiências místicas diante da possibilidade da incredulidade do outro, da limitação de nossa linguagem, ou da simples ausência de uma necessidade verdadeira de dar testemunho. Penso, no fundo, que uma matriz de decisão é completamente dispensável diante da possibilidade da experiência. O que é vivido na intimidade de nosso ser permanece incomunicável

Livros citados no ensaio:

ALSTON, William. *Percebendo Deus*: a experiência religiosa justificada. Tradução de Agnaldo Cuoco Portugal. Natal: Carisma, 2020.

MACKIE, J. L.: *The Miracle of Theism*: Arguments For and Against the Existence of God. Oxford: Clarendon Press, 1982.

PASCAL. *Les-Pensees dis Pascal*, Paris: P. Lethielleux, Libraire- éditeu, s/d.

PASCAL. *Pensées* (1660). Trans. W. F. Trotter. New York: Collier & Son, 1910.

SWINBURNE, "The Christian Wager", Studii religioase, 1969: 217–28.

DECIMO TERCEIRO JARDIM
Educação e ética para além da deontologia: crítica teleológica e exames dos comitês de ética em pesquisa

Exposição inicial

Quando a ética é pensada como um campo de conhecimento capaz de construir avaliações e parâmetros para a pesquisa e o ensino nas Universidades e nas demais Instituições de Ensino, espera-se, de sua parte, contribuições objetivas capazes de pôr fim às querelas entre os pesquisadores, as comunidades envolvidas e os sujeitos pesquisados. A ética é um campo de conhecimento que foi tido entre os pensadores gregos nos rigores de uma ciência, na medida em que o próprio Aristóteles a definiu como ciência do ethos (ARISTÓTELES, 2001: 17-18). Ao longo de sua história, a ética foi sendo redesenhada à medida em que seu objeto de estudos se modificava: o ethos, tanto em seu sentido gregário, de costumes e tradições, quanto em seu sentido antropológico, referente ao modo de agir do indivíduo, modifica-se conforme é modificada a própria cultura: donde a afirmação segunda a qual o próprio ethos, objeto da ética, nunca está pronto e acabado, mas em contínua modificação (VAZ, 1993: 14).

A presença da ética na ciência contemporânea é mediada pelo Estado, na medida em que a avaliação das pesquisas é delegada aos Comitês e Comissões de Ética, hierarquicamente subordinadas aos Ministérios, da Saúde e da Ciência, Tecnologia e Inovação, que constroem o que a comunidade espera nas avaliações: normativas e critérios objetivos capazes nortear a avaliação de um trabalho que envolve seres humanos e animais em geral. Deste modo, a ética presente na pesquisa brasileira, como pretendemos mostrar, possui um caráter deontológico, com pretensões de objetividade e imparcialidade. O caráter educacional dos comitês e comissões de ética, exigido pelos Ministérios em suas resoluções, é entregue a cada instituição, que deve trabalhar no sentido de esclarecer o caráter e as exigências éticas da pesquisa e do ensino. O que pretendemos mostrar neste artigo, é que ao tomar um modelo de ética deontológico, as instituições diminuem o espaço de debate em torno das questões éticas, na medida em que já há uma deliberação sobre o caráter ético da pesquisa escrito nas resoluções e, quando é o caso, leis que regulam a pesquisa no Brasil.

Para debater este assunto, antes de apresentar uma crítica à ética deontológica, tomamos o cuidado de construir um contraponto pedagógico no modo como percebemos as relações entre a ética, a educação e as ciências. Assim, num primeiro momento, buscamos apresentar as concepções de educação e os métodos presentes na Academia de Platão, fundada em Atenas, por ter sido esta a primeira escola de ensino superior do Ocidente e por trazer um modelo de educação dialogada que nos servirá de base para defender um modelo aberto de ética em que o diálogo supera o peso da palavra escrita da resolução. Com o diálogo entre o pesquisador e o avaliador acreditamos estar mais próximos do Esclarecimento das questões éticas. Com a colocação deste ponto, esbarramos inevitavelmente no problema da finalidade da educação, e apresentaremos a resposta de Platão a este problema a fim de dialogarmos com a tradição e com a visão de educação presente nas Leis de Diretrizes e Bases da Educação Nacional. Pareceu-nos igualmente importante estudar as ideias e os métodos de outro fundador de escola superior, Aristóteles, que fundou o Liceu também em Atenas. Interessa-nos sobretudo estudar o Liceu porque muitas vezes este centro de ensino é lembrado por ter rivalizado com a Academia. Assim, sem a pretensão de perpassar a história e os desdobramentos que estas escolas encontraram, no mundo antigo, e suas influências na Idade Média e Moderna, observaremos os próprios textos de Platão e de Aristóteles a fim de formular algumas questões que, ao que nos parece, são essenciais para discutir e debater os rumos do ensino de ciências, o aspecto ético das pesquisas e a própria concepção de educação no Brasil do século XXI.

Platão e a Educação como Propedêutica da Política

A educação dos governantes é o ponto nevrálgico das concepções de educação tanto de Platão (1997) quanto de Aristóteles (2001). Nos tempos atuais, nas democracias liberais, a educação tonar-se essencial na medida em que cada cidadão, considerado um ser de autonomia e liberdade, é ao menos teoricamente capaz de determinar seus próprios fins e os rumos de sua vida pessoal. É neste contexto que devemos compreender os problemas da educação que levantamos, e não numa suposta monarquia esclarecida que conduziria os cidadãos às virtudes, como no caso da utopia de Platão. Apesar das diferenças, toda utopia serve de ponto de crítica para as realidades e suas contradições. Assim, ao estudarmos a obra de Platão, não temos por finalidade demonstrar sua atualidade, mas construir um contraponto para o debate sobre a ética e a educação nos tempos de hoje. Platão, em sua utopia, não apenas descreve uma sociedade perfeita: ele o faz em todos os seus detalhes. Em sua prática pedagógica, ele nos legou o método dialógico ou método socrático como método de ensino que parece nunca ter deixado de ser atual, porque eficiente. Não sendo nosso desejo outro a não ser o de demonstrar a importância ético-política da educação para uma nação, assumiremos um risco interpretativo: perguntaremos se a descrição da educação dos governantes feita no livro A República não tem algo de importante a ensinar à nossa realidade na educação dos cidadãos brasileiros. Parece-nos, assim, que ao discutirmos mais adiante as propostas oficiais do MEC para a educação do próximo decênio, teremos um contraponto importante para olhar de outro ponto de vista o caminho que a educação tem percorrido em nosso país. O próprio Platão nos diz que suas ideias, não sem dificuldades, poderiam ser realizadas mediante os princípios por ele descritos: "(...) nossas ideias concernentes ao Estado e à constituição não são simples utopias, a sua realização é difícil, mas possível" (1997: 255- 56). Sabemos da posição do autor em sua maturidade, quando no livro As Leis as teses da educação dos governantes são mitigadas e revistas, sobretudo já tendo Platão passado pela experiência do insucesso na educação do chefe de Estado de Siracusa, descrita por ele em sua carta aos familiares, a chamada Carta Sétima (PLATÃO: 2008). Mas apesar disto, reconhecemos na utopia o mesmo senso otimista que é típico dos projetos políticos: ao apresentar as 20 metas da educação nacional para o próximo decênio, o Estado Brasileiro põe sua compreensão do que deveria ser a educação em um projeto, e todo projeto é, por excelência, a projeção de uma realidade possível e desejável, como o é toda utopia. De acordo com FERRATER MORA (2001, IV: 2962),

> Graças ao pensamento utópico podem-se criar condições para a reforma social, de modo que o que num momento pode ser utópico oportunamente se converte em "real". Deste ponto de

vista, o pensamento utópico não é sempre utópico. Como uma teoria sobre a sociedade humana pode modificar a realidade social existente no momento em que é formulada, uma utopia pode também, e sobretudo, exercer influência sobre o curso dos acontecimentos.

Segundo Platão (1997: 157), tanto os homens quanto às mulheres devem ser escolhidos para participar do governo de acordo com sua capacidade de esclarecimento, tanto moral quanto intelectual. Esta apropriação de si mesmo, no entanto, segundo ele, somente pode se dar ao fim de um longo processo educacional cuja maturidade pode ser alcançada após aproximadamente 30 anos dedicados aos estudos das ciências e à prática das virtudes (1997: 255). Destaca-se nesta prática a capacidade de governar a si mesmo (o controle das paixões e dos desejos) como condição necessária para governar os outros (1997: 145). Por mais estranho que estas afirmações possam parecer ao nosso tempo e a nosso modelo de democracia, devemos ter em mente dois pontos importantes: 1) trata-se de uma utopia, isto é, de um modelo desejável ou de um projeto e 2) esta educação do governante, sendo marcada pela pluridisciplinaridade, o que permite ter maior poder sob as diversas áreas de seu governo. Interessa-nos, para o debate atual, apreciar esta pluridisciplinaridade não para discutirmos a interpretação do texto do filósofo ateniense com os especialistas do campo da filosofia antiga, mas para debater na educação atual a formação das faculdades morais e intelectuais de nossos educandos, vertendo a educação do governante para a educação dos cidadãos em geral. Este ponto será exposto mais adiante, quando analisarmos os preâmbulos das principais legislações brasileiras que afetam a educação, nos quais o ideal de cidadania é merecidamente destacado, mas permanece ainda a falta de estratégias para aproximar a realidade efetiva da formação do estudante brasileiro a este ideal.

A formação do homem justo, e, por conseguinte do bom cidadão, exige uma série de disciplinas a serem estudadas que devem exercitar tanto um desenvolvimento corporal quanto intelectual e moral. No caso da educação brasileira, como discutiremos a seguir, concebemos o estudante apenas como intelecto: as disciplinas elencadas nos currículos visam um desenvolvimento intelectual apenas. Em relação ao que devemos ensinar, é claro que poderíamos pensar outras disciplinas em nosso tempo, pois temos uma série de conhecimentos que foram construídos ao longo da história das ciências desde a Academia de Platão. Mas o que realmente importa é que, ao falar da educação do governante, Platão tem em mente atingir com tal processo o homem em sua inteireza: o corpo deve ser educado efetivamente não apenas no que diz respeito ao seu desenvolvimento fisiológico, mas também sensorial: não apenas a ginástica, mas também o aprendizado dos sentidos, a música para a audição, a sapiência das cores e das dimensões do espaço para a visão, etc. As faculdades do intelecto devem ser desenvolvidas juntamente com o caráter: o princípio da verdade está presente tanto nas disciplinas teóricas, que visam o conhecimento das realidades empírica (como no caso das ciências experimentais) e inteligível (como no caso das ciências teóricas), quanto nas ações éticas, referentes à relação com o outro, princípio de toda ação política (cívica ou social). Segundo Platão (1997: 75-113), a educação através do mito verossímil (a literatura, o teatro, a cultura clássica, diríamos hoje) os estudos de música, ginástica e os estudos de estratégia militar são essenciais para a formação da sabedoria política. O que se tem em mente, no contexto da obra do mestre grego, é a formação (paideia) do homem em suas capacidades intelectuais e morais, que envolvem um domínio do corpo e exigem, num primeiro estágio, a educação do corpo. Além destas disciplinas, a matemática e a harmonia (as ciências da justa proporção) permitem lapidar o senso de justiça e a criar competências práticas necessárias à justiça (1997: 237-8), a astronomia e os estudos da ordem e das leis que governam o cosmos permitem chegar aos princípios que servem de modelo para planejar as cidades e suas dinâmicas (1997: 243). Além destas passagens do Livro III de A República, o problema é melhor e mais longamente examinado nos livros VI e VII, dedicados a pensar a educação dos filósofos, ou seja, daqueles que se dedicam às ciências, que, na opinião do autor nesta obra específica, são os mais aptos à administração das cidades e à formulação das leis mais justas. Como dissemos antes, podemos pensar outras disciplinas para nosso tempo, não é isto que está em jogo, mas sim uma posição frente à primeira pergunta que levantamos no início deste artigo: ao colocar o fim da educação às claras, é possível pensar não apenas para quê se educa, mas também o quê se educa: no caso dos currículos de nossas escolas, parece que reduzimos o estudante a seu intelecto.

Outro ponto importante é perceber, dentro da obra platônica, a integração entre a ética e a ciência. Como nossos objetivos são mais modestos, nossa análise não nos permite aqui traçar uma discussão sobre o caráter do bem (Agathon) dentro do complexo sistema trazido pela narrativa do livro VII de A República, em que é apresentada a parábola da caverna, erroneamente entendida como alegoria ou mito nos livros didáticos de filosofia do Ensino Médio. A compreensão verdadeira das ciências, o entendimento da realidade, somente é completo se há no homem que se dedica ao conhecimento o que Platão chama de periagogé, ou seja, uma virada de olhar, capaz não apenas de o conduzir ao conhecimento do que é verdadeiro, mas sobretudo, capaz de transformar seu caráter e sua visão de mundo. Neste ponto exato, o fundador da primeira Academia assume em suas concepções pedagógicas um limite da educação: o professor, o mestre, deve ensinar as ciências e direcionar o educando para a visão da realidade, mas essa virada de olhar é exatamente a finalidade da educação no pensamento de Platão: evitar os erros, provindos da ignorância e dos sentidos sensoriais, que podem conduzir à ilusões, examinar cuidadosamente as opiniões, os saberes, sem aceitá-los pelos argumentos de autoridade, e esperar que através do diálogo investigativo, o aluno consiga superar as dificuldades de uma visão viciada: a educação é a arte de virar o olhar, *periagogé*:

> A educação (paideia) é, pois, a arte que se propõe este objetivo, a conversão da alma (periagogé), e que procura os meios mais fáceis e mais eficazes de o conseguir. Não consiste em dar visão ao órgão da alma (psyché), visto que já a tem; mas, como ele está mal orientado e não olha para onde deveria, ela esforça-se por encaminhá-lo na boa direção. (PLATÃO, 1997: 229)

Esta transformação do olhar significa na pedagogia platônica, uma passagem da opinião infundada ao conhecimento científico, lembrando que ciência (episteme) é tomado em um sentido muito amplo, como conhecimento examinado e rigoroso. O governante é, na utopia platônica, quem primordialmente deve ter passado por esta clivagem. Ele deve, através de um longo processo de educação, desenvolver as virtudes éticas necessárias ao ofício de líder, desde a coragem ao amor à investigação perseverante, até capacidades intelectuais desejáveis, como o pensar crítico e dialético: a crítica para não tomar como verdadeiras as hipóteses precocemente; a dialética para examinar a diversidade de reivindicações e necessidades que ao primeiro olhar se mostram opostas, buscando, quando for possível, conciliações e sínteses. O governo deve ser esclarecido para que possa criar e proporcionar um ambiente de esclarecimento. Assim, a educação daqueles que se dedicam a administrar a vida nas cidades deve ser pensada como paradigma de cidadania. Dito tudo isto, fica uma pergunta: se a finalidade da educação é transformar no educando seu modo de pensar e de ver o mundo, que método de ensino é capaz dessa transformação? Ora, já dissemos a resposta anteriormente, trata-se do método dialógico, também conhecido como método socrático. Tratemos, pois, de explorá-lo. Não temos documentos para investigar a prática pedagógica de Platão no interior de sua escola, a não ser os diálogos que escreveu destinados ao público exterior. Sabemos hoje, através das pesquisas mais recentes, que é possível encontrar os passos da didática de Platão em seus escritos públicos (REALE, 2004). Em todos estes escritos, o estilo é sempre o mesmo: são textos escritos em forma de diálogos e o protagonista é sempre o mesmo: Sócrates, que debate os mais diversos temas com seus interlocutores. Prestemos atenção nesses diálogos. A primeira observação é que se trata no mais das vezes de um problema posto (por exemplo, as virtudes podem ser ensinadas? Como é o caso do diálogo platônico, Mênon) e de um interlocutor que parece saber a resposta. A técnica didática usada pelo personagem Sócrates, nos escritos de Platão, tem por finalidade conduzir o interlocutor a examinar seu próprio saber, e caso seja um falso saber, é desmascarada a falsidade através de um exame rigoroso. O que chama a atenção nesta técnica é que o mestre, no caso Sócrates, não assume uma posição professoral, superior, mas apresenta-se como alguém que está disposto a conversar sobre o tema, ouve, analisa, faz perguntas, examina as respostas, e aos poucos vai desconstruindo as convicções do interlocutor. Assim, o "professor" não ensina uma teoria, ou apresenta o resultado de uma investigação, mas ensina seu interlocutor a pensar, a examinar os problemas, as hipóteses. É, pois, um método muito próximo ao que hoje se tem desejado.

A Educação Ética em Aristóteles

Também em Aristóteles encontramos essa ideia de que as instituições públicas constituem os meios mais importantes para educar e formar a mentalidade dos cidadãos (2001: 207-9). As leis, as estruturas, os costumes e as práticas políticas, devem ser fruto de um amadurecimento intelectual e moral capaz de incentivar a vida dos cidadãos rumo à vida ética que é também a vida esclarecida, examinada, apresentando-se como modelos dos bons hábitos, da moderação, do caráter e do amor à justiça (ARISTÓTELES, 2001: Livro V). Mas podemos dizer que a obra de Aristóteles examinou mais profundamente o problema da educação, das ciências e da ética, de modo que seu estudo nos dá um contraponto mais exato para examinar as questões no contexto atual. Comecemos pela afirmação de que na obra de Aristóteles a ética e a política, que pertencem ao ramo das ciências práticas [ciências da práxis (ação)], são muito bem definidas de modo que podem ser distinguidas em seus próprios campos de estudo, apesar das semelhanças: a ética estuda o conjunto de práticas que, repetidas até a condição de hábitos, podem conduzir o indivíduo/cidadão à vida feliz e a política estuda o mesmo assunto, mas do ponto de vista da vida na cidade, da vida social.

Assim, o estudo da ética se volta para o problema das virtudes que devem ser conquistadas pelo homem individual, que apesar de ser tomado num primeiro momento isoladamente, de forma didática e metodológica, pertence ao domínio da cidade, da vida social ou política. Já podemos adivinhar com essa última afirmação que o estudo da ética envolve um campo demasiadamente importante da educação em geral, pois veremos que o problema das virtudes será exaustivamente estudado pelo estagirita. Mas o que é a ética exatamente, uma vez que se faz necessário definir os termos? A resposta de Aristóteles é precisa: a ética é a ciência do ethos. Por ethos (que em grego, apesar de possuir uma compreensão muito ampla, possui duas principais acepções: a – caráter, se grafado com êta inicial; b – costumes, se grafado com épsilon inicial) é todo conjunto das atividades humanas, a sua cultura, e a relação deste conjunto na formação do caráter do homem. Portanto, o objeto de estudos da ética é constituído pelos costumes e tradições de uma comunidade e pela relação que esses têm na formação dos hábitos de um agente. O problema do caráter foi longamente examinado por Aristóteles no livro II que compõe a *Ética a Nicômacos*, em que é exatamente definido como o resultado da prática constante dos hábitos. O caráter, as características de um sujeito, é, portanto, o resultado (sempre em construção) de seus hábitos.

Tanto LIMA VAZ (1993), quanto VOEGELIN (2009), consideram que o principal problema posto pela ética em suas origens pensada enquanto ciência do ethos foi exatamente esta questão: é a virtude objeto de ensinamento? Este problema ocupou a ciência nascente tanto nos debates públicos entre Platão e os Sofistas quanto entre os membros da Academia: nesta primeira escola de ensino superior, esta polêmica ocupou um capítulo importante de sua história, quando Xenócrates (que assumiu a direção da escola na sucessão de Espêusipo, a quem Platão havia deixado na direção com sua morte) propôs uma distinção entre phrónesis (sabedoria) teorética e phrónesis prática. Na sequência do problema da divisão dos saberes, Aristóteles, irá propor por sua vez uma divisão das ciências que tonar-se-á paradigmática: elas dividem-se quanto à finalidade que almejam alcançar e à natureza de seus objetos como ciências teoréticas, práticas e poiéticas (produtoras). Embora esta divisão seja muito difundida no Liceu, na escola criada por Aristóteles para rivalizar com a Academia após a morte de Platão, ela já fazia parte de seus escritos, ao tempo de seus cursos na Academia platônica (ROSS, W. D. Aristotle's Metaphysics, apud LIMA VAZ, 1993: 100). A partir desta classificação feita por Aristóteles, a ética será tomada como uma ciência emergente e autônoma, cujo objeto se define entre a theoría e a téchne: o desafio da ética como ciência prática (e da política no contexto do grupo social) é definir a racionalidade própria da práxis (LIMA VAZ, 1993: 100).

A grande contribuição de Aristóteles para a pedagogia moderna está na clareza com que apresenta uma resposta a esta questão da ensinabilidade das virtudes. Ao examinarmos este problema, tocamos diretamente na segunda pergunta que levantamos como problema fundamental da educação, no início do artigo. Este tema, como mostraremos mais adiante, parece não ser posto de forma séria em nossos dias, e a ausência deste debate muitas vezes incorre em adoção de respostas fáceis, não examinadas, que têm grandes consequências na educação de nossos jovens. Mas antes de mostrar o problema em nossos dias, vejamos como Aristóteles o resolveu, construindo assim, um contraponto importante para o debate atual.

A resolução da questão, virtudes podem ser ensinadas? conduz a um caminho através do qual a ética parece se fundir com a antropologia, uma vez que essa ciência coloca a pergunta radical, o que é o homem? Segundo LIMA VAZ (1992), na esteira de Aristóteles, a complexidade que envolve um conhecimento do ser humano passa, necessariamente, por três dimensões: uma compreensão do homem em a) sua constituição biológica, que evoca, assim, as ciências da saúde e biológicas a dar a sua contribuição; b) sua constituição psicossocial, na medida em que o homem é ser de emoções e sentimentos situado dentro de um sistema complexo de valores e costumes; e c) sua constituição intelectual, na qual se acentuam as faculdades racionais do homem que o permitem raciocinar, desenvolver a ciência e a linguagem em uma complexidade que o distingue de outros seres complexos, como os animais de modo geral. A questão antropológica é assim necessária para compreendermos o problema em questão. Na linguagem aristotélica, estas três dimensões constituintes do homem são definidas, respectivamente, como três partes da vida humana: a parte vegetativa, comum a todos os seres vivos, cuja função a nutrição e o crescimento do organismo; a parte sensitiva, comum ao reino animal de modo geral, responsável pelas sensações corpóreas e pelos sentimentos; a parte intelectiva, que é desenvolvida no homem de modo distinto, cuja função é exatamente o raciocínio e a atividade da razão. Em outros termos, o homem se compõem de uma parte físico-bioquímica, trata-se de seu corpo biológico sobre o qual não mantêm nenhum domínio racional: os processos deste corpo independem dos comandos de sua consciência; de uma parte sensível, composta pelas sensações do corpo e pelas emoções, estas últimas, apesar de irracionais, podem ser submetidas ao controle da parte consciente, como o domínio de um medo ou a moderação no apetite; e uma parte racional, que é a atividade intelectual (ARISTÓTELES, 2001: 20-24).

A dedução de virtude (areté) ou excelência se dá a partir desta compreensão da complexidade da natureza humana: o homem pode perfeitamente desenvolver sua inteligência através da educação formal ou de qualquer outra forma de instrução, e o resultado dessa atividade da razão constitui um determinado tipo de virtude. Mas há, no entanto, outro processo que parece fazer emergir as virtudes, lentamente, através do exercício contínuo, de uma outra fonte: quando através do hábito modelamos nosso caráter e conseguimos imprimir uma medida para nossas emoções (ou paixões), parece surgir um tipo de virtude que não é puramente intelectual, mas concernente ao próprio caráter. Assim, segundo Aristóteles (2001: 33), há dois tipos de virtudes: as virtudes intelectuais, a exemplo da sabedoria, da inteligência, do discernimento, que são, portanto, virtudes do intelecto, da parte racional – e as virtudes éticas, a exemplo da justiça, do pudor, da coragem, da amabilidade, da seriedade, etc., que são virtudes de caráter, quando os sentimentos envolvidos na ação são guiados pela razão. Daremos um exemplo que permitir-nos-á, mais adiante, discutir a noção de cidadania na educação brasileira. Imaginemos, pois, em uma Universidade brasileira, uma disciplina dedicada a estudar as teorias modernas de Justiça em um curso de Filosofia, Direito ou Ciências Políticas. Ao assistir as aulas do professor, discutir em seminários os temas relativos à justiça, ao dar conta da bibliografia indicada, o estudante está a desenvolver sua capacidade de compreensão intelectual do problema da disciplina: está a exercitar, pois, sua inteligência e uma espécie de sabedoria teórica. Destes estudos pode resultar certamente o desenvolvimento das virtudes intelectuais. Mas, para além dos estudos acadêmicos, imaginemos que numa situação efetiva, nosso estudante seja guiado pela ambição e levado a cobrar um preço injusto por suas aulas particulares dadas a um estudante do Ensino Médio. Neste caso fictício, simples, não estamos a discutir o preço da hora/aula de nosso aluno, mas o fato de que o esclarecimento intelectual pode ser alcançado sem que isso afete efetivamente seu caráter. Platão, neste caso, diria que apesar de compreender o problema da justiça no curso que imaginamos, o aluno não chegou efetivamente ao conhecimento da justiça, permanecendo ainda na superfície do problema: o conhecimento verdadeiro do problema da justiça o transformaria por completo. Mas Aristóteles compreende que a Justiça não apenas pode ser objeto da inteligência, mas ela é efetivamente uma virtude ética, na medida em que diz respeito ao equilíbrio em nossas relações de ganho com o outro. E as virtudes éticas dependem, não do esclarecimento intelectual, mas para além dele, necessariamente da aquisição dos hábitos conforme a estas virtudes.

Segundo Aristóteles (2001: 39): "É correto, então, dizer que é mediante a prática de atos justos que o homem se torna justo, e é mediante a prática de atos moderados que o homem se torna moderado; sem os praticar ninguém teria sequer remotamente a possibilidade de tornar-se bom". É exatamente aqui que devemos compreender a contribuição de Aristóteles: a educação deve não apenas direcionar ao esclarecimento das questões teóricas, ou seja, não deve tomar o estudante apenas em seu intelecto, mas orientar-se para pessoa em sua completude: a educação, este será um ponto importante em nossas observações, ultrapassa a escola e se estende por toda a vida social, desde a família até as demais relações da vida na cidade. O problema da introdução da ética ou de outras disciplinas que visam a formação do homem para além das "matérias" escolares em um currículo se dá exatamente neste ponto: as virtudes éticas não podem ser ensinadas em uma educação formal, escolar: elas derivam do hábito. Neste sentido, o estudante do curso sobre Justiça não sairá mais justo das aulas de seu professor: sairá, é esta a esperança da educação, com uma maior capacidade de julgar e discernir corretamente sobre o que é justo (virtude intelectual), mas é somente no âmbito de suas experiências pessoais, nas relações sociais, que a virtude ética pode ser formada. Observa Aristóteles (2001: 40): "Muitos homens não os praticam [os atos justos], mas se refugiam em teorias e pensam que estão sendo filósofos e assim se tornarão bons, procedendo de certo modo como pacientes que ouvem atentamente seus médicos, mas nada fazem do que lhes é prescrito". Deste modo, seja em relação à Justiça e às ciências práticas (a ética, a economia e a política), seja em relação demais ciências, uma compreensão que não modifica efetivamente o olhar sobre a realidade é sobretudo superficial, talvez paire apenas no campo da informação: mas uma educação que efetivamente se estenda ao conhecimento profundo de seu objeto, seja na biologia, na química ou no estudo da língua materna, não compreende apenas o intelecto e a visão de mundo sobre a realidade, mas o ser em sua inteireza. Em um outro artigo que estamos preparando, discutiremos este ponto e as metodologias numa educação que ultrapasse os estrados da teoria.

 Acreditamos que por mais breve que seja, nossa exposição seja o suficiente para compreendermos melhor aquela afirmação com a qual iniciamos: as instituições públicas, o ambiente da cidade, os costumes, as leis, devem ser construídos como meios imprescindíveis para a formação do bom cidadão, porque, mais do que a autoridade dos pais, a quem as crianças obedecem por uma espécie de inclinação natural, a cidade construída nas boas leis, terá mais condições de conduzir os cidadãos à prática da justiça, seja pela coerção da lei, seja pela adequação da vida social à justiça. Estas observações nos conduzem a uma ampliação da noção de educação: nossas escolas são parte significativa dela, mas estão em condições apenas de ensinar teorias. Mas o ensinamento das teorias deve ir além e mostrar as relações necessárias com as práticas efetivas que envolvem a vida dos estudantes.

Das Dificuldades em torno do Vocabulário da Ética

Para além da questão do ensino das virtudes, na gestação da ciência do ethos, outros problemas foram aparecendo ao longo dos tempos. A ética foi ampliando-se e ganhando outros desenhos. Mas parece que um problema apareceu tanto no seu ensino como ciência acadêmica quanto no uso cotidiano de seu próprio vocábulo. Depois dos gregos, a Europa medieval apropriou-se da discussão em torno da ética e ao traduzir este vocábulo para o latim, ampliaram as próprias dificuldades no interior da disciplina. Não é necessária muita observação para notar que os especialistas que se debruçam sobre o tema posto aqui em questão não se entendem sobre a distinção tão difundida e tão confusa entre os termos ética e moral. A etimologia, neste caso específico, não dissolve tal confusão, visto que ética vem do grego ethos e moral do latim mores: moralis é assim a tradução latina do vocábulo grego, ethika. O que é facilmente observável, apesar da falta de acordo sobre o assunto, é que todos que se lançam no debate sobre a ética ou a moral deixam clara a necessidade de dois termos.

A dimensão da ética abrange dois campos que podem ser facilmente distintos: trata-se, de um lado, de uma regulação social que permite e proíbe o agir humano em relação a si mesmo, aos outros, aos animais e ao ambiente; e de outro, de uma disposição subjetiva movida para o cumprimento do que se apresenta ao sujeito agente como dever, que pode ser exatamente aquela regulação social, advinda do próprio ethos, ou de uma avaliação racional da situação concreta donde se constrói o que muitas vezes se chamou, na tradição, de consciência moral. À parte o vocabulário que será usado, estas são as duas grandes dimensões da eticidade: a dimensão social, de um lado, com suas regras, costumes, valores e de outro a capacidade subjetiva de tomar posição frente à realidade concreta do agir. Por questões razoáveis, em toda discussão sobre ética ou moral é sempre desejável que se definam os termos antes de discuti-los, visto que não há acordo geral sobre seus usos. Ao falarmos sobre Platão ou Aristóteles, não havia tal necessidade, pois ambos apenas usaram o termo éthika. Mas os convocamos apenas como contrapontos e ao entrarmos em uma discussão mais atual, vários termos convergentes entram no debate e é preciso tomar posição frente ao seu uso. A ética há muito não é assunto apenas dos filósofos, estendeu-se a todas as áreas, sobretudo as diversas áreas que envolvem a medicina, humana e animal, e diante da torre de Babel das ciências atuais, é sempre salutar definir os termos antes de avançar.

Diante desta necessidade, chamaremos a dimensão social circunscrita em valores, normas e tradições, em permissões e proibições, de dimensão moral do agir humano, denominando-a de moralidade social ou espontânea. Reservaremos ao termo ética, por sua vez, a dimensão da existência do sujeito dentro da realidade concreta em que o agente é posto constantemente diante da necessidade de tomar decisões. Assim, a moral diz respeito ao mundo social e suas regras e a ética à prática efetiva da moralidade ou a dimensão da tomada de decisões que envolve o sujeito agente. Esta escolha está ancorada em nossa experiência acadêmica e não tem outras pretensões a não ser o de esclarecimento para a escrita deste artigo, sendo ainda provisória.

Notemos ainda, que existe uma moralidade espontânea inscrita no próprio ethos ao qual pertence o sujeito: esta moralidade é anterior por assim dizer ao indivíduo e é resultado da cultura que circunscreve o grupo. Assim, há uma moralidade dos costumes em todo grupo social: nos prisioneiros de uma penitenciária que possuem suas próprias regulações, na comunidade médica circunscrita em práticas profissionais, nos seguidores de uma Igreja, no ambiente dos departamentos ou colegiados acadêmicos, etc. Esta moralidade espontânea é acrítica, não sendo fundamentada senão pela falácia do argumentum ad verecundiam (apelo à autoridade) da própria tradição. O que a fundamenta é a própria prática reiterada coletivamente, não sendo propriamente examinada conscientemente.

Por outro lado, há sempre determinados momentos em que a própria tradição entra em crise, na medida em que a autoridade aí inscrita perde a capacidade de manter os costumes. A crise da moralidade é o momento em que o próprio grupo começa a questionar seus costumes e a promover mudanças sociais, independente do juízo de valor que se possa fazer de tais mudanças.

O que podemos notar, no entanto, é que as sociedades democráticas são constituídas de espaços públicos que permitem, bem ou mal, a avaliação racional dos costumes feita a partir da discussão. A moralidade dos costumes é assim posta em debate, e aquela espontaneidade da tradição, arquitetada no argumento de autoridade, pode vir a dar lugar a comunidade racional. Chamamos comunidade racional qualquer grupo que a partir do debate e do exame submete os conhecimentos tradicionais a uma avaliação crítica, exigindo de cada valor ou saber a sua justificativa a partir do debate. Se estas observações não podem ser feitas nas sociedades em geral, dominadas pela moralidade espontânea, elas podem ser vistas ao menos nas comunidades abertas, a exemplo daquelas que se dedicam ao conhecimento (desde que tenham desenvolvido um apurado senso de autocrítica) e que constituem parcelas importantes de decisões sociais, como é o caso das Universidades. Outro ambiente que constitui a si mesmo como lugar privilegiado para que ocorra uma moralidade crítica é composto pelos conselhos que assumem as regulações de práticas profissionais. Apesar do corporativismo aí inscrito, os conselhos são pautados em princípios deontológicos que constantemente são postos em questão pela própria classe, o que a longo prazo resulta em modificações importantes no modo como organizam sua visão de mundo.

A questão que pretendemos alcançar pode ser agora melhor formulada: a moralidade social (o conjunto de valores e princípios de uma comunidade social) apresenta para o sujeito, antes mesmo de sua presença, as decisões sobre o que é permitido e o que é proibido. O drama existencial se dá na consciência do sujeito que é inclinado por crenças outras a discordar do que é posto pela comunidade social. Neste caso, se não houver esclarecimento e lugar para o debate, a moralidade social ou espontânea caminha, via de regra, para o dogmatismo (entendido como submissão ou aderência a uma crença sem o seu profundo entendimento): o sujeito será rechaçado pela atitude contrária ao modus communis dos valores que guiam a vida da comunidade. O caminho que vai da moralidade (as regras da comunidade) à vida ética (a vida efetiva do sujeito frente à tomada de decisão) deve ser preenchido pelo cultivo de uma sabedoria prática capaz de decidir livre e racionalmente sobre o que deve ser feito na efetividade da ação. Que a dimensão da ética não pode ser antecedia de uma normatividade positiva, o que a levaria a entrar inevitavelmente no campo do direito, é sabido desde os antigos gregos, passando pelas diversas tradições europeias, de orientação agostiniana, na idade média, ou de tradição kantiana, no iluminismo moderno, até o debate atual sobre o assunto, como aparece na Ética do Discurso, de Karl Otto Appel e de Jürgen Habermas. Dizendo de outro modo, a moralidade da vida social não pode ser escrita e determinada pela autoridade do Estado, o que a tornaria normatividade positiva, como discutiremos mais adiante. Assim, nas sociedades democráticas, a moralidade crítica assume a dimensão da discussão e coloca-se sob a égide da humildade, que neste caso não é senão uma virtude de sabedoria, pois ao invés de demonstrar decisões já definitivas sobre os diversos assuntos de nossas vidas modernas, apresenta-se como um campo a ser perpetuamente construído pelo exame e pela discussão. Esta moralidade crítica e aberta muitas vezes está ausente na compreensão deontológica da ética em pesquisa nos países ocidentais. O debate em torno da ética, ou seja, em torno das ações efetivas diante das complexas realidades em que o sujeito é posto, deve ser capaz de transpor as sociedades modernas do ambiente da moralidade espontânea para o da moralidade crítica, no qual os valores não são frutos do argumento de autoridade da tradição, mas sim do debate racional que se instala como caráter essencial das sociedades democráticas.

Para analisar este ponto, precisamos delimitar nosso objeto de estudos. Assim, nossas pesquisas estão voltadas para dois campos que ao nosso ver são convergentes: os Comitês de Ética no ambiente das Universidades Brasileiras e o ensino de Ciências nas Escolas a partir das orientações da legislação brasileira voltada para a educação. Explicamos os contrapontos teóricos construídos a partir de Platão e de Aristóteles e esclarecemos os sentidos conceituais em torno do vocabulário da ética. Resta analisar o problema da ética na ciência e no ensino.

Ética e Ciência nos Comitês de Ética em Pesquisa – CEP's: dogmatismo e esclarecimento presumido.

A Resolução 466/12 do Ministério da Saúde traz no Capítulo II, "Dos Termos e Definições", 27 definições de conceitos usados ao longo de seu texto. Ali é esclarecido, por exemplo, o que é "dano associado à pesquisa", "Termo de Assentimento", "Indenização", etc., mas parece tomar o próprio termo ética como já tendo encontrado um acordo, mesmo que tácito, seja na comunidade acadêmica, seja nas sociedades de modo geral. A ética, ao longo da tradição ocidental sempre foi um campo de batalha: sua definição sempre foi um problema, pois é difícil encontrar um conceito capaz de dar conta de sua abrangência. Seu objeto possui uma dimensão subjetiva e intersubjetiva, a própria consciência do agente, que é visto por muitos estudiosos como a dimensão na qual a questão da ética é resolvida: em geral, os pensadores alemães assim procedem, seja Kant, no século XVIII, seja Hans Jonas na segunda metade do século XX, ou ainda Ernst Tugendhat, nos tempos de hoje. Por outro lado, o objeto da ética possui igualmente uma dimensão social ou cultural, e o próprio ambiente no qual o agente está situado, com seus complexos arranjos axiológicos, é tomado por alguns estudiosos como decisivo na resolução da questão ética, a exemplo dos teóricos das Ciências Sociais. A ética pode assim definida como a ciência da consciência diante de um problema prático, ou como a ciência das relações sociais diante dos deveres morais ou ainda como doutrina do bem. O grave erro da comunidade científica de nosso tempo é pressupor que haja entendimento sobre o assunto. A definição da ética é tão importante como o problema mais grave: a sua fundamentação. Há hoje muitos princípios que trazemos da tradição e muitos outros, pensados pelos contemporâneos, que se sobrepõem, mas que como tais concorrem uns com os outros. Assim, para citar um exemplo, podemos ler na Resolução 466/12 que o princípio da autonomia é incorporado nesta resolução. Mas ao examinarmos o documento e as nossas próprias vivências como pesquisadores acadêmicos, sabemos que este princípio é tratado como a autonomia do sujeito da pesquisa, que pode, por exemplo, abandonar sua participação a qualquer momento. Este princípio, sob a ótica tradicionalista, diz respeito à liberdade do agente, e seria, portanto, tomado como o princípio de autogoverno do pesquisador, que tendo incorporado a lei moral estabeleceria em suas ações os deveres éticos esperados: como o respeito da integridade do sujeito da pesquisa, etc.

Como podemos observar é preciso que as leis e as resoluções tenham, sobretudo em seus Preâmbulos, esclarecimentos sobre os assuntos tratados. Pressupor que a ética seja compreendida por toda a comunidade acadêmica e as sociedades de maneira idêntica é retirar da própria ética o seu caráter crítico, imprimindo sobre a sua superfície o selo do dogmatismo. Mas vejamos como a ética veio a se deslocar dos debates acadêmicos para o interior das pesquisas científicas em nossos tempos.

De acordo com a pesquisadora francesa, Anne Langlois, os Comitês de Ética foram instituídos em todo o mundo devido a algumas necessidades comuns às sociedades científicas: a) "a exigência de responsabilidade dos pesquisadores e dos políticos diante das conquistas da biomedicina"; b) a "exigência de enquadramento das práticas experimentais e inovadoras"; c) "a necessidade de estabelecer uma ponte entre ciência objetivante e os aspectos simbólicos do mundo"; d) "de uma necessidade de examinar sistematicamente as condutas no domínio das ciências da vida e da saúde" (LANGLOIS, 2013:182).

A estas observações iniciais, devemos acrescentar que a institucionalização da ética em nosso tempo coincide com o aparecimento do neologismo bioética no início dos anos 1970. A história da bioética compõem uma extensão importante da ética ao campo das ciências da saúde e biológicas, abordando por um lado temas que se não são inteiramente novos no debate tradicional, são ao menos destacados de forma efetiva por parte dos profissionais de saúde, como a relação entre equipe hospitalar e paciente; saúde e sociedade; o aborto e a eutanásia; o suicídio; a submissão dos animais às experiências de pesquisa e seu próprio bem estar, que já ocupara os moralistas ingleses ao menos desde a primeira metade do século XIX, a exemplo da obra de Jeremy Bentham, como mostraremos mais adiante. E por outro lado, embora o problema do alcance da técnica fosse colocado desde os gregos, a bioética problematizou o alcance técnico próprio à idade contemporânea, a exemplo das técnicas de reprodução assexuadas; a medicina preditiva e a questão das intervenções no patrimônio genético; os transplantes de tecidos fetais para fins não terapêuticos, a exemplo da medicina esportiva e das operações de mudanças de sexo; a manipulação da personalidade com intervenções no cérebro.

Um diálogo ainda tímido publicamente, sobretudo na sociedade brasileira, deve ser ampliado: as ciências humanas, a filosofia e as ciências da saúde e biológicas devem discutir de forma crítica suas próprias contribuições no aprofundamento dos estudos da ética em nossa realidade.

A ausência desse importante debate está impressa nas publicações da área que envolve a ética e a bioética e algumas situações gerais podem ser vistas facilmente: I) as principais revistas que se dedicam a discutir estes temas são efetivamente da área médica, não havendo ainda o amadurecimento de um debate efetivamente interdisciplinar; II) a carência de fundamentação teórica da bioética ancora-se sobretudo no dogmatismo e no aceite do argumento de autoridade, sendo efetivamente verificável nos papers das revistas especializadas uma fragilidade em suas bases teóricas; III) os pesquisadores das ciências humanas e sociais não deram ainda a devida importância à bioética como um problema efetivo de nosso tempo, havendo uma participação pouco significativa no debate contemporâneo.

Por terem sido criados no ambiente das éticas médicas, os comitês consultivos que regulam a ética em pesquisa com seres humanos no Brasil, onde os CEP's são gerenciados por uma comissão nacional criada pelo Ministério da Saúde, são dominados por uma força discursiva própria às ciências médicas. Esta força discursiva estende seu domínio normativo a todo o quadro de análise dos pareceres éticos que são dados aos projetos de pesquisa submetidos aos CEP's. Mas o domínio da área da saúde nos comitês consultivos não deve sua origem apenas à história da constituição destes comitês: este fato aponta para uma resposta preliminar, mas examinada a fundo, não explicaria, por exemplo, a ausência quase absoluta de filósofos e especialistas das ciências humanas. Talvez a história da separação destas áreas e a falta de interesse de umas pelas outras (ciências da saúde, filosofia e ciências humanas) elucide melhor a questão. Carecemos ainda de um estudo sistemático deste problema na história das ciências no Brasil.

Com uma presença demasiado tímida da filosofia e das ciências humanas nos setores que regem o debate da bioética em nossa sociedade, podemos identificar os discursos predominantes com facilidade: o discurso médico, o discurso religioso e o discurso jurídico. A passagem de uma moralidade social para uma moralidade crítica exigiria dos Comitês de Ética não apenas o controle dos projetos de pesquisa com base no argumento de autoridade das resoluções do Ministério da Saúde, mas sobretudo a necessidade de promover o debate em torno das questões fundamentais aí delineadas: o risco do dogmatismo existe sobretudo porque o discurso médico reduz a amplitude da ética (incluindo a bioética) à ética médica; o discurso religioso promove sua moralidade pouco flexível num ambiente em que a abertura à crítica é necessária e o direito, mais do que os outros discursos, deve convocar um debate amplo e público por constituir-se como a instância última de coerção resultante de um consenso justificado.

À parte a discussão mais ampla, nossas observações ganharão maior precisão se delimitarmos o objeto a ser analisado. O pesquisador guia-se sob a dupla dimensão da questão ética: de um lado, a moralidade social, edificada pelas práticas de seus pares, e de outro a capacidade de julgar seus deveres na efetividade das ações. Acontece, como sabemos, que a simples presença de uma moralidade não implica na existência de uma moralidade esclarecida, justa, resultante de uma avaliação das próprias práticas. É comum que o corporativismo dos grupos sociais ou profissionais obscureça a capacidade de tomar decisões justas, havendo imoralidades que na consciência do membro do grupo pode se decidir como moral, de acordo com a prática tradicional. Contra esses vícios morais, é necessário que as ações sejam postas em questão, debatidas e avaliadas pelas diversas dimensões envolvidas, e não apenas pela avaliação endógena. À parte o julgamento da comunidade restrita a qual o pesquisador faz parte (a exemplo dos departamentos ou colegiados acadêmicos ou de comitês nos quais a área da saúde predomina) e à parte a questão ética (a capacidade de decisão esclarecida por parte do pesquisador), seu compromisso de autorregulação é posto na dimensão da intervenção do poder político, inscrito nos Comitês de Ética em Pesquisa. Deste modo, para que a comunidade científica possa efetivamente debater seu fazer-ciência em um ambiente crítico e esclarecido, os CEP's devem efetivamente se compor de forma interdisciplinar, sem a prevalência de um discurso fundado na força da própria presença majoritária aos outros discursos e sem aceitar o argumento não esclarecido do apelo à autoridade.

Os CEP's são eficientes desde que não se confundam com o direito, caminho que conduz inadvertidamente a ética pelos caminhos do poder. É da própria natureza das sociedades democráticas a abertura ao debate, e neste sentido, os CEP's devem se valer mais do argumento confrontado que de normatividades inscritas, sob o risco ou do dogmatismo ou da positivação da ética, que resulta em uma contradição em termos. Entendemos as orientações práticas no campo da ética voltada para a pesquisa como edificações resultantes da deliberação, na qual o debate deve evitar os consensos fáceis e buscar o autoconvencimento pela justificativa posta à prova discursiva. Entendida assim, a deontologia daria lugar a uma ética da responsabilidade, na qual as implicações de uma metodologia de pesquisa, bem como sua própria natureza, são avaliadas em debate aberto, do qual o resultado seria um julgamento esclarecido mais próximo da prudência, entendida no sentido da phrónesis aristotélica. Examinaremos melhor este ponto.

O problema da institucionalização da ética é um problema efetivo e deve ser pensado de forma crítica. A comunidade acadêmica e a comunidade em geral correm o risco de tomar as deliberações dos Comitês de Ética como uma espécie de moralidade oficial, por meio da qual regressaríamos a uma moralidade dogmática, desviando as sociedades envolvidas de uma moralidade crítica, na qual o debate e o exame devem ser constantes, evitando o argumento de autoridade das resoluções governamentais e preferindo as conferências constantes que além de examinar as conquistas de princípios éticos nas pesquisas e práticas humanas, cumprem de forma mais eficiente a exigência educacional da ética pensada para a prática das diversas ciências.

Postas estas questões que julgamos importantes, resta ainda esclarecer um último aspecto presente na formulação das Resoluções promovidas pelas comissões nacionais de ética em pesquisa. De que tipo de ética estamos a falar, ou, de outro modo, que tipo de ética é desejável edificar quando temos em mente a pesquisa científica, seja na área da saúde e das ciências biológicas, nas ciências agrárias, seja nas diversidades das ciências humanas e sociais aplicadas? Mais ainda, de modo geral, que tipo de ética deve ser posta para ciência? Uma posição a esta questão não deve ser discutida apenas pela Universidade e pelos Comitês de Ética: ela deve ser estendida até a educação básica e levada ao ensino de ciências na escola. No próximo tópico examinaremos esta extensão do problema. Ainda no interior das comunidades acadêmicas esta questão deve ser posta à mesa e debatida constantemente. A Universidade, como um lugar de edificação constate dos saberes, deve colocar em seus auditórios este debate e torná-lo cada vez mais público e universal.

Chamaremos a ética praticada nos Comitês de Ética em Pesquisa em nosso país de deontologia. Entendemos por este termo conjunto de deveres que são postos a uma experiência efetiva de forma a priori. No caso das Universidades, estamos falando das resoluções que regulam as pesquisas científicas e as diversas práticas acadêmicas, como aulas experimentais e determinados projetos de extensão, e que são reunidas nos comitês consultivos. As resoluções do Ministério da Saúde, ao qual está vinculada a CONEP, e o Ministério da Ciência, Tecnologia, Inovações e Comunicações (MCTIC), ao qual se vincula a Comissão Nacional de Ética no Uso de Animais, a CONCEA, evidenciam assim o caráter deontológico da moralidade praticada pelos comitês.

O vocábulo *deontologia* foi criado pelo filósofo Jeremy Bentham e apareceu pela primeira vez em 1834 com publicação de seu livro Deontology or the science of morality. Não há na obra de Bentham uma discussão que vise fundir a deontologia com as regras jurídicas, mas sim um ambiente em que o debate sobre os deveres deve antecipar a inscrição das regras jurídicas. Para Bentham (FERRATER MORA: 2000, I, 668), a ciência da moralidade deve estudar os deveres a serem cumpridos para se atingir o ideal utilitário do maior prazer possível para o maior número possível de pessoas. Ao longo da história recente, assistimos ao aparecimento de diversos códigos ligados às profissões liberais, ao ambiente empresarial, ao esporte, etc. E a deontologia foi cada vez mais se aproximando da objetivação dos deveres de um determinado grupo social ou profissional em normas escritas. Segundo SIROUX (2013: 267-8) este evento típico de nosso tempo está associado "ao questionamento do monopólio estatal da produção do direito". Seja como for, ao encontrarmos códigos de ética por todos os cantos, podemos falar de uma tendência de nossa época à produção normativa, à parte a teoria geral do direito e as constituições e códigos oficiais.

Apesar das semelhanças, devemos esclarecer a diferença entre as resoluções dos dois Ministérios citados que regulam a ética em pesquisa em território nacional e a deontologia praticada pelas empresas, grupos sociais e pelos conselhos federais, estaduais ou regionais que regulam as profissões. Poderíamos inicialmente dizer que as regras deontológicas somente adquirem força jurídica quando são reconhecidas pelo sistema jurídico do Estado através da legislação. No Estado de Direito, somente o Estado pode conferir validade a um código escrito. Há, portanto duas situações diversas. As resoluções que orientam a pesquisa e estudos com e em seres humanos ou em animais tem validade outorgada pelo Estado, que delega poder legislativo aos conselhos nacionais vinculados aos

Ministérios responsáveis. Quando estamos a falar de resoluções, falamos de orientações internas a um órgão, que não têm na maioria dos casos, força de lei. No entanto, no que tange ao domínio da regulação das pesquisas com animais, já passamos em alguns casos das resoluções às leis propriamente ditas, como é o caso da lei número 11.794, de 8 de outubro de 2008, conhecida como Lei Arouca. Diferentemente destas entidades governamentais, os conselhos que regulam as profissões por meio de códigos escritos têm em sua deontologia a mesma força obrigatória que grupos que reúnem seus membros por adesão voluntária, como numa espécie de contrato social firmado entre os envolvidos. O mesmo se dá nas empresas que igualmente não têm o poder jurídico para legislar ou se o fazem, seus códigos não são senão acordos que regulam o funcionamento de suas práticas. Tais códigos, neste último caso, são muitas vezes arbitrários, apesar da boa intenção que podem guardar. Estas regras podem ser chamadas de jurídicas somente se coincidirem com as leis públicas que compõem o aparato da Justiça do Estado. Esta diferença deve ser destacada, pois por mais que desejem uma determinada ordem, nem os conselhos nem as empresas podem colocar suas normas acima das leis do Estado.

No que diz respeito ao ambiente da ciência, sobretudo o ambiente acadêmico, podemos estabelecer uma analogia para clarear este ponto: assim como as leis do Estado são constituídas para preservar a ordem social, as resoluções que sustentam as obrigações do pesquisador e dos professores em suas aulas laboratoriais procuram fundamentar os deveres próprios à ordem de uma determinada realidade. Segundo BOBBIO (1995: 230), a ordem é efetivamente o resultado da conformidade de um conjunto de acontecimentos a um sistema normativo, ou seja, pressupõe necessariamente as normas e seu cumprimento. Se podemos efetivamente compreender assim o conjunto de resoluções que regem a pesquisa no Brasil e nos países ocidentais de modo mais amplo, então está clara a concepção de ética voltada para a pesquisa aí presente: trata-se de uma ética a priori na qual os deveres estabelecidos buscam orientar as ações dos pesquisadores para um fim desejável. Trata-se, pois, de uma ética de natureza deontológica.

Para compreender ainda o parentesco da deontologia com o direito, sem confundi-los, pesemos em um exemplo. O direito a indenização que deve constar no Termo de Consentimento Livre e

Esclarecido, segundo a famigerada Resolução 466/12 do Ministério da Saúde, é sobretudo um direito do participante que cabe lembrar ao pesquisador. Mas trata-se de uma referência a um código de direito que a deontologia faz questão de lembrar. Caso a indenização seja cobrada, ela não o será no Comitê de Ética e sim na instância civil apropriada.

Uma vez clareada a natureza da ética que rege a pesquisa em nosso país, podemos agora caminhar no sentido de examinar algumas propostas fundamentais. Entendemos que a finalidade dos CEP's não deve ser exatamente a de se constituir como órgão de proteção aos sujeitos envolvidos nas atividades dos pesquisadores. Essa função não seria cumprida de forma eficaz pela ética, que não tem poder coercitivo, mas sim pelo direito, entendido de forma geral, como o conjunto de leis cíveis que protegem os cidadãos em um Estado assim constituído. O papel principal dos Comitês de Ética não é, sob este prisma, o de estabelecer na palavra escrita das resoluções os deveres fixos do pesquisador nem de ser um simples vigilante da aplicação da lei do Estado, mas consiste exatamente na construção de espaços em que a moralidade social e as questões éticas são postas em debate, que deve ser público e o mais amplo possível, para que não fique como privilégio da comunidade especializada. Assim pensado, o CEP evidencia o caráter provisório e sempre em construção da ética afastando o dogmatismo e a juridicidade. Este caráter não é aqui apontado como uma utopia nem o resultado de uma modificação da natureza dos Comitês de Ética. Uma vez mantida a pluralidade das discussões, sendo o comitê composto por profissionais com perfil favorável ao debate, provenientes de todas as áreas do saber, acreditamos que este caráter estabelecer-se-á em algum momento, desde que o caráter crítico seja mantido nas discussões. A Universidade tem este papel: o de criar espaços de debate. Uma vez mantido com efetividade o caráter interdisciplinar e crítico dos Comitês, nenhum resultado de análise de um projeto de pesquisa seria aí esgotado em decisões que não sejam esclarecidas, isto é, resultantes de um debate exaustivo que não deixe sob as máscaras de consensos convenientes as divergências necessárias a um saber crítico e examinado. À parte a avaliação dos projetos e emissão de pareceres, cabe aos Comitês criar espaços para o debate em torno da ética, condição necessária para escapar ao dogmatismo.

Se colocarmos a ética deontológica ao lado da ética estruturada por Aristóteles em sua obra *Ética a Nicômacos*, teremos dois tipos distintos de ética. Como contraponto importante, podemos então estabelecer as perguntas: que tipo de ética é exatamente a ética das virtudes proposta por Aristóteles? Que contraste é possível estabelecer com a ética praticada nos Comitês de Ética em nosso tempo? Estas questões parecem tocar exatamente o ponto que desejamos levantar.

Segundo FERRATER MORA (2000: I, 668), foi C. D. Broad ,em seu livro publicado em 1930, *Five Types of Ethical Theory*, quem introduziu a classificação já clássica da ética em duas grandes categorias: a ética teleológica e a ética deontológica. Segundo uma fonte mais própria, conforme já foi mostrado (REIS, 2008: 112), os diversos sistemas de ética tradicional podem ser classificados em dois grandes grupos, a teleologia e a deontologia. Tanto a ética deontológica quanto a ética teleológica partem da ideia de que o bem é sempre o fim a ser alcançado pelas ações humanas. Mas a deontologia estabelece a priori este bem, ao passo em que a ética teleológica somente o avalia a partir das consequências da ação do homem, não o tomando senão como a posteriori. Por ética teleológica devemos entender uma ética dos fins, que pensa a responsabilidade do agente frente à sua ação. A tradição desta ética remonta exatamente à Aristóteles que ao definir a ética como ciência do ethos, estabeleceu que o fim almejado desta ciência é compreender que tipo de ação pode por meio do hábito conduzir o homem a uma vida feliz, sendo a própria felicidade ou aquisição das virtudes, éticas e intelectuais, o fim da ação ética.

Assim, a deontologia e a teleologia podem ser também distintas como uma ética principialista e uma ética consequencialista, respectivamente. Há ainda outras formas de nomear estas éticas. Nos estudos de WEBER (1982), aparece a distinção entre uma ética da convicção (Gesinnungsethik) e uma ética da responsabilidade (Verantwortungsethik), fruto das diferentes atitudes frente às consequências previsíveis da ação humana. Esta ética da responsabilidade foi levada às últimas consequências nos anos de 1970, e princípios da década de 1980, pelo filósofo alemão Hans Jonas, que tomou a responsabilidade de toda a comunidade científica e política com a preservação do planeta e com o futuro da vida sobre ele como fundamento último de seu sistema ético. Hans Jonas trabalhou exaustivamente neste período no que chamou princípio responsabilidade, exigindo uma ética que pensasse a responsabilidade da ciência e da técnica para além de nosso tempo, numa exigência clara de um novo imperativo para com "os efeitos finais a continuidade da atividade humana no futuro." (JONAS, 2006: 49).

Diferentemente do tratamento deontológico da ética, a ética teleológica coloca a questão dos fins perseguidos pela investigação. A ética, neste sentido, frente ao problema da ciência exige de seus projetos, não a adesão a princípios previamente estabelecidos, mas a clareza de suas atividades para que possa justificar as consequências daí decorrentes. É, portanto, um modelo de ética mais próprio aos espaços democráticos e assim como WEBER (1982) a pensou para política, é desejável pensá-la para a ciência de nosso tempo.

O esclarecimento das consequências da pesquisa para o sujeito participante e para o corpo social ao qual ela está contextualizada, temos duas situações importantes: I) a responsabilidade do pesquisador é evidenciada e clarifica suas escolhas metodológicas; II) pelo exame das dimensões envolvidas na pesquisa, é trazido à luz possíveis implicações legais que infringem o direito dos sujeitos pesquisados, e neste sentido, o assunto passaria da ética ao direito efetivamente. As orientações da ética devem poder ser tomadas como orientações para o direito, mas ética não é direito, e não tem os instrumentos de sansão que permitem uma proibição das ações do pesquisador. Neste sentido, uma comissão de ética deve ser efetivamente consultiva e estabelecer-se como um espaço de discussão e esclarecimento. Efetivamente, ocorre o seguinte: não tendo a carta de aprovação do comitê, o responsável pela pesquisa não consegue publicar sua pesquisa. É este ponto que o coage à submissão da pesquisa ao comitê, não o esclarecimento ou o desejo de esclarecimento sobre suas responsabilidades e os direitos dos participantes. Mas uma vez que a pesquisa já ocorreu e os sujeitos já foram afetados, pouco importa para estes se a punição do pesquisador será o engavetamento de seu trabalho. Neste sentido, compreendemos os comitês como necessários, mas ainda os visualizamos como instâncias cuja função é o de estabelecer o debate em torno da ética em pesquisa, e não o de uma instância judicialmente posta pela autoridade do Estado. Esta autoridade, já o dissemos, expressa-se na letra das leis, mas cabe a ética o campo do esclarecimento por meio do debate e exame das questões de forma a preservar o princípio da isegoria.

Situação Histórica, Conquistas Atuais e Crítica do Futuro

O consagrado artigo "Resposta à pergunta: que é Esclarecimento" publicado por Immanuel Kant em 1784 no periódico alemão Berlinische Monatsschrif coloca para a modernidade uma questão certeira: uma sociedade não se torna esclarecida se não promover constantemente debates públicos e se os intelectuais que compõem esta sociedade não fizerem livremente o uso público da razão. O esclarecimento exige assim o exercício da crítica, do exame público das mais diversas questões que orientam a nossa vida ética e política, seja na prática acadêmica da ciência, seja do lugar político que a ciência ocupa em nossa vida comunitária. Guardemos este ponto.

Conforme indicamos no quarto parágrafo da seção anterior, a instituição da ética na pesquisa de nossos tempos é uma exigência advinda do uso da técnica contemporânea, capaz de manipular a natureza biológica do homem como em nenhuma outra época. A história da ética na pesquisa, tal como pensada pelos CEP´s, remonta ao uso das técnicas científicas que exigem medir a relação entre os riscos das pesquisas e seus benefícios, a exemplo da pesquisa com medicamentos e pesquisas terapêuticas. O Comitê de Ética avaliativo das pesquisas que envolvem seres humanos é assim desenhado, esboçado, desde as primeiras Declarações de Direitos Internacionais, que vieram à luz com as ameaças das pesquisas biomédicas realizadas pelos nazistas. Em 19 de agosto de 1947, dois anos após o fim do segundo conflito mundial, foram julgados em Nuremberg vinte e três acusados de crimes cometidos nos campos de concentração mantidos pelos alemães no governo de Adolf Hitler, vinte destes acusados eram médicos (GAFO, 1994: 213). A experimentação com seres humanos não seguia necessariamente finalidades justificáveis, mas sim o desenvolvimento da técnica e de suas possibilidades, sendo muito mais adequadas à ideologia do partido nazista do que aos princípios de desenvolvimento de uma medicina que toma para si o bem-estar e a saúde das pessoas. Ao final do julgamento, foi elaborado um Código composto por 10 princípios que procuravam proteger as pessoas (a exemplo da exigência do assentimento) do uso das técnicas e do que seria chamado mais tarde por Michael Foucault (2008: 3) de biopoder, ou seja, pelo conjunto de mecanismos de poder adotados pelo Estado para governar características biológicas fundamentais da espécie humana. Conforme mostrou Anne Langlois, em seu verbete destinado a analisar os

Comitês de Ética, associado ao escândalo dos médicos nazistas, em 1964 e em 1966 veio à tona uma série de notícias de pesquisadores estadunidenses que conduziam suas experiências médicas em pacientes de populações vulneráveis sem que estes soubessem, expondo-os a riscos elevados e desmesurados (LANGLOIS, 2013). É neste contexto que encontramos justificativas para a instituição de comitês que regulem as atividades de pesquisa com humanos. É no contexto dessa história que fica claro que os Comitês de Ética nascem num cenário médico. O artigo do professor Kottow (2008), publicado há uma década, ainda constitui uma boa história destes debates, e pode ser lido para uma avaliação até aquele momento. Mas a história da ética em pesquisas que envolvem seres humanos é muito mais ampla, contempla, por exemplo uma série de metodologias utilizadas nas ciências humanas e sociais, a exemplo das etnografias dos antropólogos e das demais pesquisas de campo dos sociólogos. E esta observação nos leva direto a uma polêmica rica e que tem muito a nos ensinar em nossos dias.

Por ter nascido de uma exigência biomédica, os Comitês de Ética em Pesquisa não apenas guardam um vocabulário médico em suas resoluções bem como estão sob a guarda do Ministério da Saúde em nosso país. Este ponto vem sendo debatido no Brasil desde os anos 2000, tendo tal debate colhido seus primeiros frutos pelo menos desde 2013, quando foi institucionalizado o Grupo de Trabalho em Ciências Humanas e Sociais da Comissão Nacional de Ética em Pesquisa (GT CHS/CONEP), que passou desde então a esboçar a minuta do que seria mais tarde a Resolução 510/2016 da CONEP. A polissemia da noção de ciência, que garante a sua riqueza, encontra resistência quando um olhar bioético ou biomédico prevalece sobre as demais perspectivas. Obrigar áreas tão diversas do saber humano, como as Ciências Humanas e Sociais, a submeterem seus trabalhos, suas pesquisas, aos protocolos da bioética é não reconhecer diferenças metodológicas e epistemológicas importantes, que repercutem na própria relação que o pesquisador deve manter com os sujeitos que contribuem para a sua pesquisa. Esta primeira conquista foi o resultado de um longo processo de uso público da razão. Os trabalhos do GT se estenderam por três anos, durante os quais assistimos a um impasse entre os pesquisadores da área de Humanas e Sociais: a CONEP exigia que a nova resolução fosse um apêndice da resolução 466/2012 do Ministério da Saúde que rege o sistema CEP-CONEP. No entendimento do GT, uma nova resolução construída para a regência das pesquisas na área de Ciências Humanas e Sociais deveria ser independente. No âmbito da ciência no Brasil, este talvez tenha sido o debate público mais acalorado dos últimos anos, envolvendo diversas associações das ciências humanas e sociais (18 no total) que conclamaram seus pesquisadores a debaterem o domínio e predominância não apenas da linguagem médica e bioética, mas de seus protocolos por parte da CONEP.

O debate público estabelecido entre o GT CHS e a direção da CONEP foi bastante acalorado até a publicação da Resolução 510/2016. Embora a Minuta da Resolução elaborada pelo grupo de trabalho tenha sofrido alterações pela mesa coordenadora da CONEP, pode ser considerada um avanço importante na pesquisa brasileira. A primeira grande conquista se dá na própria composição CONEP, que passa agora à exigência de composição equânime das áreas da Saúde e das Ciências Humanas e Sociais. As novidades trazidas com a nova resolução podem ser facilmente notadas quando examinamos a 510/2016 ao lado da Resolução 466/2012. Para as pesquisas da área das Ciências Humanas e Sociais, é agora adotado um sistema de avaliação com gradação da gravidade dos riscos em quatro níveis, o que permite uma tramitação diferencial dos projetos destas áreas no sistema, conforme o artigo 21. Uma outra novidade da resolução 510/2016 é trazida no artigo 25 que reconhece a diferença entre a avaliação ética e a avaliação de mérito científico, ou seja, avaliação da abordagem teórica e da metodologia. Os artigos 26 e 33 exigem que os comitês sejam compostos em sua metade por avaliadores das duas grandes áreas, o que permite uma distribuição dos projetos por especialistas que tem, em tese, conhecimento da diversidade metodológica das pesquisas diversas submetidas para avaliação. Uma outra conquista é a comprovação do consentimento ou assentimento dos participantes por meios outros que não o Termo de Consentimento Livre Esclarecido que, em determinadas pesquisas e metodologias, inviabilizava o procedimento, a exemplo de estudos de populações de usuários de substâncias ilegais ou ações contraventoras que se recusavam a assinar o termo por estarem a gerar uma prova contra si mesmos. Em outros tantos pontos, porém não houve avanço, o Estado continua a apresentar-se como o tutor das populações indígenas, para além de seus próprios representantes: não basta o assentimento de uma liderança de uma comunidade indígena, é preciso uma carta de autorização da FUNAI. Os trabalhos de conclusão de curso são ainda outro problema, pois deles se exige no interior das universidades uma carta de aprovação dos comitês, e a disparidade entre a demora do comitê em dar uma resposta hábil e o pouco tempo dado aos estudantes para a realização de seus trabalhos mostra-se ainda um desafio a ser superado.

Mas é interesse nosso destacar a importância da atuação e da crítica dos intelectuais e pesquisadores no exame do sistema CEP/CONEP, o que permitiu caminhar no aprimoramento da avaliação das pesquisas realizadas no Brasil. O debate ainda continua, e evidencia a necessidade de adequação da Plataforma Brasil com entrada específica para os projetos em Ciências Humanas e Sociais. Uma questão simples: o número de participantes da pesquisa é exigido, o que não leva em conta diversas metodologias que não permitem prever este número de antemão. Numa sociedade aberta e crítica, os passos dados em um processo tão importante quanto a avaliação dos projetos por um Comitê de Ética deve ser constantemente mitigados, pensados, examinados, e exigem a coragem de reviravoltas importantes. A contribuição que pretendemos levantar neste artigo diz respeito à crítica do próprio modelo ético adotado pelo sistema CEP/CONEP, que é fundado em documentos escritos que não permitem um diálogo entre o pesquisador e o modelo de ética adotado. Este capítulo importante da história da pesquisa no Brasil composto pela constituição da Resolução 510/2016, mostra-nos, por um lado, que uma resolução pode efetivamente ser o resultado de um processo de esclarecimento, advindo da crítica e do diálogo, que são suas condições necessárias. Processo de esclarecimento não significa processo esclarecido. Quando Immanuel Kant fez a pergunta em seu tempo: "vivemos em uma época esclarecida?" é igualmente obrigado a responder: "não, mas em uma época de esclarecimento" (KANT, 2008). É neste sentido que podemos construir uma moralidade crítica pra além do dogmatismo que inibe o diálogo e impede o esclarecimento das questões que envolvem nossas decisões, seja com professores, estudantes e pesquisadores, seja com o cidadãos de uma comunidade política.

O caminho do debate, para além da construção de novas resoluções ou de especificidades de áreas, não pode deixar de lado uma discussão que pretendemos levantar com nossas considerações, e que encontram base e justificativa desde as concepções de ética e ciência dos gregos, conforme mostramos em Platão e Aristóteles no início da presente discussão. Devemos ressaltar que a natureza dos Comitês de Ética é consultiva e educativa. Neste sentido, o processo de esclarecimento de nossa sociedade em relação às pesquisas que promovemos deve exigir dos comitês que assumam a sua função de esclarecimento, quando a própria Resolução 466/2016 descreve a natureza dos comitês como "colegiados interdisciplinares e independentes, de relevância pública, de caráter consultivo, deliberativo e educativo" (VII.2). Ainda não avançamos nestes pontos, uma vez que os comitês em suas dinâmicas mais ordinárias, seguem apenas a tarefa de avaliar os trabalhos e emitir pareceres.

No caminho que trilhamos até aqui, procuramos distinguir a ética do direito, guardando para a ética a necessidade de um debate público e aberto sobre a própria noção de justiça que deve iluminar o próprio debate que deve anteceder ao trabalho da construção das leis. Temos de distinguir, portanto, o caráter ético e o caráter legal. O caráter ético de um CEP é consultivo e educativo e, para tanto, deve ser deliberativo; ora, o caráter legal é normativo: quando falamos em legislação, a questão é definida e gravada em lei. Na visão da CONEP, a função dos Comitês de Ética é atender a legislação vigente, avaliando as implicações legais da própria pesquisa, mas no sentido de educar e servir como comitê consultivo, donde a deliberação é essencial. As deliberações devem levar em conta a legislação nacional e as diretrizes internacionais: a qualidade de um Comitê de Ética envolve o conhecimento que seus membros possuem não apenas da legislação, nacional e internacional, mas igualmente da própria função do comitê. Se o desrespeito a uma orientação ética tem em si mesmo implicações legais, a pesquisa pode gerar processos civis e criminais. Neste caso, é possível compreender os limites da ética: ela orienta a pesquisa, traz esclarecimento sobre o que deve o pesquisador fazer, mas quando o descumprimento do dever coincide com a não observância da lei cabe às instâncias legais a punição, não à ética propriamente. Por outro lado, nem sempre há essa coincidência, nem sempre o direito consegue alcançar as orientações da ética: aí a função de um comitê é promover o esclarecimento sobre a ética para além das leis: e seu caráter de promover a iluminação da dúvida mostra-se uma vez mais. O que é necessário destacar é que as Resoluções não têm o caráter compulsório, como é o caso da lei, e é aí que o debate sobre o que seja a responsabilidade da prática científica entra em questão. O cumprimento dessa responsabilidade (a relação do agente com os fins e efeitos de suas ações), quando cabe à observação dos Comitês de Ética, não tem força legal.

Seria esclarecedor na natureza das leis e das resoluções se em seus Preâmbulos houvesse definições sobre os assuntos tratados. Ora, é o que acontece geralmente, mas nem sempre com termos de envergadura crítica e de polissemia evidente, como é o caso de educação, ciência ou ética. Pressupor que a ética seja compreendida por toda a comunidade acadêmica e as sociedades de maneira idêntica é retirar da própria ética o seu caráter crítico, imprimindo sobre a sua superfície a suspeita do dogmatismo. Na história das universidades, a ética foi sempre um conceito disputado. Se a ética não se debruçou sobre as pesquisas na história grega, medieval ou moderna, vindo a fazê-lo somente em nosso tempo, é devido a uma mudança de postura em relação à própria pesquisa (que nos últimos trezentos anos foi intensificada a partir de novos métodos experimentais), que passa agora a ocupar um lugar privilegiado nas Universidades. Mesmo em disciplinas introdutórias de metodologia científica, é comum os alunos fazerem pesquisa. Portanto, consideramos a necessidade de a ética efetivamente fazer parte da educação brasileira, sobretudo nos cursos de graduação e pós graduação. O que tem ocorrido efetivamente pode ser descrito em um quadro geral bastante problemático: os profissionais que se formam e cuja profissão é regulamentada por conselhos profissionais, tomam destes um código de ética que orienta a sua vida profissional; enquanto pesquisadores, tomam as resoluções da CONEP ou do CONCEA como o modelo de ética ideal. Nada há de errado nestes pontos, uma vez que tais modelos de ética são o resultado de um longo debate das áreas. Mas como resultado, tal ética escrita é apresentada em caráter fechado, ao passo em que no interior de uma disciplina acadêmica, a sua abrangência não apenas é maior, podendo compreender os processos históricos da construção da disciplina, como é possível mostrar diversas teorias que ajudam a iluminar o caráter crítico que a ética deve ter.

Notemos um ponto fundamental: a educação não se limita às práticas escolares e acadêmicas. No entanto, ao considerarmos apenas estas práticas, deveríamos notar que para além do desenvolvimento das virtudes intelectuais, somos demasiadamente pobres em relação à uma educação ética efetiva. Ora, se o próprio sistema CEP/CONEP evidencia sua natureza como consultiva, deliberativa e educativa, não deveriam os CEP's assumir um papel educacional efetivo? A construção de espaços de debate sobre ética na educação brasileira teria muito a ganhar com as experiências dos comitês, que por abrigarem em sua composição estudiosos e pesquisadores de diversas áreas, podem contribuir para a educação ética com um olhar plural e diverso, evitando dogmatismos e esclarecimentos apenas presumidos. Ora, nenhuma outra instância pode chamar para si a responsabilidade de promover debates públicos sobre as relações entre a ética e as ciências, sobre a ética e o ensino das ciências, do que os próprios Comitês de Ética. Afinal de contas, não possuem natureza educativa? Não deveríamos neste sentido, ultrapassar o debate da construção das resoluções rumo a uma ética crítica e esclarecida?

A educação ética efetiva não se dá pelo conhecimento das resoluções e dos códigos de ética profissionais, que corre sempre o risco de conduzir a uma postura dogmática, mas dá-se na compreensão de que a ética se situa no campo da disputa, da crítica, do exame de nosso próprio agir, de nosso fazer e dos valores que devem sempre ser revistos, analisados e discutidos. O modelo deontológico do sistema CEP/CONEP tem suas vantagens práticas para a avaliação de projetos, mas conforme procuramos notar, a ética teleológica, que estabelece uma relação das ações com seus fins pretendidos, permite um debate aberto mais próximo da construção de uma moralidade crítica e de uma postura ética mais autêntica, uma vez que no modelo deontológico observa-se apenas a relação dos projetos que orientam as ações com os princípios normativos. Assim, uma crítica do futuro deve ser construída a partir de uma prática presente que estimule os debates públicos nas universidades e instituições que promovem educação, o ensino das ciências e a pesquisa, para que possamos efetivamente promover processos de esclarecimento sobre os rumos que estamos tomando, sobre as prioridades sociais no uso prático de nossa inteligência, sobre a necessidade de discutirmos a própria natureza da ética que desejamos construir para orientar não apenas a nossa vida cotidiana, nossas pesquisas e demais atividades acadêmicas, bem como o aprimoramento de nossas leis. Sob o signo da crítica e somente sob auspícios da crítica, podemos nos aproximar do esclarecimento e de uma sociedade esclarecida. Tal debate deve ser evidenciado como nossa vocação, seja no ensino da graduação, seja no ensino da pós-graduação, pois entendemos que a crítica da ética e a ética da educação passam pelos processos de construção de uma formação que não se ancore no dogmatismo, nas ideias fechadas e recurso retórico do apelo à autoridade.

Considerações Finais

Para fecharmos este trabalho, resta dizer que na esteira da tradição de pensadores que se dedicaram a examinar a ética e a tiveram como campo privilegiado de estudos, a exemplo de Platão e Aristóteles, na Antiguidade Clássica, passando Maquiavel (privilégio da dimensão política), na Renascença Italiana, e por Nietzsche e Weber nos princípios da idade contemporânea, ou ainda por pensadores como Hans Jonas e Jürgen Habermas, em nossos tempos, acreditamos que a ética deve manter sua característica crítica e aberta. Neste sentido, o que chamamos de moralidade radical, isto é, o pensamento da ética levado à sua raiz crítica, deve ser pensada na dimensão do debate aberto, onde a responsabilidade do pesquisador deve ser o foco principal do debate. Ao pensarmos a moralidade dos Comitês de Ética no espírito da ética da responsabilidade [estudada sobremodo por Maquiavel (1996), por Max Weber (1982), e radicalizada por Hans Jonas (2006)], enfocamos a justificativa e a argumentação que defendem as escolhas do pesquisador como principal motivo de avaliação por parte dos CEP's, dando assim aos comitês um caráter aberto no qual a responsabilidade ética que hoje é exigida pela CONEP ou pela CONCEA deve apenas ser evidenciada no sentido de conformidade às leis civis que regem a vida pública no Brasil, por um lado, e o debate sobre a necessidade e maturidade do projeto de pesquisa. O Comitê de Ética deve dispor de dados sempre mais precisos da pesquisa proposta e de critérios claros que devem ser frutos de um profundo debate que não pode cessar sob o risco do dogmatismo e do convencionalismo das resoluções. Estas devem ser entendidas, não como instrumentos de direito, mas como orientações que podem e devem ser discutidas, inqueridas e reformuladas constantemente conforme o grau de esclarecimento. Espaços para o debate devem ser constantemente fomentados, e até onde conseguimos ver, cabe à Universidades criar estes debates de serem espaços livres e independentes que abrigam em si a pluralidade de saberes necessários à discussão que, muitas vezes, deve ser feita de forma perene, mesmo quando a forma da lei já tenha encontrado uma posição, como é o caso do estatuto do embrião, questão que dificilmente pode encontrar consenso, a não ser dentro de um dogma imposto. Mas a educação parece ser exatamente a tarefa do Esclarecimento, seja sobre a natureza da ciência, seja sobre a natureza da ética, seja sobre a nossa própria ignorância. Aos Comitês de Ética, que a crítica e o debate aberto sejam sempre erigidos sobre os perigos do dogmatismo, para que a nossa educação não tenha o esclarecimento apenas como um aspecto presumido.

BIBLIOGRAFIA.

ARISTÓTELES, *Ética a Nicômacos*, tradução de Mário da Gama Cury, Brasília: UnB, 2001;

BOBBIO, Norberto, *O Positivismo Jurídico*: Lições de filosofia do direito. Tradução e notas de Márcio Pugliesi et al., São Paulo: Ícone, 1995;

BRASIL, Lei de Diretrizes e Bases da Educação Nacional – (Lei n.9394, de 20 de dezembro de 1996), in. NISKIER, Arnaldo. *LDB*: A nova lei da educação, tudo sobre a lei de diretrizes e bases da educação nacional, uma visão crítica. Rio de Janeiro: Consultor, 1996;

BRASIL. Conselho Nacional de Saúde. *Resolução nº 466*, de 12 de dezembro de 2012. Aprovar as seguintes diretrizes e normas regulamentadoras de pesquisas envolvendo seres humanos. Disponível em: . Acesso em: 20 jul. 2017;

BRASIL. Conselho Nacional de Saúde. *Resolução nº 510*, de 07 de abril de 2016. Dispõe sobre as normas aplicáveis a pesquisas em Ciências Humanas e Sociais cujos procedimentos metodológicos envolvam a utilização de dados diretamente obtidos com os participantes ou de informações identificáveis ou que possam acarretar riscos maiores do que os existentes na vida cotidiana. Disponível em: . Acesso em: 15 de jul. 2017;

FERRATER MORA, José. *Dicionário de Filosofia*, São Paulo: Edições Loyola, 2000 (TOMO I);

FERRATER MORA, José. *Dicionário de Filosofia*, São Paulo: Edições Loyola, 2000 (TOMO IV);

FOUCALT, Michael, *Território, Segurança, População*, São Paulo: Martins Fontes, 2008;

GAFO, J. La experimentación humana. In: Gafo J. *Ética y legislación en enfermería*. Madrid: Universita, 1994. p. 207-31;

KANT, Immanuel. Resposta à pergunta: que é Esclarecimento? Tradução de Luiz Paulo Rouanet. Brasília: Casa das Musas, 2008;

KOTTOW, Miguel, "História da Ética em Pesquisa com Seres Humanos", RECIIS – R. *Eletrônica de Comunicação, Informação & Inovação em Saúde*. Rio de Janeiro, v.2, Sup.1, p.Sup.7- Sup.18, Dez. 2008;

LANGLOIS, Anne, "Comitês de Ética", tradução de Paulo Naves, In: CANTO-SPERBER, Monique (org.) *Dicionário de Ética e Filosofia Moral*, São Leopoldo, RS, ed. UNISINOS, 2013;

MAQUIAVEL, *O Príncipe*, São Paulo: Abril Cultural, 1996;

MINISTÉRIO DA EDUCAÇÃO/SECRETARIA DE ARTICULAÇÃO COM OS SISTEMAS DE ENSINO (MEC/SASE). *Planejando a próxima década*: conhecendo as 20 metas do Plano Nacional de Educação, 2014;

PLATÃO. *A República*. Tradução de Enrico Corvisieri. São Paulo: Nova Cultural, 1997;

PLATÃO, "Carta Sétima", in. *Amigos & Inimigos*: como identificá-los, / Platão, Cícero, Plutarco. São Paulo: Landy Editora, 2008;

REALE, Giovanni, *Por uma nova interpretação de Platão*, 2ªedição, São Paulo: Edições Loyola, 2004;

REIS, Alexandre H. *Filosofia e Ética*, Belo Horizonte: Editora Educacional, 2008;

SIROUX, Danièle, "Deontologia", tradução de Paulo Naves, In. CANTO-SPERBER, Monique (org.) *Dicionário de Ética e Filosofia Moral*, São Leopoldo, RS, ed. UNISINOS, 2013;

VAZ, Henrique Cláudio de Lima, *Antropologia Filosófica*, São Paulo: Loyola, 1992 (Volume I);

VAZ, Henrique Cláudio de Lima, *Escritos de filosofia II:* ética e cultura. São Paulo: Loyola, 1993;

VOEGELIN, Eric, *Ordem e História*, tradução de Cecília Camargo Bartalotti. São Paulo: Loyola, 2009 (volume III: Platão e Aristóteles);

WEBER, Max, "A política como vocação". *Ensaios de Sociologia*. 4ª ed. Rio de Janeiro: Guanabara, 1982.

Sobre o autor

Alexandre H. Reis é natural de Patrocínio, MG, onde viveu seus primeiros 18 anos. Em 1997 mudou-se para Belo Horizonte para os estudos de filosofia na UFMG, onde graduou-se em 2000. Em janeiro de 2004 recebeu o título de mestre em filosofia com uma dissertação sobre a obra de juventude de Friedrich Nietzsche. Doutorou-se anos mais tarde, em 2016, pelo programa de Ensino de Ciências, do departamento de química da UFRGS, com a tese "Ética e educação em perspectiva teleológica: genealogia e crítica." As pesquisas de seu segundo doutorado, pelo departamento de filosofia da UFRGS, renderam uma tese sobre a argumentação em torno da *morte voluntária* na Antiguidade Tardia.

Iniciou sua carreira como professor em 2003, na Universidade do Estado de Minas Gerais, na Faculdade de Educação (FAE) e na Escola de Música (ESMU). Também lecionou na Faculdade Pitágoras entre 2004 e 2010, ano em que deixou Belo Horizonte e mudou-se para o interior do Nordeste, para as cidades irmãs, Juazeiro/BA e Petrolina/PE, para assumir uma cadeira de filosofia nos cursos de Ciências Sociais e Psicologia na Universidade Federal do Vale do São Francisco. Juntamente com diversos estudantes, criou em 2018, a THANÁTOUS – Liga Acadêmica Interdisciplinar para o Estudo da Morte e do Suicídio e criou, no Colegiado de Ciências Socais, a disciplina *Preleções sobre o suicídio*, que atraiu centenas de estudantes de diversas áreas para o exame do problema da morte voluntária. Foi pesquisador do KRISIS – Laboratório de Antropologia, Filosofia e Política, e professor em dois programas de mestrado.

Em 2022 transferiu-se para a Universidade Federal de Pelotas, para assumir a disciplina de Ética e as disciplinas de legislação ambiental no Centro de Integração do Mercosul, onde vinculou-se ao curso de Gestão Ambiental. Em 2023 criou o LYSIS - Núcleo de Estudos e Pesquisas sobre Suicídio e Modos de Vida (@lysisufpel).

É autor de diversos livros, dentre os quais: Vita – breves pensamentos sobre a vida a morte (2007); Filosofia e Ética (2008) reeditado em 2024 com o título *Os Jardins do Ethos*; *Os Jardins da Academia* (2018). Em 2020 publicou a *História do Suicídio* – Livro 1 – Variações Antigas e o Domínio do Cristianismo, pela então Páginas editora, atual Literíssima. É autor de diversos artigos em revistas especializadas.

Alexandre H. Reis é casado com a psicóloga Danielle Pizziolo, e é pai de Helena Poesia e de Aurora Poesia. Além das atividades acadêmicas, também se dedica à pintura à óleo, à jardinagem e à culinária.

Made in the USA
Columbia, SC
23 June 2024

49adb228-0c7a-45bf-b8ee-e9d7a6c7f0f8R01